U0086235

世界哲學家叢書

赫　爾

孫　偉　平　著

1999

東 大 圖 書 公 司 印 行

ISBN 957-19-2242-0 (平裝)

國家圖書館出版品預行編目資料

赫爾／孫偉平著．--初版．--臺北市：
　東大，民88
　　　　面；　　公分．--(世界哲學家
　叢書)
參考書目：面
含索引
ISBN 957-19-2241-2（精裝）
ISBN 957-19-2242-0（平裝）

1.赫爾(Hare. Richard Mervyn.
1919-　　)-學術思想-倫理學

190　　　　　　　　　　　　　87010441

網際網路位址　http://www.sanmin.com.tw

© 赫爾

著作人　孫偉平
發行人　劉仲文
產權財人　東大圖書股份有限公司
發行所　東大圖書股份有限公司
　　　　地址／臺北市復興北路三八六號
　　　　電話／二五○○六六○○
　　　　郵撥／○一○七一七五──○號
印刷所　東大圖書股份有限公司
總經銷　三民書局股份有限公司
門市部　復北店／臺北市復興北路三八六號
　　　　重南店／臺北市重慶南路一段六十一號
初版　　中華民國八十八年一月
編號　　E 14092
基本定價　肆元捌角
行政院新聞局登記證局版臺業字第○一九七號

有著作權‧不准侵害

ISBN 957-19-2242-0（平裝）

「世界哲學家叢書」總序

　　本叢書的出版計畫原先出於三民書局董事長劉振強先生多年來的構想，曾先向政通提出，並希望我們兩人共同負責主編工作。一九八四年二月底，偉勳應邀訪問香港中文大學哲學系，三月中旬順道來臺，即與政通拜訪劉先生，在三民書局二樓辦公室商談有關叢書出版的初步計畫。我們十分贊同劉先生的構想，認為此套叢書（預計百冊以上）如能順利完成，當是學術文化出版事業的一大創舉與突破，也就當場答應劉先生的誠懇邀請，共同擔任叢書主編。兩人私下也為叢書的計畫討論多次，擬定了「撰稿細則」，以求各書可循的統一規格，尤其在內容上特別要求各書必須包括（1）原哲學思想家的生平；（2）時代背景與社會環境；（3）思想傳承與改造；（4）思想特徵及其獨創性；（5）歷史地位；（6）對後世的影響（包括歷代對他的評價），以及（7）思想的現代意義。

　　作為叢書主編，我們都了解到，以目前極有限的財源、人力與時間，要去完成多達三、四百冊的大規模而齊全的叢書，根本是不可能的事。光就人力一點來說，少數教授學者由於個人的某些困難（如筆債太多之類），不克參加；因此我們曾對較有餘力的簽約作者，暗示過繼續邀請他們多撰一兩本書的可能性。遺憾的是，此刻在政治上整個中國仍然處於「一分為二」的艱苦狀態，加上馬列教

條的種種限制，我們不可能邀請大陸學者參與撰寫工作。不過到目前為止，我們已經獲得八十位以上海內外的學者精英全力支持，包括臺灣、香港、新加坡、澳洲、美國、西德與加拿大七個地區；難得的是，更包括了日本與大韓民國好多位名流學者加入叢書作者的陣容，增加不少叢書的國際光彩。韓國的國際退溪學會也在定期月刊《退溪學界消息》鄭重推薦叢書兩次，我們藉此機會表示謝意。

原則上，本叢書應該包括古今中外所有著名的哲學思想家，但是除了財源問題之外也有人才不足的實際困難。就西方哲學來說，一大半作者的專長與興趣都集中在現代哲學部門，反映著我們在近代哲學的專門人才不太充足。再就東方哲學而言，印度哲學部門很難找到適當的專家與作者；至於貫穿整個亞洲思想文化的佛教部門，在中、韓兩國的佛教思想家方面雖有十位左右的作者參加，日本佛教與印度佛教方面卻仍近乎空白。人才與作者最多的是在儒家思想家這個部門，包括中、韓、日三國的儒學發展在內，最能令人滿意。總之，我們尋找叢書作者所遭遇到的這些困難，對於我們有一學術研究的重要啟示（或不如說是警號）：我們在印度思想、日本佛教以及西方哲學方面至今仍無高度的研究成果，我們必須早日設法彌補這些方面的人才缺失，以便提高我們的學術水平。相比之下，鄰邦日本一百多年來已造就了東西方哲學幾乎每一部門的專家學者，足資借鏡，有待我們迎頭趕上。

以儒、道、佛三家為主的中國哲學，可以說是傳統中國思想與文化的本有根基，有待我們經過一番批判的繼承與創造的發展，重新提高它在世界哲學應有的地位。為了解決此一時代課題，我們實有必要重新比較中國哲學與（包括西方與日、韓、印等東方國家在內的）外國哲學的優劣長短，從中設法開闢一條合乎未來中國所需

求的哲學理路。我們衷心盼望，本叢書將有助於讀者對此時代課題的深切關注與反思，且有助於中外哲學之間更進一步的交流與會通。

最後，我們應該強調，中國目前雖仍處於「一分為二」的政治局面，但是海峽兩岸的每一知識分子都應具有「文化中國」的共識共認，為了祖國傳統思想與文化的繼往開來承擔一分責任，這也是我們主編「世界哲學家叢書」的一大旨趣。

傅偉勳　韋政通

一九八六年五月四日

自　序

　　在當代在世哲學家、倫理學家中，赫爾是少有的既作出了重要貢獻、具有重要歷史地位，又引起了大量討論、特別是引起了極大批評與爭議的一位。如果我們要對赫爾加以描述的話，那麼，我們將看到：赫爾既是一位重要的後設倫理學家，也是一位不可忽視的規範倫理學家和應用倫理學家；赫爾既是一位創作頗豐的多產作家，也是一位新意迭出的創造家；赫爾既是一位堅韌的規定主義者，也是一位勇於面對批評的「鬥士」哲學家；……因此，要完整、準確地把握赫爾的思想，並對之作出客觀、中肯的評價，實在不是一件十分輕鬆的事。何況，直到今天，79歲高齡的赫爾仍然在不懈地思考著、創造著……

　　赫爾的著作很多，在赫爾「等身」的著作面前，我常常感嘆，每天的時間都太短太短了；赫爾的思想很豐富，在赫爾博大精深的思想面前，我常常驚奇，一個人何以總能在「出思想」；……因此，儘管我自80年代後期就對赫爾思想產生了興趣，並多少作過一些研究；在90年代初於中國人民大學哲學系攻讀博士學位期間，在準備和寫作博士論文〈事實與價值──休謨問題及其解決嘗試〉時，也曾認真研讀了赫爾的大部分重要著作；而且近兩年來，特別是從1997年8月始至今，我一直都在為此書而殫精竭慮、夜難成寐；但

學力不逮的我，在這本小小的著作中，實在仍難免留下許多的困惑與遺憾。戰戰兢兢地奉獻給諸位專家同仁的同時，也讓我時時想起維特根斯坦《文化與價值》中的名言：「有時，思想也在未成熟之前就從樹上掉下來。」對於一切的不足、疏漏與錯誤，只好衷心祈望各位方家不吝指正、賜教了。

另外，此書的完成確實得益於很多人及其思想的啟迪、幫助。這裡，我不能不作一簡略的交代，並致以真誠的謝意：

其一，自從赫爾出版他的第一部著作《道德語言》以來，赫爾的思想就引起了廣泛的注意，他的不少著作都被譯成多種文字出版，當代許多倫理學家都曾對赫爾的思想進行過討論與批評；20 世紀 70-80 年代以來，更有不少人專門研究赫爾的思想，如在美國，就有很多的博士研究生以赫爾的思想為題，寫作博士論文。本書在研究和寫作過程中，參考、引用了大量有關赫爾思想、或者是直接研究赫爾思想的中英文文獻，擇其要者一一列示如後。在此，謹向其作者與出版機構表示衷心的感謝。

其二，應我的邀請，李藝英助理研究員試寫了6.2〈應用倫理學之研究方法〉之一部分；胡波博士寫作了6.3〈權利、義務和正義〉一節；然後，我根據需要作了一些必要的修改。對於她們在百忙中的幫助和辛勤勞動，謹此致以誠摯的謝意。

其三，北京大學陳波博士始終關注著我的研究進展，是他的友好關懷、善意督促和真誠幫助，催生了這部著作。特別不能忘懷的是，這本書中所涉及到的不少資料都是陳波博士提供的；他還在芬蘭赫爾辛基大學作訪問學者期間，百忙中為我找來了急缺的赫爾著作《自由與理性》等資料，解了我的燃眉之急。此外，旅英學者程倩女士也為我查找了不少相關資料，特別是赫爾剛剛出版的《清理

倫理學》(1997) 一書。如果沒有他（她）們的幫助，要順利、及時
完成本書幾乎是不可能的。

　　此外，對於近些年來一直關懷著我的學術研究、並時時給予悉
心指教的李德順研究員、夏甄陶教授、李景源研究員、郭湛教授，
……對於為拙著之策劃、寫作與出版給予諸多指導、付出辛勤勞動
的叢書主編傅偉勳教授、韋政通教授、以及東大圖書公司的劉振強
先生等，也一併致以深深的謝意。本書的按時順利完成與他們的鼓
勵、指點與幫助，是無法分開的。

孫偉平

1998年10月6日

赫　爾

目　次

第三章　道德判斷的規定性和可普遍化性

第四章　道德思維的邏輯與方法

第五章　普遍規定主義與功利主義

第六章　應用倫理學：方法與觀點

第七章　赫爾思想的總體評價

第一章 生平與學術活動

赫爾(Richard Mervyn Hare, 1919–)是英國著名倫理學家、後設倫理學 (meta-ethics) 的主要代表人物。他運用獨特的邏輯與語言分析方法，深入地探討了道德語言的性質、意義和功能，揭示了道德判斷的規定性和可普遍化性，建立了「普遍規定主義」(universal prescriptivism)倫理學體系，代表著西方後設倫理學發展的一個新階段。

赫爾的學術生涯，經歷了 20 世紀以來倫理學研究的風風雨雨，經歷了倫理學領域幾次重大的轉折：從全身心投入後設倫理學研究，到向規範倫理學 (normative ethics) 妥協，到主要關注應用倫理學 (applied ethics) 問題，⋯⋯也許可以這樣說，赫爾是有史以來唯一的一位對於後設倫理學、規範倫理學和應用倫理學都作出了引人注目的貢獻的著名倫理學家。

1.1 為戰爭打斷的求學歷程

1919年3月21日，赫爾出生於英格蘭靠近布里斯托爾(Bristol)的布萊克威爾(Blackwell)。他的父母都是典型的英國人，其父親是一位漆布和油漆製造商。在這個還算殷實的商人家庭裡，赫爾的童年

和少年時代是十分幸福的。

赫爾從小接受過良好的家庭教育和學校教育。1935年，他進入英國著名的私立中學 —— 創立於 1567 年的拉格比私立學校 (Rugby School)接受傳統教育。他從小就勤奮好學，長於思考，當赫爾還是一位16歲的中學生時，就對哲學產生了濃厚的興趣。

1937 年，赫爾進入牛津大學著名的巴利奧爾學院 (Bolliol College) 學習。值得一提的是，對於哲學研究和學習來說，19世紀以來的牛津大學具有十分得天獨厚的環境：牛津大學哲學方面的機構Sub-Faculty of Philosophy在世界上也屬於規模十分龐大的，至少歐美一些著名大學的哲學系很少有那麼龐大：那兒設有比較多的哲學教授席位（一般是5個）， 教師數量在歐美一些著名大學的哲學系中也是少有匹敵的(現在一般有100人左右)。另外，19世紀以來，牛津大學聚集了一大批卓有聲望和實力的一流哲學家 、 倫理學家在那兒研究和授課，如19世紀的格林(T. H. Green, 1836–1882)、布拉德雷 (A. C. Bradley, 1851–1935)，20 世紀以來的賴爾 (G. Ryle, 1900–1976)、奧斯汀(J. L. Austin, 1911–1960)、艾耶爾(A. J. Ayer, 1910–1989)、柯林伍德(R. G. Collingwood, 1889–1943)，當然還有後來與赫爾同時代的斯特勞森(P. F. Strawson, 1919–)、達梅特(M. A. E. Dummet, 1925–)，等等。在牛津大學的巴利奧爾學院，赫爾主攻的課程就是古典語言和哲學，並獲得了這兩門課程的最高優等成績獎金。對語言學和哲學的濃厚興趣，對後來赫爾的研究旨趣 —— 即關於道德語言的研究 —— 無疑產生了重要影響。

1939年，正當赫爾在牛津大學的巴利奧爾學院孜孜攻讀時，第二次世界大戰全面爆發了，整個歐洲上空硝煙彌漫，英國也走到了戰爭的前臺。戰爭的爆發，打亂了一切原有的生活秩序，學者們也

不得不放下自己手中的書和筆，而無可奈何地聽憑戰爭左右自己的生活與命運。接受祖國的召喚，年輕的赫爾不得不輟學，投筆從戎，成為英國皇家陸軍炮兵部隊的一員，參加了這場空前慘烈的大戰。這次大戰的經歷，使赫爾後來總是難以忘懷對戰爭的倫理學思考。他後來還就戰爭與和平寫過數篇應用倫理學論文。

1940年，赫爾在英國皇家陸軍炮兵部隊中，取得了軍官資格。

1941年，赫爾又被調到全部由印度人、其中大多數是由旁遮普人組成的印度山地炮兵部隊，任陸軍中尉，在亞洲戰場上征戰。他曾參加過著名的馬來亞戰役。在作戰期間，這位痴情的學者仍念念不忘其所衷情的哲學研究，並在炮火連天中完成了一篇命名為「我的哲學」的手稿。可惜這篇珍貴的手稿現已丟失。

1942年，由於遠東英軍在日軍的打擊下節節敗退，赫爾所在軍隊據守的新加坡被日本軍隊攻占，遠東英軍全部向日軍投降，赫爾也不幸成為了日軍戰俘。開始一段時間，他們被關押在港口城市新加坡。由於新加坡面積狹小，沒有多少地方可以種植蔬菜，日本人強迫戰俘修建的養豬場也辦得不成功，因而赫爾等戰俘們雖然開始時還有足夠的米飯可吃，但飲食中只有很少的肉、魚和蔬菜。營養結構的嚴重不平衡，導致赫爾等大多數戰俘都得了營養缺乏症。

作為戰俘，赫爾被關押了3年6個月之久。除去在新加坡的時間之外，這其中還有 8 個月是作為苦力修築緬甸至泰國的鐵路。在緬甸的這段日子，苦力們在日軍的監督下，每天要做很重的體力活，卻只有很少的東西可吃，實在是苦不堪言。由於身體衰弱、到處都是傳染病流行，他們大都得了各種各樣的疾病，不少人因此悲慘地死去。據赫爾的估計，苦力們死亡者大約有20-40％。——這段難忘的屈辱經歷，給赫爾的心靈留下了深深的創傷。

從惡夢般的緬甸得以幸存，赫爾又被押回到新加坡。這時，戰爭已經進行到了後期，隨著日軍的節節敗退，物質越來越匱乏，戰俘營的情況也越來越糟了。由於食物越來越少，戰俘們每天只得到不足800卡熱量的食物，因而他們都很消瘦。赫爾戰前體重達150磅，1945年獲釋時減少了大約30磅。不過，他們想方設法種植了很多蔬菜，如西紅柿、菠菜、木薯等，開展了一場「為勝利而開墾」運動。這確實是極有意義的一場運動，種植的蔬菜可以說救了很多戰俘的命，因為這時米飯數量已被減至很少，更不用說肉和魚了；但豐富的蔬菜使營養結構有所改善，因而很多戰俘都從營養缺乏症中解脫出來，得以幸存。

——也許是蔬菜救過命的緣故，赫爾後來一直對種植蔬菜頗感興趣，並成為了一位半素食主義者(vegetarian)。在後來寫作的〈為什麼我僅僅只是一位半素食主義者〉一文中，赫爾曾經談到：1947年，當他和其妻子弗麗(Catherine Verney)剛剛結婚，談到他們的飲食時，赫爾就要求僅僅只吃蔬菜，當然不是因為諸如今天減肥一類時髦原因，也不是單純出於某種道德上的理由，而是因為有那一段難忘的經歷，想到戰後一切都甚為困難，還是把肉食留給那些認為需要它們的人。但赫爾的妻子認為，當他們在養育孩子們時，他們應該給他們吃肉，以使他們長得強壯；由於沒有真正令人信服的理由加以反駁，於是赫爾屈服了，他們一家又恢復了正常的英國飲食。但後來，他們一家還是很少吃肉和魚，除非有不喜歡素食的客人，或者旅行外出住在旅館裡而又沒有什麼選擇的餘地。他們儘可能地多種植蔬菜，繼續戰爭期間流行的「為勝利而開墾」運動。開始他們沒有什麼地，也沒有時間去遠處租種植蔬菜的地。1966年，當他們搬到鄉村後，他們有了一個美麗的大花園，但是菜園卻被以前的

主人用來擴展其養蜂業了。他們於是在大約五分鐘路程遠的地方得到了一塊菜地，種植的蔬菜基本上能自給自足，因此他們一家可以很少吃肉了。後來，他們把游泳池也填滿了土，用來種菜。特別是在大約70年代中期，由於受到辛格爾(P. Singer, 1926–)和其他動物保護主義者的影響，赫爾也認為不吃肉是有其道德根據的。然後，赫爾曾一度成為一位完全的素食主義者。

　　還應該談到的是，在被關押的痛苦日子裡，赫爾也沒忘記哲學思考。也許他是以此來打發這段屈辱、難熬的日子。他從監獄軍官那裡偷來分類帳本，把以前寫的「我的哲學」擴充為一本書。他至今仍保留著這一手稿，這無疑是一份珍貴的紀念物。

　　1945年，日本戰敗投降後，不幸而殘酷的第二次世界大戰結束了，赫爾也終於獲得了自由。回首戰俘營的3年6個月，無論如何，這是赫爾一生中最不堪回首的日子，它也使年輕的赫爾消瘦了許多，也成熟了許多。赫爾對於這場戰爭一直想了很多很多，他總的來說是反對戰爭、贊成和平的，不過，他並不是絕對刻板的和平主義者。對於參戰他並不後悔，他表示：「當年如果我們不參戰，那對包括德國人在內的幾乎每一個人來說，情況可能會更糟。」❶當然，與此同時，二戰以後飽受戰火蹂躪的西方世界、乃至整個世界都開始了一次認真地對戰爭的反思。不久，幾乎是世界範圍的和平主義者及其反對派之間的論爭，全面展開了。作為戰爭的直接受害者，同時也作為一位追求社會正義、平等與幸福的堅定戰士，赫爾也參與了這場反思與討論。赫爾後來在為英國廣播公司 (BBC)所製作的哲學電視節目中，接受主持人採訪時說，正是對於戰爭與和平、侵略與

---

❶　麥基編：《思想家——當代哲學的創造者們》，三聯書店1987年版，第237頁。

反侵略、暴力與非暴力、恐怖與反恐怖、戰爭狂與絕對和平主義等的這場論戰，促使他將其終生的學術旨趣轉到了道德哲學上。對於赫爾來說，這無疑是一次影響深遠的人生抉擇。——當然，我們很快就會看到，赫爾對道德哲學的研究和過去的傳統並不相同，他是在一種後設倫理學的思路上來展開其思想的。

二戰結束了，歐洲乃至整個世界終於又獲得了和平。為戰爭所打斷的生活進程，又在人們撫慰戰爭創傷的同時，默默地延續上了。對哲學一直情有獨鍾、難以割捨的赫爾，又回到了久別的牛津大學巴利奧爾學院，繼續攻讀哲學學位。離開了哲學研究前沿一段時間，赫爾特別珍視重新獲得的學習和研究環境。這段時間，赫爾花費了大量時間，認真研讀了當時的各種哲學著作，特別是仔細研究了新近出現的一些重要哲學思想。結果，赫爾十分痛苦地發現，自己在戰時精心構思的哲學思想「毫無價值」。

——原來，此時正是以獨創性著稱的著名哲學家維特根斯坦(L. Wittgenstein, 1889–1951)的後期思想風靡歐洲、以及日常語言哲學學派❷形成和發展的時期。維特根斯坦驚世駭俗、影響巨大的一種新思想從其新著作——《哲學研究》❸中流露出來。雖然這時《哲

---

❷　日常語言學派或日常語言哲學是分析哲學的一個分支，它於 20 世紀
　　30–40 年代形成於英國。日常語言學派又分為劍橋學派和牛津學派。
　　劍橋學派形成於20世紀30年代，它主要受羅素和維特根斯坦早期的邏
　　輯原子論影響；牛津學派形成於20世紀40年代，它主要受摩爾和維特
　　根斯坦後期思想的影響。牛津學派的影響比劍橋學派大得多，有些學
　　者甚至把「牛津學派」和「日常語言學派」這兩個詞當作同義詞使用。

❸　《哲學研究》是在維特根斯坦死後才於1953年出版的，但其思想卻早
　　已在其生前講課、講座、討論時流露出來。特別是由於《藍皮書》和
　　《褐皮書》（這兩本書匯集了維特根斯坦在劍橋大學講課的打字稿和

學研究》尚未出版，但他對英國哲學、尤其是牛津大學的哲學研究的影響已經極其強烈。

　　在《哲學研究》中，維特根斯坦公開抨擊和摒棄了他自己在《邏輯哲學論》中的邏輯原子論思想，認為語句或命題的意義不在於它是表現現實的邏輯圖畫，語詞的意義不在於它所對應的對象，而在於語言在日常生活中的「用法」。他特別強調，知道一個詞所指的對象，並不等於理解了這個詞的意義；只有當掌握了它的各種用法後，才能真正領會它的意義。赫爾特別認真看待維特根斯坦後期的這一轉變，特別是接受了維特根斯坦後期所一再強調的告誡，即我們在從事哲學思考的時候，必須擺脫那種把我們引向歧途的見解：語言只用於一種唯一的目的，即「談論事物」；除此之外，語言還有許多別的功能，這些功能是不能塞進「談論」這種框子之內的；這另外一些功能特別是由命令句、價值判斷和義務原則實現的。維特根斯坦的這種徹底的否定性自我批判，在哲學界、特別是在當代西方語言哲學家中引起了廣泛的注意和巨大影響，為進一步研究語言開闢了一條新的道路。日常語言學派之牛津學派的思想就直接來源於維特根斯坦後期著作《哲學研究》中的思想。結合語境，從語言的實際運用和不同功能中去研究日常語言，醫治語言的疾病，澄清哲學的混亂，建設性地重建哲學，就成為牛津日常語言學派的主要任務。

　　西方哲學的「語言學轉向」、牛津日常語言學派形成和發展的時期，正是第二次世界大戰結束後，赫爾重新回到牛津大學繼續攻讀哲學學位之時。牛津大學此時正處於這場哲學、倫理學革命的「主戰場」，以至自20世紀40年代以來，牛津大學一直是分析哲學的重

　　筆記）的出版，使得關於其思想的討論在出版前已經十分熱烈。

鎮和大本營。牛津學派的主要代表人物賴爾、奧斯汀等這時正在牛津大學執教，赫爾也成為他們的學生。特別是在其師奧斯汀關於言語行動的獨特見解的影響下，赫爾認真檢討了自己先前的思想，並作了重新思考。——後來，赫爾也成為牛津日常語言學派的重要代表之一，形成了自己非認識主義的語言分析倫理學理論。

在維特根斯坦、賴爾、奧斯汀等人的影響下，赫爾等後設倫理學家既不特別關心給價值詞下一個確切而意義相同的定義，也不贊成關於道德語言的情緒主義，而最主要地集中探討在什麼情況下，我們使用諸如「善」、「應該」、「正當」、「公正」之類詞，即日常道德語言實際上是如何使用的；同時，也正是通過研究日常道德語言的不同用法，從而把握道德語言的意義。這樣，赫爾等人就開闢了一條探索後設倫理學的新途徑。

1947年，赫爾從牛津大學巴利奧爾學院畢業，並先後獲得了牛津大學文學學士和文學碩士學位。同時，他立刻被聘為牛津大學巴利奧爾學院的評議員❹和指導教師❺。他擔任這一職位一直到1966年。這其中，1951–1966年，任牛津大學巴利奧爾學院哲學講師；1963–1966年，任自然與比較宗教講師。

也是在畢業的這一年，28歲的赫爾與弗麗結了婚。他們的婚姻十分幸福，婚後生有4個孩子。赫爾在其著作中，後來多次提到其妻子弗麗對他的幫助與影響。在學術上，弗麗既是赫爾思想和著作的閱讀者、批評者，還為赫爾提供了許多具體的幫助。例如，1981年出版的《道德思維——及其層次、方法和出發點》一書，赫爾認為其中就有許多妻子的心血，弗麗耐心地閱讀、謄清了赫爾的初稿，

❹　評議員：fellow，英國大學管理委員會的成員。
❺　指導教師：tutor，相當於美國大學的助教。

甚至某些例子都是弗麗提供的；而 1989 年出版的《政治道德論文集》，則完全是弗麗在赫爾的秘書的幫助下，「不遺餘力」地從各種不同風格的雜誌上收集起來，加以整理後交付出版的。

1.2　創立普遍規定主義倫理學

1949年，赫爾在著名的《心靈》雜誌上，發表了其處女作——〈祈使句〉一文。這篇論文的發表，標誌著赫爾正式開始了其漫長而豐富的學術生涯。

1951年，赫爾發表了〈意志的自由〉一文。在這篇論文中，赫爾認為，人們的意志是自由的，即人們可以自己決定做什麼，也應該對自己的行為負責。

1950-1951 年，赫爾任職的牛津大學巴利奧爾學院「慷慨地」給予了赫爾一段假期，使赫爾得以從繁重的教學任務中解脫出來。利用這段寶貴的學術休假時間，赫爾整理了自己自戰後以來的思考，完成了他的第一本著作——《道德語言》。這本書於1952年交由牛津大學出版社出版。無論在當時還是在今天，這都是一本十分重要的後設倫理學著作。還值得一提的是，《道德語言》的第一部分「祈使語氣」，是赫爾的學位論文的節本；由於帕頓(H. J. Paton)教授、賴爾教授和諾維爾—史密斯 (P. H. Nowell-Smith, 1914-) 教授的推薦，赫爾的這篇學位論文曾獲得以19世紀著名哲學家、前牛津大學巴利奧爾學院教授格林的名字命名的「格林道德哲學獎」。

在《道德語言》的序言中，赫爾聲明，本書旨在「寫一本可讓初學者儘可能直接地抓住倫理學根本問題的、明晰易懂的、可讀性強的倫理學導論」。翻開這本書，我們很快就明白了，赫爾的

那些「根本問題」，也就是艾耶爾、史蒂文森(C. L. Stevenson, 1908–1978)等人所提出的那些問題，即如何正確地闡明我們在作出一個道德判斷時所使用的語言。也就是說，赫爾要寫一本分析道德語言的後設倫理學著作。

赫爾的這種想法或動機，是與當時的西方學術環境密切相關的。自 1903 年英國著名直覺主義倫理學家摩爾(G. E. Moore, 1873–1958)出版《倫理學原理》以來，西方哲學界、倫理學界出現了所謂「語言學轉向」，語言哲學、後設倫理學占據了絕對統治地位，人們甚至很少關注、談論、更不用說幫助解決實際道德問題了。這一思想領域的巨大變革，在很大程度上改變了哲學研究的對象、觀念、方法和旨趣。在上述觀念影響下，赫爾在《道德語言》中認為，倫理學就是關於道德語言、語詞的意義及其它們所指稱的對象的本性等問題的邏輯研究。道德的作用在於引導和調節行為，而關於行為問題的倫理學研究是通過語言及其邏輯屬性的分析而構成的；不澄清道德語言的混亂，即不把道德語言看成是一種規定性語言，或不把道德語言看成是一種命令，倫理學研究也就成了問題。因此，道德語言的分析是解決倫理學疑難的理論關鍵，也是赫爾首先著手研究的問題。

那一時期最初發展起來的、影響愈來愈大的是情緒主義(emotivism)倫理學。戰後赫爾對哲學、倫理學(道德哲學)產生興趣、走上學術之路的時候，正是西方後設倫理學、特別是英國情緒主義倫理學風靡歐洲之時(當然，這時它也引起了越來越強烈的批評)，因而赫爾也就不可避免地受到了情緒主義的極大影響。甚至可以這樣說，在道德哲學方面，情緒主義的重要代表人物、牛津大學哲學教授艾耶爾是赫爾的領路人。赫爾後來也多次明確表示，正是艾耶

爾使他走上了一條研究道德哲學的正確道路。因為當年輕的赫爾投身道德哲學研究時，艾耶爾使他堅信，傳統的道德哲學研究方式無異於浪費時間，那是毫無前途的。他認為，艾耶爾的《語言、真理與邏輯》中關於倫理學的著名的一章，已經清楚地表明傳統的研究是完全錯了。

赫爾的規定主義(prescriptivism)倫理學思想，是在直接繼承與批判艾耶爾、史蒂文森等情緒主義者的觀點的基礎上產生的。赫爾認為，他從情緒主義者特別是艾耶爾那裡，獲得了兩點重要啟示：第一，情緒主義者認為，倫理概念和倫理判斷不過是人們情緒、情感、態度和欲望等的表達。如在《語言、真理與邏輯》中，艾耶爾明確地說：「僅僅表達道德判斷的句子什麼都沒有說，它們純粹是感情的表達。」❻這種僅僅表達情緒、態度的語詞或語句並不陳述任何東西，它們並不是嚴格意義上的陳述。這促使赫爾思考，這種現實中常見的表達到底在語言中有什麼作用。第二，赫爾從艾耶爾《語言、真理與邏輯》中的一段話——「決疑法並不是科學。它純粹是既定道德系統結構中的分析探究。換言之，它是一種形式邏輯中的練習」❼——中受到啟發：道德判斷類似於命令句，它也能進入邏輯關係中進行思考。這使得赫爾後來著力探討道德判斷的邏輯關係，尋求道德推理的邏輯解釋。

在赫爾看來，後設倫理學就是對道德語言的邏輯❽研究。赫爾採用了情緒主義者的中心原則：道德語言的意義在本質上是非描述

---

❻　艾耶爾：《語言、真理與邏輯》，上海譯文出版社1981年版，第116頁。

❼　同上，第112頁。

❽　赫爾對「邏輯」的理解是獨特而寬泛的，它不僅指關於推理（思維）的規律、規則和形式，而且包括道德語言的性質、意義和功能等方面。

性的。但赫爾並不同意情緒主義關於道德語言的意義是情緒或態度的表達的觀點，而認為它們是一種規定性語言。在此基礎上，赫爾逐漸形成了自己的道德哲學主張，其所創立的規定主義也逐漸取代了情緒主義。他認為，道德語言是一類規定性語言 (prescriptive language)，因而該書主要討論規定性語言——包括命令句和價值判斷，價值判斷又包括非道德價值判斷和道德價值判斷。《道德語言》由三部分組成，即「命令語氣」(the imperative mood)、「善」(good)和「應該」(ought)，並在最後提出了一個試圖將三者結合起來的分析模式。其中，第一部分旨在揭示命令語句與陳述句之間的差別，在赫爾看來，儘管兩者有一些共同之處，但既不能用陳述句替換命令句，也不能由陳述句導出命令句，即「從不包含至少一個命令句的一組前提出發，不能合理地推導出命令句的結論。」第二部分著重分析一個典型的道德詞「善」。赫爾認為，「善」既有描述意義也有評價意義，其描述意義傳達關於「善」的特性、標準或判定準則的客觀信息，而它的評價意義則表示對事物或行為的贊賞，其主要功能是勸導或建議，而勸導或建議即意味著指導人們作出選擇。第三部分主要討論道德詞「應該」以及「正當」。赫爾認為，「應該」這個詞與「善」有著不同的用法和功能，「應該」這個詞被使用於作出指令；但「善」、「應該」、「正當」作為道德術語有其類似性，而且它們之間存在明顯的邏輯聯繫，關於「善」的各種描述性陳述，為制定一個行為是否「應該」或「正當」提供客觀標準；他甚至認為，「更善（好）」可用「應該」來定義，例如，說「A是比B更好的X」，與說「若有人選擇X而選擇了B，那他應該選擇A」，兩者意思相同。

　　總體來看，《道德語言》一書以大量的篇幅討論了道德語言的

一般性質和非道德用法，然後再論述道德語言的道德性質和道德用法，根據道德語言的邏輯屬性，建立一種非描述的道德推理理論。在赫爾看來，道德語言是規定性語言的一個子類，儘管具有一定的描述意義，但根本的卻是它的評價意義；道德語言與命令具有邏輯聯繫，能產生一個命令，告訴人們做某事，幫助人選擇，指導人的行動。

《道德語言》在出版之前，赫爾曾請米切爾(D. Mitchell)先生、哈特(H. L. A. Hart, 1907–1992)教授、艾耶爾教授和鄧肯—瓊斯(A. E. Duncad Jones)教授閱讀過部分或全部打印稿，曾獲得他們的中肯評價。而該書出版後，在西方倫理學界更是引起了轟動，受到西方學術界的廣泛重視和討論，如賓克萊(L. J. Binkley)指出，《道德語言》中關於道德邏輯和道德語言的論述是「最有影響的論述」，「赫爾的研究對當前道德語言的討論具有最重大的影響」。這種影響「可以等同於摩爾的倫理直覺主義和史蒂文森的情緒理論所產生的影響」❾。他還指出：

> 公平而論，我們應當看到，赫爾關於道德語言的分析是迄今為止關於這個問題所進行的最細膩、最卓有成效的研究。
>
> 赫爾著作的主要內容是關於後設倫理學的研究，即關於道德語言的分析，而不是去檢驗道德原理本身。但是，這部著作依然隱含一種可與摩爾、羅斯(W. D. Ross, 1877–1940)的觀點並駕齊驅的道德哲學價值。❿

---

❾ L. J. Binkley, *Contemporary Ethical Theory*, 1961, Philosophical Library, Inc., New York, 1961, p.152.

❿ Ibid., p.159.

　　很多學者都指出，赫爾的這第一本著作在非認識主義的道德哲學中，是一本經常被人引用的書，一本不能忽視的後設倫理學著作，一本作出了歷史性貢獻的重要文獻。該書出版後，引起了學術界的強烈反響，於1968年、1972年、1975年、1976年、1981年和1996年先後被翻譯為義大利文、德文、西班牙文、丹麥文、日文和葡萄牙文。中文版也即將由商務印書館出版。1961年，赫爾對《道德語言》進行了修訂，出版了修訂版。很多人直到今天仍然認為，這是赫爾一生中最重要的一部著作。

　　1955 年，赫爾在《亞里士多德會刊》上發表了〈可普遍化性〉一文。在這篇論文中，赫爾從尋求道德判斷的理由和根據出發，提出並重點論述了道德判斷的一個重要邏輯特徵（另一個為「規定性」），即可普遍化性(universalizability)。所謂可普遍化性，就是指人們必須為自己的道德判斷給出理由，在相關相似的境遇裡也必須作出或贊同同樣的道德判斷。這篇論文發表後，也產生了比較大的影響，後來多次重印，並被譯為西班牙文。

　　1957年秋天，赫爾任職的牛津大學巴利奧爾學院給了他一段假期，赫爾從而獲得了美國新澤西州普林斯頓大學人文科學聯合會(Council of Humanities)的研究員職位。在這段時間裡，赫爾完成了他的第二部後設倫理學代表作——《自由與理性》。這本書於1963年由牛津大學出版社出版。該書分為三個部分，第一部分是「描述和規定」，第二部分是「道德推理」，第三部分是「從理論到實踐」。這部著作的中心概念是前述〈可普遍化性〉一文中曾經加以闡述過的道德判斷的可普遍化性原則，以及道德推理、論證的四重式道德論證法。

　　《自由與理性》與《道德語言》不同，它不再廣泛討論命令句

和價值詞的道德用法和非道德用法，而是直接討論道德語言和道德判斷，給予其邏輯屬性更多的論述。它不僅認為道德判斷是一種規定性判斷，而且堅持道德判斷必須具有可普遍化性。赫爾認為，規定性和可普遍化性為道德哲學提供了一種邏輯，而「道德哲學的主要任務就是指明規定性和可普遍化性是如何相一致的」❶，或者如何用一種理性的方式回答「我將做什麼」這一問題。在赫爾看來，道德的規定性和可普遍化性相結合，再訴諸於事實、人們的意向和利益以及想像❷等因素，就是道德思維的基本方法。這幾種因素結合在一起，當人們的利益和意向一致時，是能夠解決人們之間的道德爭端的；即使當人們的利益和意向不一致，特別是在人們之間存在理想上的重大分歧時，這種方法也有助於人們之間的相互理解。本書的後兩部分就是運用這一四重式道德論證法，來解決諸如納粹和種族關係等實際問題的。

　　赫爾的《自由與理性》出版後，受到了廣泛的討論與批評，並於1971年和1973年先後被翻譯為義大利文、德文，後來還被譯為日文。在這本書中，赫爾依然認為，道德在很大程度上是一種以某種方式使用語言的事。——這一點一直是人們爭論不休的，特別是在後設倫理學家與規範倫理學家之間。自《自由與理性》出版以來，赫爾也一直在為他的觀點進行不懈的辯護。

　　相比《道德語言》，也有不少西方學者對《自由與理性》更為贊賞，如英國當代哲學家瑪麗・沃諾克(M. Warnock, 1924–)認為，

---

❶　R. M. Hare, *Freedom and Reason*, Oxford, Clarendon Press, 1963, p. 18.

❷　概要地說，想像是指設想自己處在他人的地位時會如何，也即「願人如何待己，己應如何待人」。

《道德語言》同倫理學沒有任何非常直接的聯繫，而《自由與理性》「認真地試圖論述道德語言，而不僅僅是『非描述』語言，在許多方面，它更是像對傳統的、真正亞里士多德式的道德哲學的貢獻」❸。因此，本書出版後也受到西方學術界的高度重視，使赫爾獲得了極大的聲譽。

值得一提的是，赫爾的《道德語言》發表以後，由於他主張道德語言的主要意義是非描述性的、規定性的，因此很多評論者都將之視為情緒主義者，因為他們都是在非認識的意義上研究道德語言的，強調道德語言的非描述意義；但是，當《自由與理性》出版以後，這種劃分便站不住腳了。因為在《自由與理性》中，赫爾試圖表明，儘管道德自由中含有選擇的因素，但由於道德判斷必須是「可普遍化的」，因而由之而保證的道德自由是與道德推理過程中的大量理性推理相一致的。也正因為此，赫爾的《自由與理性》的出版，可以說真正標誌著規定主義的誕生。

1963年，赫爾還發表了〈描述主義〉一文，對描述主義的一些基本觀點作了概要的分析，特別是對描述主義對其規定主義思想的一些批評與責難，如道德語言的規定性並不大於其描述性，事實和價值也並不如赫爾等人所想像的那樣，存在著二歧鴻溝，以及能否自由地確定道德的善性的標準等，給予了答辯和反駁。這篇論文後來收入了1972年出版的《道德概念論文集》，並曾被譯為西班牙文。

1964年，赫爾由於其倫理學研究方面的突出成就，被選為英國科學院院士。同年，他還當選為英國學術委員會委員。

1966 年，赫爾被聘擔任牛津大學的「懷特道德哲學教授」

---

❸　瑪麗・沃諾克：《一九〇〇年以來的倫理學》，商務印書館1987年版，第84頁。

(White's Professor of Moral Philosophy)。這在人才濟濟的牛津大學
是很不容易的。聲望卓著的牛津大學擁有歐美幾乎最龐大的哲學教
師隊伍，又有不少著名學者雲集這裡，可一共只設有 5 個哲學教授
席位，能在眾多著名學者中間脫穎而出，可見當時的赫爾之實力與
聲望。他擔任這一著名而重要的職務長達17年之久，一直到1983年
為了獲得美國佛羅里達大學教授的職務，而辭去這一職位。在這期
間，赫爾逐漸成為具有世界影響的、倍受世人關注的著名倫理學家、
哲學家。

　　1966–1981 年，赫爾還被任命為科普斯・克利斯梯 (Corpus
Christi)學院的研究員，以及牛津基督聖體學院學術委員。

　　赫爾在學術上的巨大成就，使他享有很高的國內、國際聲譽。
自1962年始，赫爾一直擔任英國社會責任委員會委員。1966–1968
年，擔任英國國家道路安全顧問委員會成員。1964–1975 年，擔任
英國醫學問題工作組委員。1974年，成為牛津大學名譽研究員。1975
年當選為美國藝術和科學學會國外名譽會員。1978 年被授予 Tanner
獎。

　　同時，許多西方國家不斷邀請他前往講學，從事研究工作。1966
年成為澳大利亞國家大學的訪問教授。1968年成為美國密執安大學
的訪問教授。1974年成為美國特拉華州大學的訪問教授。

　　1972–1973 年，赫爾擔任亞里士多德學會會長。為亞里士多德
(Aristoteles, 384–322 B.C.)思想的研究，作出了積極貢獻。

　　70年代初，赫爾將其幾乎所有的已經發表，或尚未發表的論文
進行歸類，出版了四卷關於後設倫理學、規範倫理學，以及應用倫理
學的論文集：如《實踐推理》(1971)、《哲學方法論文集》(1971)、
《道德概念論文集》(1972)、《道德哲學的應用》(1972)。這其中的

一些論文，如〈對公認的觀點的辯論〉、〈描述主義〉、〈錯誤與傷害〉
等，都曾在當時產生了很大反響。

70年代後期，赫爾開始逐漸轉向探討一些應用倫理學問題，發
表了一些關於實際道德問題的論文，如〈正義和平等〉(1977)、〈奴
隸制錯在什麼地方〉(1979)等，這些論文後來都收入了《政治道德
論文集》之中。

1978年初，英國廣播公司製作、播放了一個十五集的特別電視
系列節目，請15位著名的西方哲學家在節目中同廣大觀眾見面。
這一節目由麥基(B. Magee)主持，以麥基和特約哲學家談話的方式，
來就一些觀眾關注的哲學問題進行答辯，並簡明扼要地闡述自己
的哲學主張。赫爾與一大批著名哲學家，如伯林(I. Berlin, 1909–)、
馬爾庫塞(H. Marcuse, 1898–1979)、艾耶爾、蒯因(W. V. O. Quine,
1908–)、喬姆斯基 (A. N. Chomsky, 1928–)、普特蘭 (H. Putram,
1926–)、德沃爾金(R. Dworkin, 1931–)等，都應邀參與了這一節目。
赫爾在接受麥基採訪時，就道德哲學的一系列問題，如什麼是道
德哲學？如何對道德概念進行分析？邏輯如何應用於道德哲學？事
實與價值的關係如何？後設倫理學怎麼應用於實際道德問題？等等，
進行了深入淺出、饒有風趣的闡釋。讓在人們心目中「古板的」哲
學節目走上熒屏，讓深奧的哲學與廣大觀眾直接進行交流，這確實
有些困難。不過，他們卻獲得了引人注目的成功，並在觀眾中引起
了極好的反響。這些談話錄後來經各位作者略作修改後，由主持人
麥基編輯，以《思想家——當代哲學的創造者們》為書名，由英國
廣播公司出版了。

1.3　道德思維與功利主義思想

　　1980年，牛津大學給了赫爾一年的學術假期。於是，赫爾利用這段時間，攜妻子弗麗來到美國加利福尼亞州史丹佛大學，成為其行為科學高級研究中心的訪問學者。在這段時間裡，由於得以遠離一切纏身的事物與煩擾，赫爾得以全身心投入到學術研究中去，完成了其後期最重要的一部後設倫理學著作——《道德思維——及其層次、方法和出發點》（這本書於1981年由牛津大學出版社出版），以及另外一部著作《柏拉圖》。赫爾覺得那兒是一個非常良好的研究和寫作環境，他與那兒的很多同事建立了友誼。在寫作這些著作時，赫爾的妻子也發揮了獨特的作用。她一方面為赫爾提供了一些具體的事例，如作為人類生活之幸福及道德之源的友愛和感情這些品質的事例（林爾將之寫進了《道德思維》的第二章），使赫爾有些尚未決斷、尚嫌枯燥的思想變得清晰；另一方面，她在生活中，不僅耐心地閱讀、檢查和抄寫赫爾的稿件，而且通過細心地照料赫爾的生活，保持赫爾心身健康，能夠全身心投入寫作，體現了這種真實的愛與關懷。儘管這期間是十分忙碌與辛苦的，但赫爾和其妻子仍然感到十分愉快、愜意與幸福，覺得度過了一個美好而難忘的「假期」。

　　《道德思維——及其層次、方法和出發點》共分三個部分12章。這本書一方面繼承、發展了他50、60年代在《道德語言》、《自由與理性》中所提出的基本倫理學觀點，另一方面又對他早期的思想作了一些必要的修正，在一定程度上迎合了70年代以後西方後設倫理學向規範倫理學靠攏的趨勢，因此與他早期的倫理學觀點多少存在

一些矛盾。

在《道德思維》一書中，赫爾從倫理學思維的高度，具體展開了關於道德推理、論證、方法等「元」理論問題。依赫爾所見，道德哲學的思維方法包括兩個方面或兩個步驟：第一是對道德詞的意義的理解；第二是合理地說明這些詞的邏輯屬性。赫爾認為，道德推理與道德判斷相聯繫，如同後者具有規定性和可普遍化性一樣，道德推理的規則也具有這兩種特徵。合理的道德思維必須遵循建立在對道德詞和道德判斷的兩種特徵——規定性和可普遍化性——之上的邏輯規則。依據這種邏輯規則，我們可以發現，人類道德思維的發展已經顯示出兩個層次：即直覺的層次和批判的層次。對道德思維的這兩個層次的考察，實際上也提示了倫理學理論研究的不同方法。直覺的道德思維層次也就是倫理學上的直覺主義。直覺主義者停留在道德直覺思維的層次，直覺便是他們主張的基本道德方法；這種層次的道德思維在人類道德思維中是客觀存在的，也有其自身的作用。但從根本上說，它並沒有給人們提供一種解決道德實際問題的方法，面對充滿矛盾、衝突的道德境況，它的無能性決定了人們必須超出這一層次，用更高的思維來思考問題，這便是批判的道德思維。正是這種批判性思維方法才使我們對道德問題有了全面的科學解釋。批判思維依據的理性方式就是《自由與理性》中闡述的道德語言的邏輯屬性和事實（包括意向、利益和愛好）。 他認為，道德判斷的邏輯迫使我們作出可普遍化的道德判斷，個人的愛好因而被轉化為無偏無倚的愛好，個人功利因而被轉化為公共功利，我們也因而成為一個功利主義者。在赫爾看來，在批判思維層次上，康德主義和功利主義是一致的，他也公開承認自己在《道德思維》中得出的結論是功利主義結論。赫爾依據這種後設倫理學的論證方

式，把規定主義和功利主義結合起來了。

該書所運用的方法和論證的基本主題與《自由與理性》大致相同，主要目的是以一種理性方式（依據道德思維的規則）來回答道德問題。要以理性方式（依據道德思維的規則）來回答道德問題，那麼首先就要理解這些問題；而掌握道德語言的意義和用法，特別是其邏輯性質，無疑有助於邏輯地思考這些問題。赫爾指出：

> 無論如何，為了幫助我們更好地（如更理性地）思考道德問題，道德哲學家必須採取的第一步，是達到對於那些問題中的詞的意義的理解；隨之而來的第二步，是給這些詞的邏輯性質以一個解釋，從而達到關於道德問題的理性思考的法則。因此，從道德哲學的形式方面來看，它不過是現在常常稱為哲學邏輯的一個分支；但是這一叫法與最有把握地、常常稱作的形而上學，僅僅只有名稱上的區別。❹

上述名稱無疑會讓我們想起康德(I. Kant, 1724–1804)的《道德形而上學基礎》。事實上，赫爾也確實樂於承認，他從康德的著作那兒獲得了許多啟示。例如他的「可普遍化性」的思想，就與康德思想很接近，這一點我們在後面的論述中將會清楚地看到。

《道德思維——及其層次、方法和出發點》出版後，也引起了倫理學界的巨大反響。正如著名倫理學家弗蘭克納 (W. Frankena, 1908–)所說的，「近來，沒有任何哲學家比赫爾思考得更艱深、更系統、更有成效」❺。該書在短短幾年時間裡，於1982年、1984年、

---

❹ R. M. Hare, *Moral Thinking: Its Levels, Methods and Point*, Oxford, Clarendon Press, and New York, Oxford University Press, 1981, p.4.

1987年不斷重印。現在，這本書已經成為研究道德思維或道德哲學
方法論最重要的參考著作之一。

1988 年，牛津大學出版社出版了一本名叫《赫爾及其批評者：
關於道德思維的論文集》❻的書。這本書主要集中討論了赫爾在《道
德思維──及其層次、方法和出發點》中闡發的思想。全書分為三
個部分，在第一部分中，赫德遜(W. D. Hudson)對赫爾的道德哲學
的發展作了一個總的概括；在第二個部分，著名哲學家、倫理學家
布蘭特 (R. B. Brandt, 1910–)、弗蘭克納、辛格爾、厄姆森 (J. O.
Urmson, 1905–)等人從不同側面，對赫爾關於道德思維的一些觀點
進行了剖析、評價與批判；在第三部分，赫爾對所有評論和批評逐
一進行了認真地解釋與答辯，澄清了一些最初的被廣泛誤解的觀點，
同時也對批評者們的論文進行了簡略的評論，當然，在有些問題上，
他也藉此難得的機會進行了修正和發展。

1980 年赫爾在史丹佛大學行為科學高級研究中心作訪問學者
期間的另一成果，是完成了一部研究柏拉圖(Plato, 427–347 B.C.)思
想的、名叫《柏拉圖》的小冊子。這本書後來收入《已故大師系列》，
於1982年由牛津大學出版社出版了。在《柏拉圖》一書中，赫爾對
柏拉圖生活的時代背景、生平、主要觀點及哲學上的主要成就，特
別是與倫理學有關的一些思想，如「定義、辯證法和善」、「教育和
好的生活」等，作了簡明扼要地闡述與評價。這本小冊子後來在1984

---

❺ D. Seanor and N. Fotion, *Hare and Critics: Essays on Moral Thinking*,
Oxford, Clarendon Press, 1988, p.43.

❻ 這本書最初名叫《赫爾及其追逐者》(*Hare and Hounds*)，"Hound"是
一種追逐遊戲中扮演獵狗的人。由於赫爾覺得這一標題對於批評者們
過於敵意、有侵略意味，因而放棄了這一標題，並向批評者們致歉。

年、1986 年、1987 年幾次重印，並被譯為西班牙文和中文。而且，在1991年，這本書還與著名哲學家、亞里士多德研究專家巴勒斯(J. Barnes, 1942–)所著《亞里士多德》，以及著名哲學家、奧古斯丁研究專家切德威克(H. Chadwick)所著《奧古斯丁》一起，收入《思想的奠基者》一書，1991年由牛津大學出版社出版。

1983 年，赫爾出席了在奧地利薩爾茨堡(Salzburg)舉行的第七屆國際「邏輯、方法論和科學哲學」大會，提交了〈關於兒童臨床試驗的倫理思考〉的論文。

1.4　關注應用倫理學問題

1983年，為了獲得美國佛羅里達大學研究教授的職務，64歲的赫爾提前退休❼來到美國，執教至今。順便需要說明的是，自赫爾去美國後，他還　直擔任這一教席的榮譽教授，牛津大學的「懷特道德哲學教授」席位便一直空缺。這一方面也許表達了牛津大學對赫爾的敬重，另一方面也可能表達了牛津大學在道德哲學方面的後繼無人，表達了世界倫理學研究重心的轉移。

如前所述，正如赫爾所聲稱的，他之所以進入倫理學或道德哲學領域，是因為他面臨著一些嚴重的道德問題（如戰爭與和平的問題），　這些問題需要用一種理性的方式去加以回答。而要回答這些問題，首先必須找到一條克服情緒主義所引起的邏輯困難的道路。因此，在20世紀40-50年代，順應後設倫理學占據著倫理學統治地位的趨勢，赫爾早期的研究將大部分精力都放在分析道德概念或道德語言、以及探討道德思維方法上，而較少顧及實際道德問題的研

---

❼　英國牛津大學教授退休的年齡為67歲。

究。當然，赫爾強調，他在其學術生涯的早期也從來沒有真正停止對之的思考，而總是懷有幫助解決實踐倫理學問題的願望，如1955年，他就曾發表過一本名叫《倫理學與政治》的論文集。這本論文集是用德文寫作的、然後又在BBC電臺第三套節目中播出的一些演講，其中主要討論了諸如當政府行為不道德時公民的義務等問題。他甚至聲稱，他一生都在「尋找關於實際道德問題的理性思考方法」❽。

　　20世紀50-60年代以後，曾經盛極一時的後設倫理學已經發展到了頂峰，其缺陷也開始日益充分地暴露出來。後設倫理學的語言與邏輯分析，已經使倫理學這樣一門具體科學變成了一種學院式的專門「技術」或「學問」，例如道德語言的「分析」，這使得這門學科越來越繁瑣、甚至越來越類似於一種複雜的「語言遊戲」。後設倫理學並不涉入實際道德問題的分析風格，它的「只看病，不開藥方」的研究方式，並不能給予人們的行為以實際的指導，這也引起了越來越多的哲學家、倫理學家的不滿甚至反感。特別是二戰以後的60-70年代以來，許多嚴峻的實際道德問題，如人們的自由、平等與義務問題，生態與環境污染問題，流產、安樂死、殘疾人與人的價值問題，乃至試管嬰兒、代理母親、生殖技術及遺傳工程等的困擾和挑戰，都突顯出來了。西方社會面對這些決定人類尊嚴、價值、自由、命運的問題，一時很有些束手無策，但又絕不容人們置之不理。於是，西方倫理學界出現了向規範倫理學、應用倫理學回歸的傾向與趨勢。——不過，赫爾堅持，儘管他對這些問題感興趣，或者說他所討論的這些問題並不是新的，但他卻是在通過他一生的

---

❽　R. M. Hare, *Essays on Political Morality*, Oxford, Clarendon Press, 1989, preface.

經歷在思考，他寧願窮其一生探討某些問題，而不願趕時髦。

無論如何，順應這一傾向與趨勢，自20世紀70年代以來，赫爾把越來越多的精力投入到了應用倫理學研究中去，寫作了更多的關於應用或實踐倫理學問題的論文和著作，而赫爾的晚年，他幾乎花了一半精力從事這些問題的研究,其著作目錄就可充分說明這一點。

自1988年始，赫爾將其多年來的一些已經發表、或尚未發表的重要論文，正式歸類，交由牛津大學出版社出版。這些論文集有：《倫理學理論論文集》(1989)、《政治道德論文集》(1989)、《宗教和教育論文集》(1992)、《生命倫理學論文集》(1993)。通過這些分門別類的論文集，加上流傳很廣、影響甚大的《道德語言》、《自由與理性》、《道德思維》，我們可以對赫爾的倫理學思想有一個比較完整的了解。

1989年出版的《政治道德論文集》分為如下幾個部分：第一部分是關於法律問題的，它包括三篇論文，即〈哲學家在立法過程中的作用〉、〈政治義務〉、〈造反〉。主要討論了哲學家們如何幫助立法，人們所應遵守的義務的基礎，以及人們在什麼情況下可以擱置這些義務。由此導入了第二部分：關於暴力問題的道德思考，這裡主要討論了恐怖主義和戰爭行為的道德問題。這一部分包括如下三篇論文：〈論恐怖主義〉、〈戰爭的規則和道德思考〉、〈哲學和實踐：關於戰爭與和平的一些爭論〉。由於赫爾親身經歷過第二次世界大戰，被日本法西斯俘虜後，還作為苦力修建過緬泰鐵路，因此儘管處於和平年代，他對於戰爭仍有許多深刻而不平靜的思考。第三部分主要處理了權利問題。它涉及一般權利和如何在康德主義—功利主義基礎上論證它們，如〈權利、功利和普遍性：答J. L. Mackie〉，〈功利和權利：關於David Lyon的論文的評論〉，〈關於權利的爭論〉；以

及一些特殊的權利，如政治上的和個人的平等、自由、特別是貿易聯合體及成員的權利、奴隸制的權利，如〈自由和平等：政治是如何冒充哲學的〉，〈雇員的權利：歐洲人權法庭和Young, James和Webster案例〉，〈奴隸制錯在什麼地方〉；此外，赫爾還把其理論應用於分析南非的奴隸制問題（〈南非的自由、平等和博愛?〉）。第四部分討論了一些其他具體道德問題，如〈正義和平等〉、〈懲罰和來世報應的公正〉、〈環境規劃的比較方法〉、〈關於環境的道德推理〉等，赫爾試圖表明用康德主義和功利主義相結合的理論能夠解決這些問題。

1992年9月出版的《宗教和教育論文集》幾乎包括了赫爾所有的關於宗教和教育方面的論文。這些論文有些過去曾經發表過，如〈宗教與道德〉(1958)、〈語言和道德教育〉(1973)、〈道德教育中的柏拉圖主義〉(1974)、〈作為教育理想的自主權〉(1975)等；有些則是第一次發表。在這一論文集中，赫爾首先闡述了關於宗教語言的意義的觀點，然後對宗教與道德的關係，從理論和實踐的角度進行了論述；這其中就已經涉及了一些教育倫理學問題。其他論文的中心問題則是「我們應該如何教育我們的孩子」：赫爾強調了道德教育的重要性，認為這是全部教育中一個十分關鍵的組成部分；那些否認道德教育的人，實際上放棄了教育的一個非常重要的方面；對於孩子們的教育應該既自由地、同時又是理性地進行，以使他們批判地接受已有的道德原則，自主地作出自己的道德決定。此外，赫爾還通過考察人們對安樂死和教育機會之平等等的態度，指出了人們思維中的一些錯誤。

1993年出版的《生命倫理學論文集》是一些關於醫學倫理學以及其他相關主題的論文。赫爾試圖將自己的規範倫理學理論——康

德主義和功利主義的結合——應用到這些實際問題上去。順便應該
說一下的是，1987年，赫爾曾到莫納什大學人類生命倫理學中心工
作過。此前，他還曾到澳大利亞蒙拉希(Monash)大學的「人類生命
倫理學中心」(Center for Human Bioethics)作過短暫的研究工作。

　　這部論文集的一個主題是醫學倫理學。其前兩篇論文：〈道德
哲學家能有助於醫學倫理學嗎?〉、〈精神病倫理學的哲學基礎〉，是
赫爾將倫理學理論應用於醫學、特別是精神病醫生的實踐的一個系
統闡述。而〈健康〉一文是以醫生義務的討論為基礎的、關於健康
概念的一種分析，〈行為控制的道德問題〉探討了運用醫學的或其
他方法控制行為的問題，〈小人Guinea-Pigs ⑲〉是關於人類兒童實
驗的倫理問題的。而最後的三篇論文：〈預言和道德評價〉、〈健康
保險政策：一些選擇〉和〈為什麼我僅僅只是一位半素食主義者〉，
則探討了自由意志問題、健康保險方面的有限資源的分配問題，以
及人類對其他動物的義務等問題。而另一個主題是關於墮胎、胚胎
試驗、有缺陷的新生兒等敏感話題的。這主要包括如下一些論文：
〈可能的人〉、〈胚胎實驗：多元社會中的公共政策〉、〈墮胎與黃金
律〉、〈墮胎的康德主義方法〉、〈畸形兒童：醫生和父母的道德兩難〉
等。赫爾就這些問題發表了不少令人感興趣的意見，當然，正如赫
爾所預料到的，由於這些問題過於敏感，也有不少人將反對他。

　　赫爾的生命倫理學思想是比較全面的，他既探討了生命倫理學
的一般研究方法，也考察了生命倫理學的一些具體問題；既分析了
一些生物醫學技術所帶來的新挑戰（如胚胎實驗），也研究了一些
因為生物醫學的發展所引發的新問題（如人口控制、墮胎等）；既
考察了一些現實的醫學道德難題，也討論了政府和公眾所應該採取

⑲　Guinea-Pigs：供進行醫學實驗的人。

的政策（如衛生保健政策）；等等。

　　此外，需要強調說明的是，赫爾非常熱心社會公益事業，環境規劃、特別是交通規劃是他幾乎一生的「業餘愛好」。他聲稱，他一生都始終關注著環境問題，儘管他沒有寫過太多的這方面的哲學論文，但環境問題一直都是其興趣的中心。隨著二戰以來世界的工業化、現代化進程，特別是60–70年代以來，生態環境問題日益突出，已經嚴重地威脅到人類生存、生活的家園，很多人生活在污染了的環境中深受其苦，作為一位有良知的倫理學家，確實也很難對生態環境問題無動於衷。20世紀40年代，當赫爾成為一位職業哲學家以前，他就一直相當積極地從事這項工作。他常常給《交通工程與控制》雜誌寫稿，還做過關於牛津道路之爭的一些統計。但後來，雖然赫爾在70–80年代仍在為由英國教會建立的幾個工作委員會服務，以解決英國的市政規劃、交通堵塞和一般的環境等問題，但他聲稱，由於環境規劃的技術性比以前強多了，例如他還沒有學會使用計算機，而且沒有時間，因此他就「不太怎麼研究了」。

　　實際上，赫爾雖然後來較少參與實際的環境規劃工作了，但卻更多地投入到關於環境規劃的哲學思考之中。如在〈環境規劃的比較方法〉(1974) 一文中，赫爾以其熟悉的城市規劃為基礎，對環境規劃問題及方法進行了討論。他認為，環境規劃一般有兩種方法，一種是「手段─目標模式」(the means-end model)，即先確定一定的目的或目標，然後再尋求實現它們的方法。以非常簡單的單身家庭廚房改造為例。首先我們得確定目標，實際上，目標是很難列一個諸如此類的清單的：方便、經濟、美觀、衛生等等，而且清單上的任一目標都是很難界定的，如怎樣才算美觀呢？多少符合「經濟」要求呢？至於「經濟」和「衛生」之類如何協調，那就更加難以確

定了。人們常用的手段是通過「成本─利潤」的計算來實施，但諸如「美觀」又如何去計算呢？這就導致了另一種方法，即「嘗試─設計模式」(the trial-design model)。這是建築者們更常用的、更有效的方法：設計者們先提出一個多少有些特別細節的、有一個對成本進行大致估算的方案，然而顧客再從中選定他所喜愛的一個。當然，這一方案的問題在於，設計者們只是十分粗略地對顧客進行了解釋，顧客可能理解得也不十分準確，因而顧客有時難免會不滿意。赫爾認為，這兩種方法是相互滲透、有時甚至是交織在一起的。環境規劃是一個涉及眾多因素的十分複雜的問題，這些問題中，有些是事實性的問題，有些是價值性的問題。在這些方法中，首要的事情是把事實問題與價值問題區分開來，既不能通過事實判斷來回答價值問題，也不能通過價值判斷來回答事實問題。只有這樣，才能真正給問題以一個可靠的答案。

赫爾精力充沛、熱愛生活，除了專注地研究、大量的寫作外，還不時到世界各地旅遊、訪問。如1985年他曾到過南非、荷蘭；1986年曾到過義大利、墨西哥；1987年曾訪問過澳大利亞、香港、中國；1988年到過日本、德國、波蘭、西班牙；……他對這很多地方都留下了深刻的印象。

1.5　生命不息，追求不止

1994年，75歲高齡的赫爾辭去了美國佛羅里達大學研究教授的職務，不再擔任大學的正式研究或教學職務。

儘管退休了，但思想家及其思想是不「退休」的。赫爾沒有、也不可能真正停止其倫理學思考。1997年，78歲的赫爾還以90年代

以來的一些講演稿為核心，選編出版了一部重要的倫理學著作:《清
理倫理學》(*Sorting out Ethics*)。在這部著作中，赫爾結合對於各種
倫理學理論之批判，明確地總結了自己的觀點。全書分為三個部分，
第一部分是對於語言分析倫理學的一個概要性說明，以及對於一些
批評的辯護；第二部分對倫理學理論進行了分類，分別對自然主義、
直覺主義、情緒主義、理性主義等作了分析與剖析，提供了走出倫
理學迷宮的一幅地圖（赫爾認為包括他的許多哲學同事都迷失了道
路和方向）；　第三部分〈康德是一位功利主義者嗎〉則是對於康德
思想，特別是關於康德是否是一位功利主義者的一個剖析，這篇論
文曾收入丹西(R. M. Dancy)編輯的《康德及其批評者》一書中。通
過這部著作，我們可以對赫爾的思想脈絡、及其在倫理學史上的地
位有一個大致的了解。

　　綜觀赫爾一生的學術活動，我們可以將之分為倫理學理論研究
和實踐倫理學問題的探討兩個部分。

　　在倫理學理論問題的研究方面，赫爾的涉及面很廣。赫爾主要
是一位後設倫理學家，他主要把探討倫理學與語言的關係、價值詞
和道德判斷的意義、作用和標準，以及尋求道德思維的方法視為自
己研究的主題。在這方面，赫爾的著作很多，他在1952年出版的《道
德語言》和1963年出版的《自由與理性》，被公認為當代後設倫理
學之規定主義的代表作，而《道德思維》(1981)則對倫理學方法進
行了系統研究，並以其普遍規定主義為基礎，得出了道德功利主義
的結論。此外，赫爾這方面的著作還有:《實踐推理》(1971)、《哲學
方法論文集》(1971)、《道德概念論文集》(1972)、《柏拉圖》(1982)
等等；主要論文有〈意志的自由〉(1951)、〈可普遍化性〉(1955)、
〈哲學的發現〉(1960)、〈描述主義〉(1963)、〈價值的客觀性〉(1964)、

〈意義和言語行動〉(1970)、〈倫理學理論與功利主義〉(1976)、〈主觀性的某些混亂觀點〉(1976)、〈道德衝突〉(1980)、〈一種康德式的功利主義研究〉(1986)、〈描述主義之歸謬〉(1986),等等。

同時,赫爾也十分注意將自己的理論應用於解決實際問題。在〈道德哲學家能有助於醫學倫理學嗎?〉 一文中,赫爾指出:倫理學理論研究的目的就在於應用於實際,「如果道德哲學家對醫學倫理學問題不能提供幫助,他應該關門歇業」 ❷ 。因此,赫爾總是致力於把倫理學與現實的具體生活相結合,試圖用道德判斷的邏輯去處理和解釋現實問題,如政治倫理學問題、教育倫理學問題、宗教倫理學問題、醫學倫理學問題,乃至英國的市政規劃、交通堵塞和一般的環境等問題。在這些方面,他的主要著作有:《道德哲學的應用》(1972)、《政治道德論文集》(1989)、《宗教和教育論文集》(1992)、《生命倫理學論文集》(1993);主要論文有〈宗教與道德〉(1958)、〈環境規劃的比較方法〉(1975)、〈墮胎與黃金律〉(1975)、〈道德哲學家能有助於醫學倫理學嗎?〉(1977)、〈正義和平等〉(1977),等等。

概而言之,赫爾是一位富於獨創精神、勤奮耕耘、著述頗豐的學者,其倫理思想十分豐富,因而也獲得了廣泛的影響。赫爾幾乎每一本重要著作的出版,都引起了廣泛的注意與討論,當然也引發了無數的激烈爭論。瑞典倫理學家Toni Ronnow-Rasmussen在一本專門論述赫爾道德哲學的著作——《邏輯,事實和表現》中指出,「40多年來,赫爾的大量著作一直是智力上的和哲學上的刺激的可靠來源。赫爾的工作所吸引的人們的注意是驚人的,可能今天的道

---

❷ R. M. Hare, "Medical Ethics: Can the Moral Philosopher Help?", *Essays on Bioethics*, Oxford University Press, 1993, p.1.

德哲學家沒有一個比得上他」 **㉑**。基科克‧李在《道德哲學的新基礎》中更是明確地寫道:「在本世紀後25年裡」,赫爾是「英語世界中最有影響力的道德哲學家之一」 **㉒**。

　　自1952年《道德語言》出版始,赫爾所創立的規定主義已經經歷了40多年的風風雨雨了。這40多年來,規定主義從來都在為全世界的哲學家們、特別是西方的倫理學家們所討論與批評著。現當代很多重要的哲學家、倫理學家,例如布蘭特、弗蘭克納、厄姆森、諾維爾—史密斯、麥凱(J. L. Mackie, 1917–1981)、瑪麗‧沃諾克、沃諾克(G. J. Warnock, 1923–)、羅爾斯(J. Rawls, 1921–)、福特(P. R. Foot, 1920–)、麥金太爾 (A. MacIntyre, 1929–)、威廉斯 (B. Williams, 1929–)、羅賓遜 (Robinson)、赫德遜、斯馬特 (J. J. C. Smart, 1920–)、辛格爾、賓克萊、尼爾森(K. Nielsen, 1925–)、泰勒(C. C. W. Taylor, 1931–)等等,都曾對赫爾的觀點進行過專門研究、批評與評論。從這一點來說,赫爾的倫理學研究無疑取得了巨大的成功。值得一提的是,赫爾與上述哲學家、倫理學家中的一些建立了友誼或長期「關係」, 例如,赫爾與澳大利亞阿德萊德大學哲學系斯馬特教授就有長期良好的交往,1970年,赫爾曾邀請斯馬特參加過在牛津大學為研究生開設的關於功利主義的課程,並評價過斯馬特著名的〈一種功利主義倫理學體系概述〉一文,赫爾也曾幾次到過澳大利亞;而著名倫理學家、描述主義的代表人物福特,則是赫爾所長期「擁有」的「堅定」批評者或論敵。

㉑ Toni Ronnow-Rasmussen, *Logic, Facts and Representation*, Lund University Press, 1993, p.11.

㉒ 基科克‧李:《道德哲學的新基礎》,牛津大學出版社1985年版,第11頁。

同時，也正由於赫爾的思想創意迭出，其著作涉及後設倫理學、規範倫理學以及應用倫理學各個領域，因此，自赫爾創立規定主義以來，幾乎每一種哲學史、倫理學史和現代倫理學著作，都不能迴避赫爾的研究成果。自赫爾的《道德語言》出版以來，赫爾的不少著作和論文都被譯為多種文字出版，研究赫爾思想的著作也很多；當然，更多的是很多著作都闢專章討論、評介赫爾的思想。特別是20世紀中葉以來的後設倫理學著作，更是對赫爾思想滿懷敬意，一般都以相當篇幅予以評價、研究。

20世紀70-80年代以來，在美國有很多博士研究生以赫爾的道德哲學為題，寫作博士論文。赫德遜在應邀為《赫爾及其批評者：關於道德思維的論文集》一書寫一篇關於赫爾道德哲學思想的發展的論文時，他回憶道：幾年前，當我和赫爾在一次談話中，告訴赫爾有200多名美國大學博士研究生以其道德哲學為題作博士論文時，赫爾詼諧地回答，這沒有什麼令人驚奇的，他一直認為自己是哲學領域中的「一個有趣的『色麗大嬸』(Aunt Sallies)㉓」。赫德遜指出，無論如何，赫爾在這一點上是極其成功的，很少有在世哲學家像他那樣吸引如此之多的評論。

不過，也應該實事求是地指出的是，在如此之多的評論中，大多數都是批評性的評論。幾乎赫爾的每一個觀點都受到了來自多方面的批評與責難，這在當代倫理學家中也是並不多見的。但是，赫爾對於這些批評的反應大都是深化、發展其理論，當然有時也作些修正，但卻很少改變其基本立場、核心觀點，就如同柏拉圖的《高爾吉亞篇》中的蘇格拉底一樣。因而，這幾十年來，赫爾在不斷拓新的同時，也一直在為其觀點進行著修正、解釋、辯護與抗爭。

㉓　色麗大嬸(Aunt Sallies)是一種遊戲中的有趣人物。

　　無論如何，我們不得不承認，在赫爾永不停息地探索與創新、批評與反批評之中，赫爾也確立了其在倫理學界不可動搖的地位。

第二章 道德語言的邏輯研究

赫爾是從後設倫理學出發開始其倫理學研究的。自摩爾開創後設倫理學研究方式以來，現代後設倫理學家大都把倫理學與語言的關係，或者說把探討一些典型的道德概念、判斷的性質、意義和功能視為自己研究的主題。赫爾當然也是如此。他於1952年出版的《道德語言》以及1963年出版的《自由與理性》，被公認為當代後設倫理學研究道德語言的代表作，他本人也被公認為語言分析倫理學派的主要代表人物。

2.1 道德哲學研究什麼？

現代倫理學起源於上世紀末尼采 (F. W. Nietzsche, 1844–1900) 的「重估一切價值」和世紀之交摩爾所開創的「語言的轉向」(linguistic turn)。

在赫爾走上學術舞臺之前，倫理學領域已經隨著整個哲學發生了一次強烈的「大地震」。由羅素 (B. A. W. Russell, 1872–1970)、摩爾、維特根斯坦、石里克 (M. Schlick, 1882–1936)……等等一大批著名哲學家發動的一場深刻的革命業已發生。這場革命的後果後來被稱為「語言的轉向」。反映到倫理學領域，倫理學研究的主題、

方式、風格等都發生了巨大的變化。倫理學或道德哲學研究什麼？如
何進行研究？這在過去幾乎是不言自明的問題，現在卻成了一個倫
理學家首先必須思考、定位的問題。

　　倫理學領域這場深刻的革命，可以直接上溯到英國著名直覺主
義倫理學家摩爾及其1903年所出版的《倫理學原理》。在這部「標
誌著20世紀倫理學革命的開端」的著作的序言中，摩爾表達了對於
傳統倫理學研究方式的強烈不滿，強調了對於倫理問題進行分析的
必要性。摩爾寫道：

　　　　照我看來，在倫理學上，正像在一切哲學學科上一樣，充滿
　　　著歷史的困難和爭論主要是由於一個十分簡單的原因，即由
　　　於不首先去精確發現你所希望回答的是什麼問題，就試圖作
　　　答。……哲學家們……總是不斷力求證明「是」或者「不」
　　　可以解答各問題；而對這類問題來說，這兩種答案都不是正
　　　確的，因為事實上他們心裡想的不是一個，而是幾個問題，
　　　其中某些的正確答案是「不」，而另一些是「是」。❶

　　摩爾指出：鑒於倫理學史上的各派倫理學說對道德規範、道德
標準爭論不休，無法形成一種被普遍接受的理論，因此，倫理學的
研究對象和方法必須有所改變、有所突破；只有把對道德概念、判
斷的邏輯分析作為倫理學的首要任務，才能建立起「能以科學自命
的倫理學」，這樣的倫理學才具有普遍性和客觀性。換言之，倫理
學在搞清楚什麼是善行、一個人應該如何行動以前，首先必須弄清
楚什麼是善？善這一概念如何加以定義？善的意義是什麼等。摩爾

❶　摩爾：《倫理學原理》，商務印書館1983年版，第1頁。

甚至認為，哲學家們不應當給別人指手畫腳地做道德裁判和導師，具體做什麼事、怎樣去行動是行為者個人的事。倫理學並不把行為的善惡作為自己的考慮範圍，因為倫理學是理論科學，它的直接對象是知識，不是實踐。倫理學的任務主要是向人們指明「善」的含義是什麼，把「善」作為倫理學的中心概念和根本問題，是一切倫理學體系得以建立的出發點。

　　事實上，倫理哲學家們絕大部分時間所關心的並非去制定一些規則，用以指出某些行為方式一般地或總是正確的，而另一些則一般地或總是錯誤的；他們也不列出一個條目以指出某些東西是好的，另外一些是壞的。他們所致力的是回答下列這些更加普遍及根本的問題：當我們說一項行為是正確的或應該做的時候，我們究竟意謂著什麼？當我們說某一些事態是好的或壞的時候，我們究竟是什麼意思？……❷

　　在《倫理學原理》中，在對從前的一切有影響的倫理學思想和流派進行駁難的基礎上，摩爾對道德語詞特別是「善」進行了精微深刻地分析。他認為，「善」是倫理學中最基本的概念，倫理學的主要任務就在於發現「善」的意義，而其他的一些道德概念，如「應該」、「義務」、「正當」等，都可以通過「善」來加以定義。他認為，「善」之類基本概念是單純的、終極的、非自然的、也不可分析的，它是不能定義的；任何「X是善的」形式的判斷都在指稱一個唯一的性質，即善性，當我們稱某物為「善」時，也就是把這種性質歸屬於它。摩爾這樣寫道：「如果有人問我，『什麼是善？』我回

❷　G. E. Moore, *Ethics*, Oxford University Press, 1912, p.1.

答說，『善就是善』，這就是全部答案。或者如果有人問我，『如何定義善?』我的回答是：『善不能定義。』這是我的全部回答……」❸摩爾認為，自然主義倫理學把善混同於某種自然物或某些具有善性質的東西，如功利主義倫理學以「最大多數人的最大幸福」等來規定善，進化論倫理學用「自然進化」之類來定義善，等等；形而上學倫理學把善混同於某種超自然的、超驗的實在，如康德把人的理性本質或「善良意志」作為善的同義語；兩者雖然形式各異，但都犯了「自然主義謬誤」(naturalistic fallacy)，都是不適當的。

　　摩爾的思想對現代倫理學之發展產生了非常重要的影響，一方面，摩爾以其「自然主義謬誤」、「善不可定義」等思想，給傳統的占統治地位的自然主義倫理學說以幾乎是毀滅性的打擊；另一方面，摩爾開創的分析方法（特別是對「善」這一概念的精深而影響深遠的分析）使他的倫理學成為20世紀西方倫理學革命的開端，開創了分析倫理學或者說後設倫理學之先河，並影響了西方倫理學的發展方向。自摩爾始，即20世紀初以來，西方倫理學出現了一個影響巨大、意義深遠的轉折，即逐漸轉向對道德語言進行邏輯語言分析，探討道德判斷的正當理由（即如何證實道德判斷的有效性和道德推理的邏輯規則等），而不像傳統的規範倫理學那樣，研究道德的實質性內容，為人們提供道德原則或行為目的，並倡議某種生活方式，或對人們的具體道德選擇、道德行為進行評判，也即出現了後設倫理學占主導地位的傾向。

　　赫爾的研究旨趣、方式、風格等，無疑也和情緒主義者一樣，是追隨西方這種自摩爾以來的後設倫理學傳統的。在1983年發表的〈羅爾斯的正義論〉一文中，他把道德哲學研究的主題分為如下幾個方

❸　摩爾：《倫理學原理》，商務印書館1983年版，第6頁。

面：研究哲學做什麼、如何去做的「哲學方法論」(philosophical methodology)；分析道德語詞的意義、道德概念的邏輯性質的「倫理分析」(ethical analysis)；研究道德思維、論證和推理的「道德方法論」(moral methodology)；研究我們應該或不應該做什麼的「規範道德問題」(normative moral questions)❹。他認為「倫理分析」和「道德方法論」是最重要的。在其更早的代表作《道德語言》(1952)中，赫爾明確指出，道德哲學的任務，就在於「找到一種關於道德問題的更好——也就是說，更理性的——的思維方式」❺。而所有關於道德哲學的問題不外乎如下三個方面：

⑴「道德問題」。例如：「我應該做什麼?」「有時說謊是善的嗎?」「一夫多妻制是錯誤的嗎?」等等。研究這一方面的問題，也就是研究什麼應該做，什麼不應該做，如何確定善惡的標準，等等。當一個人說他應該做什麼的時候，也就是表示他接受了一定的道德觀點，在該觀點指導下作出這一道德判斷，以指導其行為。在這種意義上，「道德的」與「倫理學的」兩個詞具有大致相同的含義。這一方面實際上也就是我們通常所謂「道德」或「規範倫理學」問題。

⑵「關於人們的道德意見的事實問題」。例如，人們對一夫多妻制的正當性或錯誤性的意見是什麼? 有多少人贊同一夫多妻制? 基督徒是否反對說謊? 等等。這一方面實際上也就是對於道德的事實情況、即「描述倫理學」(descriptive ethics)問題。描述倫理學是對某一類人持有什麼樣的道德觀的研究，這些描述判斷當然是有真

---

❹　R. M. Hare, "Rawls's Theory of Justice", *Essays in Ethical Theory*, Oxford, Clarendon Press, 1989, p.145.

❺　R. M. Hare, "The Structure of Ethics and Morals", *Essays in Ethical Theory*, Oxford, Clarendon Press, 1989, p.175.

假的。

(3)「關於道德詞(moral-words)的意義問題」，或者說是「關於概念的本性和這些詞所指稱的東西的本性問題」。例如，「正當」、「應該」、「善」、「義務」等道德詞，以及「做X是善的嗎?」等等道德判斷的本性和意義問題，或者說，當人說「我不應該做這件事」時，他意指什麼? 這一方面實際上也就是所謂「後設倫理學」問題。

赫爾大致把前兩類問題視為「實質的」(substantial)問題❻，而第三種意義的問題則稱為「形式的」(formal) 問題。赫爾認為，人們習慣於把「倫理學」這個詞限制在第三種意義上，當作一種概念的或分析的問題。而一些舊哲學家們常把「倫理學」視為哲學的一個部分，當成一種形而上學的問題。因此，我們所說的「倫理學」並不等於「道德」，「倫理學」之於「道德」，猶似科學哲學之於科學。但是，它也不同於一般的道德事實描述; 而是關於道德語詞、語言的意義及其它們所指稱的對象的本性等問題的邏輯研究。

也就是說，這裡赫爾所理解的「倫理學」，實際上也就是「後設倫理學」或「分析倫理學」。它的首要任務，就在於搞清楚你所問的道德問題的意義是什麼。要搞清楚道德問題的意義，就要懂得諸如「我應該」之類道德語言是什麼意思。要懂得道德語言的意義，就要懂得相關道德語言的邏輯性質，即人們所說的話意涵著什麼，它責成我們做什麼。只有當人們對於同一個問題，即對表達這一問題的語言的意義和邏輯性質具有共同的理解，人們才可能對之發表

---

❻　這裡應該注意的是，「實質的」問題不只是「事實」問題，因為道德問題——關於我們應該做什麼的問題——並不是純粹的事實問題。參見麥基編:《思想家——當代哲學的創造者們》，三聯書店1987年版，第220頁。

意見，進行討論。這是「倫理學」研究的出發點。上述這些說明，
「倫理學」基本上就是一種道德論證，因而也就是邏輯的一個分支。
與上述這些問題相比，其他問題都是一些更「實質的」問題，而上
述後設倫理學層次的思考，是解決其他「實質的」問題的基礎❼。
赫爾指出：

> 除非你知道哪個論點是可以成立的、哪個是不可以成立的，
> 否則，你怎麼去解決實際問題呢？而且，如果你不理解你問
> 的問題的確切含義是什麼，你又怎麼知道對之的回答正確與
> 否呢？❽

70年代後期，赫爾在接受麥基專訪、為英國廣播公司製作電視
節目時，更是淺顯易懂地向廣大觀眾說：

> 要知道道德哲學是什麼，首先取決於我們認為哲學本身是什
> 麼。自蘇格拉底以來，哲學家們一直試圖通過搞清楚提出問
> 題時所用的各種概念，來清楚了解各種問題。所謂哲學問題，
> 就是適合用這種方法處理的問題，道德哲學也不例外：道德
> 哲學試圖弄清楚的是有關道德的各種實際問題 。舉個例子
> 說，如果你不懂「公平」這個概念的意思，因而無從知道怎
> 樣去解決問題，那你如何決定漲工資漲到什麼程度才算是公

---

❼　參見R. M. Hare, "The Structure of Ethics and Morals", *Essays in Ethical Theory*, Oxford, Clarendon Press, 1989, p.175.

❽　麥基編：《思想家——當代哲學的創造者們》，三聯書店1987年版，第211頁。

平呢？ ❾

　　道德的作用在於引導、規範和調節行為，而關於行為問題的倫
理學研究是通過語言及其邏輯屬性的分析而構成的；不澄清道德語
言的混亂，實際的規範倫理學研究也就成了問題。因此，道德語言
的邏輯分析是解決倫理學疑難的理論關鍵，也是赫爾首先著手研究
的問題。

　　後來，赫爾還指出，「對於真正的哲學家來說，這個世界上最
激動人心的事情——也許是唯一激動人心的事情——是使一些重要
問題真正變得清晰」 ❿。哲學家不能僅僅只是給那些為倫理學問題
所困擾的「病人」一些「吞服的藥丸」，哲學本身是「醫術」，它以
一種醫學所不能起作用的方式來為「病人」提供幫助。

　　赫爾總是不厭其煩地聲稱，語言哲學能為倫理學提供必要的工
具，對於那些忽視道德語言的邏輯研究，直接去匆匆忙忙地解決現
實問題的哲學家，赫爾毫不留情地予以諷刺說：

　　　那些自以為能夠由概念解釋轉為直接插手現實生活的實際道
　　德問題的哲學家，就像是些衝出去做工作，卻忘了帶工具、
　　忘了鋪設水管知識的管道工。在這種情況下，要他去修管堵
　　漏，還不如讓房東自己動手。⓫

---

❾　同上，第209頁。

❿　R. M. Hare, "Medical Ethics: Can the Moral Philosopher Help?",
　　Essays on Bioethics, Oxford University Press, 1993, p.2.

⓫　麥基編：《思想家——當代哲學的創造者們》，三聯書店1987年版，第
　　211頁。

　　赫爾指出，這一點雖然十分明顯，但卻很少有人明白、更少人是這樣做的。甚至有人指責說，熱衷於邏輯與語言分析的後設倫理學不過是在玩一種高級的「語言遊戲」。對此，赫爾辯解說，雖然道德問題本身是人的行為問題，但提出和回答行為的道德性問題則必然涉及到對於道德語言的理解和應用，因此，對於道德語言的意義和邏輯問題的研究，就成了解決實際道德問題的當務之急。

　　赫爾說：「如果我們要問一個人『你的道德原則是什麼?』，我們獲得真實答案的最可靠的方式是看他如何做。」⑫一個人可能會口頭承認各種各樣的道德原則，但在行動中卻完全可能反其道而行之；只有當他知道某一道德情形的各種相關事實，在面臨各種可能的道德選擇和決定時，他的行動才可能揭示出他真正信仰的道德原則。為什麼行動是揭示道德原則的特殊方式呢? 原因在於道德語言是種規定性語言，以道德語言表達的道德原則的功能就在於指導人們的行動。這也是倫理學之所以值得研究的理由：因為「我應該做什麼」是一個不能長時間迴避的問題；而道德語言的混亂所導致的不僅僅是理論上的疑難，還有實踐中的與無所適從困惑。

　　　在行為問題日趨複雜和使人煩惱的這個世界裡，存在著一種
　　　語言理解的巨大需要，而這些問題又是在語言中被提出來並
　　　被解答的。因為，有關我們道德語言的混亂，不僅導致了理
　　　論上的混亂，而且也導致不必要的實際困惑。⑬

---

⑫　R. M. Hare, *The Language of Morals*, Oxford, Clarendon Press, 1952, p.1.

⑬　Ibid., p.1.

綜而言之，赫爾總結說：

> 為了幫助我們更好地（即更有理性地）思考道德問題，道德
> 哲學家必須採取的第一個步驟是，使我們理解所問的道德問
> 題中所使用的語詞的意義。直接從中推出的第二個步驟是，
> 對這些詞的邏輯屬性給出某種說明，然後對理性思考道德問
> 題的規則給出某種說明。因此，就道德哲學的形式方面而言，
> 它現在常常被稱為哲學邏輯的一個分支。❹

　　在此基礎上，赫爾還區分了道德哲學家和道德主義者。道德主義者是在特定情況下決定應該去做什麼的人，在這一意義上，有些人比另一些人確實更明智一些。「但道德哲學家則又有不同，因為他們是以一種專門技巧（儘管這種技巧任何付出努力的聰明人都能培養起來）探討這些難題的。他們完整而清楚地理解那些用於系統闡述道德問題的詞語，從而精確地了解人們究竟是在問什麼、如何回答它們為好、何種論點能夠成立」❺。可以看出，赫爾所理解的道德主義者，就是一般所謂的從事規範或應用倫理學的人，以及道德實踐者；而道德哲學家則就是其所謂的後設倫理學家。

2.2　分析日常道德語言

　　赫爾是受艾耶爾影響，從揚棄情緒主義倫理學出發來開始後設

---

❹　Ibid., p.4.

❺　麥基編：《思想家——當代哲學的創造者們》，三聯書店1987年版，第
209頁。

倫理學研究的。他和情緒主義者一樣，把道德語言的邏輯分析視為道德哲學的基本任務。但是，他與情緒主義之間也存在重要區別：情緒主義著重研究的是人工語言，他們分析的是一些標準的道德判斷。而赫爾則與之不同，他主要分析日常道德語言，集中分析道德語言的實際用法。通過對日常道德語言 —— 如「善」、「應該」、「正當」等價值詞，「我應該做什麼」等等道德判斷 —— 的實際用法的分析，從而揭示道德語言的特徵，把握道德語言的性質、意義和功能。

赫爾對於人們實際使用的日常道德語言的關注，主要受惠於著名哲學家、語言哲學之日常語言分析學派（牛津學派）的奠基人維特根斯坦後期的日常語言分析，以及後來日常語言學派的思想的影響。

維特根斯坦在其後期著作《哲學研究》中，公開抨擊和摒棄了他自己在《邏輯哲學論》中闡述的邏輯原子論思想，而把語言看作是一種「活動」，認為語句或命題的意義不在於表現現實的邏輯圖畫，而在於語言在日常生活中的「使用」或「用法」。在《哲學研究》中，維特根斯坦指出：「對於我們使用『意義』一詞的大多數情況 —— 雖然不是全部情況 —— 來說，『意義』這個詞可以這樣來定義：一個詞的意義就是它在語言中的使用。」❶

這種觀點與他關於語言的遊戲說以及把語言比作工具是密切聯繫在一起的。維特根斯坦指出，「語言是一種工具。語言的概念都是工具」❷，「發明一種語言意味著發明一種工具」❸。掌握一門語言意味著掌握一套工具。工具的種類是多種多樣的，工具的功能、

---

❶　維特根斯坦：《哲學研究》，三聯書店1992年版，第43節。

❷　同上，第569節。

❸　同上，第492節。

目的、使用方式也是各不相同的；語言也同樣如此，語言表達式的功能、目的、使用方式不同，其意義也就各異。工具的功能和目的顯現於工具的操作活動之中，人們正是通過觀察工具的用法、並實際地操作它來學會使用工具的；語言也是一個操作系統，語言表達式的功能、目的和意義也顯現於語言的操作活動裡。語言的使用方式實際上就是語言的操作程序，人們可以通過觀察語言表達式的用法，並具體地操作它來理解這個表達式的意義。語言的操作、使用活動就是語言遊戲。有多少種使用語言的活動就有多少種語言遊戲。維特根斯坦認為，語言像人的遊戲一樣，是人的一種現實活動，人們進行的命名、提問、描述、評定、請求、允許、命令等活動，都是在玩不同的遊戲，而語詞的意義決定於它的實際用法。用語言遊戲的觀點來看待語言分析，我們就不能強求語言表達式在任何一個場合都有一個統一的標準用法，這樣做只會造成爭議和語言誤用的混亂，脫離實際的語言使用環境，使問題得不到解決。而且，維特根斯坦在自己的著作中，主要討論了非描述性語言的用法。

　　維特根斯坦是在批判他前期的指示論——他在《邏輯哲學論》中主張，語詞的意義就在於它所對應的對象——之後得到這種觀點的。他特別強調，知道語言中一個詞所指的對象，並不等於理解了這個詞的意義；只有當掌握了它的各種用法後，才能真正領會它的意義。赫爾特別認真看待維特根斯坦後期的這一轉變，特別是接受了維特根斯坦後期所一再強調的告誡，即我們在從事哲學思考的時候，必須擺脫那種把我們引向歧途的見解：語言只用於一種唯一的目的，即「談論事物」。除此之外，語言還有許多別的功能，這些功能是不能塞進語言「談論」這種框子之內的；這另外一些功能主要是由命令句、價值判斷和義務原則實現的。這後一點也深深地影

響與啟迪了赫爾。

維特根斯坦徹底的否定性自我批判，在哲學界、特別是在當代西方語言哲學家中引起了廣泛的注意和巨大影響，為進一步研究語言開闢了一條新的道路。日常語言學派（即語言哲學之牛津學派）的思想就直接來源於此。結合語境，從語言的實際運用和不同功能中去研究語言，醫治語言的疾病，澄清哲學的混亂，建設性地重建哲學是牛津日常語言學派的主要任務。

赫爾的老師、牛津學派的主要代表人物奧斯汀在〈怎樣以言行事〉一文中，區別了語言的描述表達與行為表達，把語言的使用分成兩類，一類是對事實加以報導或描述的陳述，另一類則是用來完成某種行為、用來做某件事情的。他認為，語言可以完成三種不同的言語行為，　是「以言表意的行為」(locutionary act)；一是「以言行事的行為」(illocutionary act)；一是「以言取效的行為」(perlocutionary act)。這三種行為的區別可以簡單地表示為以下三種表達式的區別：「他說……」、「他主張……」、「他說服我說……」。具體地說，作出以言表意的行為大致相當於以某種涵義或指稱（它們大體相當於傳統說法中的「意義」）說出一個語句；而作出以言行事的行為（諸如通知、命令、警告等）即是說出了具有由習俗而得到力量的話語；作出以言取效的行為則是以說話這種方式達到某種目的，例如說服別人，使別人驚奇，等等。這其中，「以言行事的行為」是言語行為中最重要的部分。奧斯汀的這一分析，無疑是十分有助於闡明道德語言的意義的。這一點我們將在赫爾的道德語言分析中看得很清楚。

牛津日常語言學派形成和發展的時期，正是第二次世界大戰結束後，赫爾重新回到久別的牛津大學巴利奧爾學院、繼續攻讀哲學

學位之時。赫爾這時認真檢討了自己的思想。牛津學派的主要代表人物賴爾、奧斯汀等先後在牛津大學執教，特別是赫爾的老師奧斯汀對言語行動的獨特見解，給赫爾的思想以深刻的影響和啟迪，以至於他以後也成為牛津日常語言學派的代表之一，形成了自己非認識主義的倫理學理論。而且，從赫爾的一些論述中，我們也不難發現上述思想的影響。

受維特根斯坦的語言「使用論」、以及日常語言學派從語言的實際運用和不同功能中去研究語言的影響，赫爾認為，道德哲學不同於其他學科，它是一門「實踐性的」學科。對於這門「實踐性的」學科，赫爾既不像自然主義一樣，試圖給道德概念、價值詞下一個確切而意義相同的定義，而最主要地集中探討在什麼情況下，我們使用諸如「善」、「應該」、「正當」之類詞，即道德語言實際上是如何使用的。同時，他對於道德語言的分析，不是像情緒主義一樣，主要研究諸如「這是善的」、「我應該做什麼」等標準表達式或人工語言的意義，而是集中分析道德詞的實際用法，分析人們日常的道德表達式的具體意義和功能。從標準表達式或人工語言向日常道德語言的轉變，無疑是後設倫理學研究道德語言的一個非常明顯的進步。這樣，赫爾等人就開闢了一條探索後設倫理學的新途徑。

2.3　理性地分析道德語言

赫爾關於道德語言的分析一方面是和情緒主義❶一脈相承的，

---

❶　從起源而論，情緒主義是對於語言的功能和意義進行分析的產物。1923 年，奧格登 (C. K. Ogden, 1889–1957) 和理查茲 (I. A. Richards, 1893–1979)在其《意義的意義》一書中，提出語言的標示、描述功能

另一方面又是在情緒主義倍受攻擊和責難之時，為尋求理論出路而
產生的。

繼承摩爾的後設倫理學研究方式、在批判自然主義中崛起的情
緒主義，在 20 世紀 30–40 年代曾有過無可比擬的輝煌。但情緒主
義堅持非理性主義、非認識主義，過分主觀化地理解道德語言，把
道德表達視為主體的情緒或態度的發洩、表露，把道德判斷視為沒
有意義的廢話，從而完全否認了倫理學的「科學性」或「客觀性」，
使之喪失了理性和客觀基礎，也使倫理學在一定意義上陷入了空前
的危機。也正因為此，使很多人感到不滿、甚至憤怒。在這種批評
的聲浪中，赫爾自認為找到了克服情緒主義缺陷的良方——也許這
也是他和情緒主義者最根本的區別——即理性地分析道德語言，研
究道德概念和判斷的邏輯性質，尋求道德判斷的理由和合理根據。

與情緒主義者一樣，赫爾也力主道德判斷的基本性質是非描述
的。但是，赫爾既不滿意史蒂文森用一種意義的心理學理論，來探
討道德判斷的理由和當下行為的原因；也不贊同艾耶爾、卡爾納普
(R. Carnap, 1891–1970)等人從可檢驗性原則出發，把道德判斷的理
由看成是多餘的。他明確反對情緒主義把道德判斷看作僅僅是情緒
或態度的宣洩、表達與喚起的極端觀點，而主張用一種理性的方式
來理解道德判斷。在赫爾看來，情緒主義的理論至少在以下兩個方
面是錯誤的（這也即是赫德遜在《現代道德哲學》中所總結的）：「其
一，因為情緒主義混淆了行動的理由和行動的原因；其二，因為它
混淆了語言的語效作用和它的意義。」❹具體地，這可以從如下兩方

_____

與表達情緒、情感的功能的區分的思想。情緒主義正是接受了這一思
想，以及休謨(D. Hume, 1711–1776)的情緒論和邏輯實證主義的哲學
主張的基礎上發展起來的。

面加以說明：

　　一方面，情緒主義者的錯誤就在於，他們以一種非理性、非邏輯的方式來理解倫理學，認為道德判斷完全是一種非認識的或非描述的判斷，道德判斷既不能在經驗上予以證明，又不能在邏輯上予以證實，只是一種說話者情緒的宣洩與表露，或者喚起聽話者的情緒，並由於喚起情緒而刺激行動。比如說：「殺人是不正當的」，就等於說「殺人啦，呸！」　因此，道德判斷不具有理性或客觀的有效性，其作用或功能只是在情緒上影響或勸說聽話者做某事。後期溫和的情緒主義者史蒂文森儘管對極端情緒主義的觀點作了一定的修正和調和，承認道德語言具有影響認知傾向的「描述意義」，承認人們的信念能夠影響其態度，認為理性的邏輯的方法在道德論證中也具有一定的作用，但他運用的方法主要是「非理性的心理學」方法。他仍然認為，情緒意義是最主要的，決定道德判斷的歸根到底仍然是某些基本態度，而人的基本態度並不以任何信念為基礎，不能用任何理性的或邏輯的方式加以論證。

　　赫爾認為，情緒主義不能為道德判斷給出理性的理由。把道德判斷理解為影響聽話者的心理、以改變聽話者的態度或興趣，或說服某人做某事，這一過程在邏輯上不同於對一個道德判斷給出有效理由的過程。而在赫爾看來，道德判斷並不是情緒或態度的表達和喚起，也不是意在影響聽話者，而是一種規定，尋求指導或告訴某人做某事。例如，說「這是善的」，其意思就是說，應該選擇「這」。「告訴某人做某事的過程，在邏輯上完全不同於說服某人做某事的過程」❷。說服某人做某事可以不遵循某種邏輯規則，為了達到說

❷　W. D. Hudson, *Modern Moral Philosophy*, Doubleday & Company, Inc., Garden City, New York, 1970, p.155.

服的目的，我們可以使用一切手段，包括花言巧語、宣傳、引導和各種心理學詭計。只要能達到說服的目的，任何手段都是可行的。而規定的道德語言則不同，告訴某人做某事就是對「我將做什麼」這一問題的回答。這種回答涉及到道德標準或準則，必然要受到某種邏輯限制。也就是說，說一個事物好或一個行動善，必須給出某種理由，這種理由可在邏輯或理性上得到類似於科學證明那樣的推理或論證。我們將在下一章中加以討論的可普遍化性，就是構成道德判斷合理性的理由或根據。

另一方面，赫爾認為，由於情緒主義的非理性主義，因而它不能正確理解道德語言的意義。極端情緒主義者認為，道德語言只有一種情緒意義，目的是在人身上引起或誘發某些反應傾向。例如，在《宗教與科學》中，羅素寫道：「當一個人說『這本身是善的』時 …… 他的意思是說 ……『要是大家都想要它，那該多好！』……（這樣一個陳述）未作任何斷言，而只是表示了一種願望。既然它什麼也沒有斷定，因此從邏輯上說，就不可能有任何支持或反對它的證據；或者說，它既不會是真理，也不會是謬誤。」在《語言、真理與邏輯》中，艾耶爾更是明確地說：「僅僅表達道德判斷的句子什麼都沒有說，它們純粹是感情的表達。」❷❷他們認為，「一個倫理符號出現在一個命題中，對這個命題的事實內容並不增加什麼」❷❸。例如，在「你偷錢是錯誤的」這一句子中，「你偷錢」是事實部分，「是錯誤的」是評價部分，兩者沒有邏輯的聯繫，評價部分對事實

---

❷❶　R. M. Hare, *The Language of Morals*, Oxford, Clarendon Press, 1952, p.13.

❷❷　艾耶爾：《語言、真理與邏輯》，上海譯文出版社1981年版，第116頁。

❷❸　同上，第121頁。

部分沒有補充任何新東西，因而評價部分是沒有意義的，只說明說話者在道德上不贊成這一行為。

實際上，這是一種心理學的意義理論，具有某種因果性質。也就是說，情緒意義是一種與它表達的傾向相連的心理原因和結果，旨在聽話者和說話者之間引起某種心理過程，是一種以言取效的行為。如果一個道德詞能喚起聽話者的某種感情，並使他做出某種行動，該詞就具有一定的意義；如果喚不起聽話者的某種感情，該詞便無任何意義。因此，道德語言的意義要由某種原因和結果來決定，即由說話者的意圖和聽話者的心理狀態或行動來決定。

在赫爾看來，從心理學上來研究道德語言的意義，等於取消了道德語言本身的意義。語言的意義不屬於心理學範疇，而屬於語言學範疇。語言的意義完全不取決於它的因果關係。這是因為，首先，引起說話者說某事的原因完全不同於說話者所說的意義。例如，A的兩位同事B和C是某研究院的職稱評定委員，在討論A升職的會上，B和C都說「A是一個蹩腳的學者，因此不能提升他」。他們兩人說這句話的意義完全相同，但兩人說這句話的原因則可能各自不同，B可能是出於對A的嫉恨，而C則可能真誠地認為A沒有能力和資格。因此，導致B和C說這句話的心理過程是不同的，但他們所說的意義則完全相同，即不給A升職。其次，一句話的意義也不可能在邏輯上等同於這句話取得的效果。因為一句話所取得的效果要依賴於環境和聽話者，其可能在聽話者那裡引起各種反應，如「A是一個蹩腳的學者，不應該給他升職。」這句話可能會引起聽話者不同的心理過程，如驚奇、沮喪、蔑視等等，但無論這句話產生何種效果，其意義都絕對相同。

赫爾認為，道德語言的意義取決於正確使用它們的規則。在道

德語言的日常用法中，它們本身具有固定的意義，其作用類似於命令。這種意義就是規定的意義，其區別於某人作出道德判斷的原因，區別於道德判斷意欲取得的某種效果，區別於道德判斷的實際效果，而是幫助和指導人的選擇，告訴某人做某事。例如，「不應該提升A」這句話的意義只是告訴聽話者做這樣的事。這樣的道德判斷不是表明事物具有某種特性，也不僅是情緒的表達，除了表明說話者的態度以外，還有更多的意義，即規定、要求、命令等等。

可見，赫爾的思想同情緒主義既具有某種聯繫又有本質的區別。赫爾接受了艾耶爾、史蒂文森等從非認識意義——表達情緒或態度的意義上探討道德語言的意義的思路，並將之作為規定主義倫理學的重要基礎。同時，赫爾也和情緒主義一樣，接受了摩爾堅決反對用某種自然屬性給倫理學範疇下定義的思想，而把道德語言的非描述性視為其基本原則。赫爾與情緒主義並肩站在非描述主義的立場上，但又試圖克服非描述主義帶來的非理性主義，通過揭示日常道德語言的邏輯屬性，建立一種理性的倫理學理論，所以赫爾又自稱自己的理論是理性主義的非描述主義。

2.4　道德語言的性質和意義

關於道德語言的性質和意義的探討是現代後設倫理學研究的核心問題。在倫理學研究中，迄今為止對此主要有五種基本的見解：即自然主義、直覺主義、情緒主義、以及赫爾所創立的規定主義、主要在赫爾的影響下發展起來的描述主義（狹義）❷。赫爾自詡為

---

❷　後來，赫爾在1997年出版的《清理倫理學》中，明確地把倫理學劃分為描述主義（廣義）和非描述主義。這裡的自然主義、直覺主義、描

「規定主義者」， 他提出了一套關於道德語言的規定主義見解，使關於後設倫理學在這一方面的研究推進到了一個新的階段。

2.4.1 道德語言是一種規定性語言

赫爾指出，道德語言是一種特殊的語言，其特殊性在於它們的實際使用功能和意義的差異性，而「道德語言最重要的用法之一便在於道德教導之中」❷。在《道德語言》中，赫爾明確指出：

> 為什麼各種行為以特殊方式展示道德原則，其原因是：道德原則的功能即是指導行為。道德語言是一種規定性語言（prescriptive language）。❷

「規定性語言」中的「規定性」是和「描述性」相比較而言的。「道德語言是一種規定性語言」，這就決定了道德語言既有規定性語言的一般意義，也有它獨特的規定性特徵。規定性語言包括一般命令句（或祈使句）和價值判斷，價值判斷又包含有道德的價值判斷和非道德的價值判斷（如美學中的審美判斷、日常語言等等）。故此，可以用如下一個簡單的分類圖來描繪❷：

述主義（狹義）都屬於廣義描述主義的分枝，而情緒主義和規定主義則屬於非描述主義。參見 R. M. Hare, *Sorting out Ethics*, Oxford, Clarendon Press, 1997, p.42。

❷ R. M. Hare, *The Language of Morals*, Oxford, Clarendon Press, 1952, p.2.

❷ Ibid., p.1.

❷ Ibid., p. 3. 赫爾指出，當然，這一分類還是十分粗糙的。例如，至少存在許多不同種類的單稱的命令句、非道德的價值判斷，以及既不是

　　從以上大致的分類中，我們可以看出，價值判斷與語言學上的命令句（祈使句）都隸屬於規定性語言，它們是與描述性語言 (descriptive language) 相區別的。也就是說，它們具有某種相同的語言學特性——規定性。但是，我們並不能因此把它們同一化，更不能把它們「還原」成描述性語言。

　　赫爾認為，造成倫理謬誤的根源之一，就在於看不到道德語言具有規定性。倫理學上的「自然主義謬誤」恰恰在於它所抱有的一種把道德判斷或類似的命令「還原」成陳述句或描述句的反邏輯企圖。它的最新表現有兩種理論形式：

　　「第一種理論通過把命令句描述為表達關於說話者心靈的陳述來作這種還原」[28]。例如，說「關上門！」就意味著「我想要你關上門。」或者說，「你將關上門」意味著「我相信你將關上門。」

　　第二種理論是波賴特 (H. G. Bohnert) 博士在《命令的符號地位》[29] 中所主張的，他認為，作為一種價值表達的命令句通過某種

單稱的也不是全稱的命令句。

[28]　Ibid., p.5.

[29]　H. G. Bohnert, "The Semiotic Status of Commands", *Philosophy of Science*, xii (1945), p.302.

應用標準而獲得某種描述的力量。例如，「關上門！」意味著「或者你將關上門，否則X將要發生。」或者「如果你不關上門，那麼X將要發生。」這裡X意指某種壞的事情。因此，「關上門」與「X將要發生」可以相提並論。

　　很明顯，這兩種理論都是錯誤的。它們的實質是，或把命令句或祈使句與道德判斷混為一談，或是把命令句與陳述句混淆起來。赫爾認為，第一種理論雖然在口語中是無害的，但在哲學上卻容易導致錯誤。例如，當我對一個人說「關上門」，而你卻說：「不要關門」，照這種分析，這兩種說法並不矛盾，這就很奇怪了。赫爾認為，「我想要你關上門。」說的不是關於我思想方面的情況，而是說出命令句「關上門」的一種客氣的方式。我們只有懂得「關上門」，才能懂得「我想要你關上門」。因此，這一理論並沒有說明什麼東西。第二種理論雖然有一定道理，比如在房子著火的時候叫「快跑」，就大致上相當於「或者你快跑，不然火就會燒著你」。但在別的情況下很難懂得「不然……」之後的話，例如如下一個句子：「請告訴他，我已經打過電話了」，就很難以這種看法作出分析。

　　赫爾特別指出，上述自然主義觀點的最大錯誤在於，他們假設了唯一的一套特徵，並把它們賦予每件善的事物，從這一假設出發，他們又假定「善」意指這一套特徵。赫爾沿襲了休謨和情緒主義者區分事實與價值，尤其是情緒主義者力主道德判斷的基本性質是非描述的觀點。他舉了如下一個例子，「那是一顆好草莓」這一判斷，在意義上並不等於「那是一顆草莓，它是甜的、多汁的、硬的、紅的和大的」。草莓確實可能具有這些事實屬性，並且正是這些事實屬性常常使得我們說它是好的。然而，描述這些事實屬性的詞語並不能說明「善」的意思是什麼，而且「善」也不能還原為上述這一

套屬性。赫爾認為，對某一事物，如列舉一張包括草莓之全部屬性的冗長的項目表：甜的、多汁的、硬的、紅的和大的等，草莓是被描述了，但卻沒有被評價。也就是說，按照自然主義的方式，並沒有真正對價值詞或價值判斷的意義加以說明。

赫爾認為，自然主義者的錯誤就在於，他們把具有描述意義的道德規則看作是道德語言的全部意義，因而落入了一種「描述主義」(descriptivism)的極端。而在他看來，道德語詞的描述意義並未窮盡它們的意義，除此以外，它還有其他的意義，即規定性意義。而且，自然主義混淆了道德表達與描述表達、價值與事實之間的界限。赫爾聲稱，他過去一直是、而且今天仍然是休謨學說的捍衛者，這種學說告訴人們：不能以道德判斷的描述意義代替它所判斷的實體本身，因之也不能把道德判斷當作一種道德實體或純描述表達。

2.4.2　道德語言與命令句

道德本身是以其特殊的語言功能來指導人們的行為的，這一特徵決定了道德語言有著一種特殊的「規定性」(prescriptivity)，屬於規定性語言一類。也就是說，道德語言的特殊的功能在於命令，在於幫助人們在行動的過程中進行選擇。當然，在人類的語言系統中，規定性語言並不只限於道德語言，「命令」、「判斷」、「祈使句」等都是規定性語言，它們與語言學中的命令句或祈使句(imperative sentence)頗為相似，也常常帶有一種命令或要求的語氣。因此，如果我們用「從簡單到複雜」、「從最簡單的規定性語言到通常的命令句」的方式來考查道德語言的話，那麼，儘管我們不能「還原」為命令句的一部分，也會發現，對「命令句的研究卻是倫理學研究的最好入門」❸。也正因為此，赫爾是從陳述句和命令句的關係來探

討道德語言的規定性質和意義的。

在《道德語言》中，赫爾首先考察了兩種不同類型的語句——陳述句和命令句。他指出，很難否認陳述句和命令句之間有所區別，但要說清這種區別是很難的。一般而言，陳述句是用來告訴某人某事是怎樣的，而命令句則不是——它是用來告訴某人做某事的。例如，像「把門關上!」這樣的語句是命令句，而像「你將關上門。」這樣的語句則是陳述句。陳述句和命令句之間的區別並不僅僅在於語法形式的不同，更在於這些不同的語法形式所傳達的意義不同。例如，「關上門」與「你將去關門」這兩個句子間就有不同的表達意義，前者是一種祈使語氣（命令），後者則陳述你在最近的將來去關門的事實。

為了說明它們之間的區別，我們也可以把這兩個句子分別改寫為：

(1)你要關門，是的。

(2)你要關門，請吧。

這兩個句子的前半部分相同，它們具有「共同的指稱因素」（它們指稱一切相關的實際的或可能的事物狀態），即說的都是關於你將來關門的事（即使命令句也是要談到某事的，但是其中並不只是談到某事）。這一部分稱為主要短語部分，或簡稱「主要短語」（phrastic㉛）。在這兩個句子中所不同的是後一部分：即「是的」和「請吧」，它被稱為「說明語」（neustic㉜）。可見，直陳句和命令句

㉚　R. M. Hare, *The Language of Morals*, Oxford, Clarendon Press, 1952, p.2.

㉛　phrastic 源於希臘語，原意為「指出」、「指明」。

㉜　neustic源於希臘語，原意為「點頭表示同意」。

的區別完全在於說明語。在直陳句中，借助於說明語表達某事處於某種狀態；在命令句中，借助於說明語表明某事應該實行。我們也可以贊同這兩個陳述，但在每一情況下都意味著某種不同的東西。直陳句是斷定你將做什麼，告訴某人某事的狀態，命令句則主要表達一個指令，告訴某人做某事。在贊同直陳句的情況下，意味著我們相信說話者所主張的是真的；在贊同命令句的情況下，就意味著我們決定去做說話者所要求的事情。因此，我們可以如此清晰地刻畫陳述句與命令句的區別：真正地贊同一個陳述句就意味著相信，而真正地贊同一個命令句就意味著行動。

赫爾十分注重道德語言的邏輯，他認為，一些基本的邏輯規律如排中律、不矛盾律等，無論在陳述句還是命令句中都是適用的，無論陳述句還是命令句都可能會互相矛盾或自相矛盾。例如，當我說「關上門」，立即又說「不要關門」，就是自相矛盾的。同樣，在命令句中，邏輯學的一些基本術語，如「所有」(all)、「蘊涵」(entail)等，是和在陳述句中同樣適用的；因而命令句之間也存在相應的蘊涵關係、邏輯關係。因此，無論是陳述句還是命令句都必須服從某種「邏輯規則」， 如「(1)只有在一組前提可以從它們之中的陳述句中有效地引出的情況下，才可能從這些前提中有效地引出陳述性結論。(2)只有在一組前提至少包含著一種命令的情況下，才可能從這些前提中有效地引出命令性的結論」❸。特別是這第二條規則，對於道德語言來說，是一條十分重要的規則。

在道德判斷與命令句的類比中，有人認為存在著一個極大的疑惑，這就是命令句的正確說法只限於將來時態，而道德判斷不僅適

---

❸ R. M. Hare, *The Language of Morals*, Oxford, Clarendon Press, 1952, p.28.

用於將來時態，也適用於過去時態和現在時態。赫爾在解釋這個疑難時指出，一般命令句也許並不具有普遍性，因為不是每一種時態都可使用命令句。它只限於將來時態，而且通常只適用於第二人稱。而道德判斷則是可普遍化的，它可以適用於一切時態，適用於一切相同或相似的情況。但是，卻不能因此否定它們之間的關係，否定道德判斷的「命令」性質。

規定性語言大體可以分為兩種類型：一類是明顯命令，一類是評價性語詞或語句。當這種劃分應用於倫理學時，「應該」、「正當」、「應當」等都應劃歸為第一類，它們是真正的命令；而「善的」、「可欲的」之類，則歸入第二類。赫爾認為，道德語言和命令句之間具有很多顯著的共同特徵，即它們都是用來指導或者規定人們的行為的；而且，規定性語言的命令類從某種意義上來說是基本的。這一特徵也就使得上述對命令句的分析，也適用於道德語言。但是，赫爾也認為，道德語言並不是在所有方面都類似於命令句，它們之間也存在重要區別，不能簡單地把道德語言還原為命令句。艾耶爾等人錯誤地把命令句與通過命令句形式所表達出來的道德判斷混為一談，因而對道德語言的思考是十分不成熟的。

2.5　價值詞的邏輯分析

道德語言的規定性為我們理解道德判斷的基本特徵提供了語言學的前提，而道德判斷的語言構成又使我們不能不涉及到「價值詞」和「價值詞的邏輯行為」。道德語言和道德判斷的規定性是如何構成或表現出來的？對這一問題的回答必須通過價值詞的邏輯分析才能得出。因此，正如20世紀初的後設倫理學家們大都關心一些

基本的價值詞，如「善」、「應該」、「正當」等的意義一樣，在1952年出版的《道德語言》中，赫爾也以相當大的篇幅，集中探討了「善」、「應該」和「正當」這幾個典型的價值詞。這種探討也充分體現了赫爾語言分析倫理學的特色。

在具體展開自己的分析之前，赫爾在《道德語言》中，對所謂「價值詞」作了三點一般性的說明：

第一，在我們的語言中，幾乎每一個詞都可以作為價值詞而用於某種情況，雖然他僅僅只是集中討論了少數幾個典型的價值詞或道德詞的意義，但決不能由此結論說，除此以外就沒有什麼其他具有價值或道德意義的詞了。他指出：「幾乎我們語言中的每一個詞都能作為價值詞來使用……；通常只有通過盤問說話者，我們才能確定他是否在表達一個詞的價值含義。」[34]

第二，對「價值詞」與「評價性的詞」作出定義是極端困難的。

第三，價值詞不僅有道德的用法，而且也有非道德的用法，只有它用於「道德語境」(moral contexts)時，才具有道德意義。比如說"good"這個詞，在古希臘人那裡不僅用於道德判斷和評價，而且也用於一般的日常生活和其他領域。當古希臘人說「好工匠」時，"good"是在非道德意義上使用的，它的意思是某人具有高明絕妙的手藝和技巧。但當他們說某行為或某人為"good"時，卻是在道德的意義上使用的，其意思是「善」、「善良」或「完善」等等。

那麼，具體地說，「善」、「應該」和「正當」這幾個典型的價值詞或道德詞最基本的意義是什麼呢？

---

[34]　Ibid., pp.79–80.

2.5.1 善：表示贊揚的最基本的價值詞

　　情緒主義者艾耶爾、史蒂文森等，以及規定主義者赫爾都不贊同摩爾把「善（好）」(good)等看成是認識論意義上的詞。情緒主義者認為，價值詞實際上是用來表達或改變情緒、態度的；它們是非認識意義上的詞，只有情緒意義，沒有描述意義（艾耶爾等），或既有描述意義，又有情緒意義，但情緒意義是主要的、基本的（史蒂文森）。赫爾則進一步指出，價值詞的意義不在於表達情緒或態度，而在於其「規定性」。

　　維特根斯坦曾經指出，通過考察我們是如何向別人解釋一個詞的含義這一方法，可以研究這些詞的邏輯特性。依據這一觀點，當我們向一個不懂英語的人解釋「紅色」一詞的意思時，常常是指著各種紅色的東西，諸如紅色汽車、紅色樹葉、紅色西紅柿等，說「這是紅色的」。為了避免這位異國朋友產生混亂的感覺，還應該指出哪些汽車、樹葉、西紅柿不是紅色的，並且說「這不是紅色的，而是某某顏色的」。那麼，這種方法是否也可以用來幫助人們理解「善（好）」的意思呢？赫爾認為是可能的。因為「善（好）」與「紅色」一樣可以用來形容許多東西；當我們用「善（好）」來描述一些我們未曾直接經驗的東西時，我們知道它表達的意思是什麼。

　　同時，有些哲學家認為，就「善（好）」而言，它的基本用法可分為二種：一種是善（好）的「內在用法」(intrinsic use)，即把「善（好）」本身用來表達一種「目的」；另一種用法是善（好）的「工具性用法」(instrumental use)，即把「善（好）」用來表達某種追求道德的行為或條件的外在的東西，或者說一種達到「目的」的手段。赫爾指出，這種區分方法並不能達到對「善（好）」的理解。例

如，關於善（好）的「工具性用法」必須窮盡其各種性質，而要詳盡說明這一切，幾乎可以說是無聊的。詞的意義在於它的功能和應用，任何用以表達對象的詞都是一種「功能詞」（functional word）。在赫爾看來，在當今的哲學家中，只有厄姆森和他本人才發現了一種更為實用的區分，即「善（好）」這個詞的意義和其使用標準之間的區別。我們知道，一個人可以在不知道善在特殊情況下的使用標準時，正確地把「善（好）」一詞用於各種情況；同樣，一個人也可以在不知道「善（好）」的確切含義時，正確地使用善的標準。例如，一個人能把一堆鑽頭分成好壞兩種，但這不過是一種鑽頭的分類方法，並不含有偏愛哪一種鑽頭的意思。

> 比方說，假設他隨我們一同進行一次遠程海洋勘探。如果我們告訴他「別忘了帶鑽頭」，而他卻帶了一個壞鑽頭，這時，我們常認為他不知道我們所說的「好鑽頭」是什麼意思，儘管他完全懂得怎樣把一個好鑽頭與一個壞鑽頭區分開來。[35]

赫爾還指出，一方面，幾乎所有的詞都可以作為價值詞來使用，另一方面，類似「善（好）」這樣一些主要用於表達價值意義的詞，也有描述性的用法。例如，在「這是一枝藍鉛筆」、「這是一枝好鉛筆」這兩個句子中，我都不過是在向對方表達一些有關的真實信息。假如對方反問，「什麼是一枝藍鉛筆?」「什麼是一枝好鉛筆?」為了回答第一個問題，我可以指著一枝藍色的鉛筆，向他加以解釋。但是，我卻不能用與此完全相同的方式來向他解釋第二個問題，因為，在這裡，我不是向他解釋「好」一詞的確切含義，而是應當告訴他，

---

[35] Ibid., p.103.

我所據以把那枝鉛筆叫做好鉛筆的標準是什麼。在類似的情況中，一枝好鉛筆的各項標準，諸如書寫流暢、筆尖不易折斷等，都是大家普遍公認的。顯然，在這裡，我所使用的「好鉛筆」等詞就主要不是用來表示贊賞，而是對通常認為與「好鉛筆」相關的各種特徵的一種簡略的形容。不過，通常當我們使用「善（好）」一詞時，往往表示把某種東西稱贊為其同類中的佼佼者，但是由於某些日常習俗已經確立了一些人所共知並普遍接受的標準，所以在這種情況中所使用的「善（好）」一詞，的確在執行一種描述方法的功能。

也許有人會認為，以上的論述會引起這樣一個問題，即當我們把「善（好）」一詞與「藍色的」一詞相比較時，往往會導致「善（好）」在用法上的模糊不清。但赫爾認為，事實並非如此。因為即使我稱那枝鉛筆是「藍色的」，但那種既非純粹的藍色、也非純粹的紫色、而是一種「紫藍色」的新顏色，只要它看上去比紫色更接近於藍色，我就仍然可以把它叫做「藍色的」，這時「藍色的」一詞的用法也顯得比較模糊不清。而我們把鉛筆稱作「好鉛筆」的各項標準，卻是被人們普遍接受的精確、具體的衡量尺度。所以，當我們使用「善（好）」一詞的時候，我是在作一種簡明的描述，這並不會使人在理解詞義時感到有什麼不清楚。

在某些情況下，「善（好）」一詞是完全不含有任何表示贊賞之類價值意義的。赫爾把這類用法稱為「加引號的用法」或「習慣用法」，即對「善（好）」一詞加上引號，以表示實際上我並未真的認為它「善（好）」。假設我對你說，「那是一部好影片」，而且你十分熟悉我常常贊賞這部影片的意思，那麼，你會認為實際上我暗示的是：「對於那些喜歡此類影片的人來說，這的確是一部好影片。」「善（好）」一詞用以表示描述的習慣用法可能不易為人們所察覺，而加

引號的用法似乎比較明顯一些。因為在「習慣用法」中，我只不過是口頭上表示讚賞那種社會上大多數人認為較「善（好）」的事情。例如，當我說「這件家具的式樣設計得不錯」，就很難判斷我是否在對家具進行評價。

> 「倘若有人（不考慮任何一個家具商）總是不管價格高低喜歡把整個房間都塞滿家具，這些家具的式樣依你的眼光看，根本不符合好式樣的標準，那麼這能說明他的眼光與你不同嗎？」假如你回答：「不，我並不這樣認為。因為什麼樣的家具是式樣美觀的是一回事，而一個人偏愛什麼樣的家具又是另一回事。」那麼，現在我可以得出這樣的結論：實際上，我說這件家具不錯，並不是真的在讚賞它，而是一種隨聲附和的習慣。㊱

不過，受維特根斯坦和牛津學派的影響，赫爾主要用一種規定的言語行動來解釋價值詞和道德詞的意義。赫爾說，規定「是道德詞的特徵之一，……包含這些詞的判斷旨在指導我們的行動」㊲。他強調指出，儘管「善（好）」一詞可以起到一種描述的作用，但價值詞的意義主要在於「讚揚」(commending)。赫爾明確指出：「價值詞在語言中具有一種特殊的功能，那就是讚揚。」㊳正如《牛津英

㊱　Ibid., pp.125–126.

㊲　R. M. Harc, *Freedom and Reason*, Oxford, Clarendon Press, 1963, p. 67.

㊳　R.M. Hare, *The Language of Morals*, Oxford, Clarendon Press, 1952, p.91.

語大詞典》所定義的,「善(好)」是「表示稱贊的最一般的形容詞,意指存在高度的、至少也是令人滿意程度的一些特有性質。那些性質或者本身令人羨慕,或者對某個目的有用……」❸。無論什麼時候、無論針對什麼對象,當人們按評價意義來使用價值詞「善(好)」時,總是指那一類中出色的一個,至少是令人滿意的一個。

「善(好)」最基本的意思就是稱贊,「稱贊不是作為一種定義的語言學活動」❹,而是一種規定活動,「當我們稱贊或譴責任何事物時,它始終是(至少間接地)指導我們自己或其他人在現在或將來的選擇」❶。當我們說「這是一輛好車」,就意味著任何一輛在一切方面與其相同的車也是好車,我們便準備買這類車,把這句話改寫為「選擇具有這些特性的車吧!」 而不是僅僅把這句話當作語言學上的單稱命令,即只要這輛車。假如我們深入地追問自己使用價值詞的目的時,其指導人們進行價值選擇的這種目的便一目了然。我們不用價值詞來修飾那些自己無須從中進行選擇的東西,而是用它們來指導對眼前或將來的問題作出選擇。如果我們根本無須選擇使用哪種鉛筆、購買哪種汽車、或選擇以什麼樣的人作為自己的人生楷模的話,那就根本不必用「善(好)」 之類價值詞來形容這類事情。

2.5.2　「應該」、「正當」的功能

　20世紀初的一些英國倫理學家們認為,至少有一個價值詞必須看成是基本的、自明的、可以直接用來給其他一些價值詞下定義的。

---

❸　Ibid., p.79.

❹　Ibid., p.9.

❶　Ibid., p.127.

例如，摩爾認為，「善」是單純的、基本的不可定義的概念；尤因(A. C. Ewing, 1899–?)認為，「應該」是基本的道德概念，其他價值詞如「善」等，可以借用它來下定義；羅斯認為，「善」和「正當」都是單純的不可定義的概念，其他價值詞可以借用它們來下定義。而赫爾則認為，「善」和「應該」、「正當」有著很不相同的作用或功能。在分析到「應該」、「正當」及它們與「善」的關係時，赫爾贊同把「應該」視為道德問題中運用的最簡單、最普遍的詞，認為它比「善」能夠更直接地體現道德語言的規定性(prescriptivity)。

　　研究所有這些概念都是有用的，但……「應該」這個概念……是道德概念中的最簡單的概念也是最核心的概念。因為我們大家畢竟都很想知道，我們歸根結蒂應該做什麼。❷

　　赫爾指出，如果說，「善」的功能主要是表達一種「贊揚」的話，那麼，「應該」的功能則是表達一種規定的力量。
　　在赫爾的大量論文、特別是《道德語言》的第三部分中，赫爾集中討論了「應該」一詞。他認為「正當」可以用大致相同的方法加以分析。在任何討論中，赫爾認為可以回答一個需要指定性答案的問題。例如，對於「我應該做什麼?」或「我的所作所為哪些是應該的?」這樣的問題，其回答可以是提出只適合某種特殊情況的勸告或指教，或者是提出一種也適用於類似情況的更為一般的規定。
　　下面我們通過討論道德或非道德問題兩種情形來加以闡釋。
　　根據赫爾的思想，假若你問我這樣一個非道德問題：「我應該

---

❷　麥基編：《思想家——當代哲學的創造者們》，三聯書店1987年版，第210頁。

用什麼樣的筆?」我的回答可以是:

　　A1: 用這枝筆。

　　A2: 一個人總是應該用一枝能寫字的筆。

　　A3: 你應該用一枝能寫字的筆。

　　顯然，A1 是一個獨立命令句，它只適合眼前的情況；A2 是一個包含所有類似情況的一般性命令句；A3是A1、A2特徵的組合。在特殊情況下，A3仍然是以一般性規定A2為出發點的。

　　而在有關道德問題的討論中，假若你問我:「我應該信守自己對他許下的諾言嗎?」我的回答可以是:

　　B1: 信守你對他許下的諾言。

　　B2: 一個人總是應該信守自己許下的諾言。

　　B3: 你應該信守自己對他許下的諾言。

　　關於情況A的分析同樣也適用於B: B1是一個獨立命令句，B2是一個可普遍化的一般性道德判斷，B3是建立在一般性道德原則基礎上的、針對特殊情況的命令句。

　　由以上分析可見，無論在道德還是非道德問題的討論中,「應該」都是作為一般性命令句發揮作用的。

　　對於過去行為的判斷，「應該」與一般性命令句之間存在著邏輯聯繫。假如你已經選定了一枝筆，或者已經失約了，那麼，我可以用下面的方式來回答:

　　A4: 你本應該用一枝能寫字的筆。

　　B4: 你本應該信守自己對他的許諾。

　　這時，我實際上又是在引用一個一般性原理，以用來作為教你如何避免今後犯同樣錯誤的一種手段。

　　通過這些例子，我們已經觸及到了赫爾分析「應該」一詞的至

關重要的脈絡。他始終強調，「應該」作為一個價值詞使用的時候，總是具有一種祈使命令的含義，即你應該如何如何。「應該」怎麼樣，意謂著你「將」怎麼樣。告訴一個人「應該」怎麼樣，實際上是在幫他決定將做什麼。

　　然而，也許有人會說，我們不是常常說「你應該做這件事，但別去做了」這樣的話嗎？赫爾認為，任何包含「應該」字樣的句子，如果「應該」一詞用於某種價值性目的時，都含有祈使性意義。正如我們在關於「善」的討論中所看到的，一個人以一種純粹的習慣方式使用「應該」一詞，他實際上不是真的在作出一種價值判斷，所以句子中便不含有任何命令的意思。例如，一位學生對另一位學生說，「你今天應該去上課，但別去上了」。赫爾認為，這句話的完整形式可以說明，我們是在以一種習慣的或加引號的方式使用「應該」一詞，它可以寫成這樣完整的句子：「老師要求不要曠課，遵守校規的學生今天就『應該』去上課。但是我不接受這種人為的校規，你也不應該接受。所以你今天不要去上課了。」在這段談話中，「應該」的後一種用法含有評價的意思，前一種用法顯然是加了引號的。通過這樣的定義，赫爾使得「應該」一詞的用法在邏輯上是清楚確切的。只有當「應該」一詞執行一種命令句功能時，它才表達價值意義。

　　事實上，赫爾認為，「我應該做X（某事）」這種形式的陳述常常是三種完全不同含義判斷的混合表達。一旦我們面臨必須回答一個人的責任究竟是什麼的嚴峻時刻時，區分這三種不同判斷就變得至關重要了：

　　⑴「為了符合一個人們普遍接受的標準，X是必要的。」（社會事實的描述）

(2)「我覺得我應該做X。」（心理事實的描述）

(3)「我應該做X。」（價值判斷）

　　人是社會性動物。正如赫爾所指出的，我們所受的教育使絕大多數人都把社會的準則視為自己的責任和義務。在現行的教育過程中，我們幾乎是自然而然不加思索地發展、培養這種責任感、義務感，即普遍認為理應遵守那些我們所認可的、懷有深厚感情的社會準則。然而，在某些特殊時刻，現實要求我們必須能把那些習以為常的社會心理因素與實際的價值判斷區分開來，從而作出一種理智的選擇和決定。赫爾提出一種嚴格的檢驗方法，用以考察當有人教你應該怎麼做的時候，他是否是從某種價值的角度使用「應該」這個詞：「他是否真的意識到，如果他贊成這種價值判斷，那同時也必須贊成『讓我做X』這個命令呢？」❸如果他不接受這個價值判斷導出的命令，那就不是在進行一種價值判斷，只是從一種習慣的或加引號的意義上來進行一種道德陳述。

　　此外，赫爾重新解釋了「善」、「正當」這兩個價值詞的含義，並用最基本的價值詞「應該」來表達兩者的意思。赫爾指出，儘管「應該」、「正當」與「善」有所不同，它們之間仍有許多相似性：許多「善」所具有的特徵，也為「正當」和「應該」具備。在許多情況下，說某事物（或行為）是善的，與說它們是「應該的」或「正當的」具有相似的意味。但在某些道德情形中，它們之間又並不相同，「善」通常表達一種「贊揚」、一種「推薦」；「正當」表達一種贊同，而「應該」則意味著某種規定或要求。當「應該句」用作一種評價時，就蘊藏著「命令」的意義。也即是說，「應該」的道德

---

❸　R. M. Hare, *The Language of Morals*, Oxford, Clarendon Press, 1952, pp.168–169.

用法明顯地包含著一種普遍性的公理，因為「應該句」的規定性與其可普遍化性是相輔相成的。所以赫爾說：「無論是在道德情形中，還是在非道德情形中，『應該』都意味著『能夠』，因為應該是一種規定詞。」❹ 從這種意義上來說，「應該」這一價值詞與命令有著特殊的相似性，這種相似性使道德判斷與日常的描述判斷區別開來。

赫爾認為，價值詞的意義依賴於一定的價值標準。由於價值標準的不同，價值詞的意義也會發生變化。而且，有時候，價值詞的評價性意義會轉到次要的地位，這是因為它所應用的價值標準已經成為某種「習慣的標誌」，在這種習慣的標準下，價值詞的描述性意義反而會成為主要的。人們已經習慣於它所表達的評價性意義，從而更關注於它所包含的描述意味是什麼。因此，價值標準與道德語言、語詞有著密切的聯繫。但從總體來看，「一切評價性的詞（無論是基本的還是次要的）也都是規定性的詞」❺，正如一切道德語言都屬於規定性語言一樣。

在道德判斷中，「善」與「應該」是兩個主要而典型的價值詞，它們的使用常常表達著道德判斷的不同依據；反過來，根據不同理由所作出的判斷往往通過使用不同的價值詞來表達。按赫爾的見解，道德判斷的根據不外乎兩種：「一種涉及到利益，另一種涉及到理想。」❻ 他把這兩種具有不同依據的道德判斷稱之為「功利論的」和「理想主義的」；一般說來，前一種道德判斷常常使用「應該」來

---

❹ R. M. Hare, *Essays on the Moral Concepts*, London, Macmillan, 1971, p.2.

❺ R. M. Hare, *Freedom and Reason*, Oxford, Clarendon Press, 1963, p. 27.

❻ Ibid., p.149.

表達，後一種道德判斷常常使用「善」來表達。他說：

> 在我們基於他人利益的考慮基礎上作出道德判斷、並從這一
> 基礎中推出道德原則的地方，我們是按照「應該」來表達這些
> 判斷的；但當我們基於我們的人類至善理想(ideals of human
> excellence)來作出道德判斷時，我們是按照「善」來表達這
> 些判斷的。❹

　　這就是「善」與「應該」兩個價值詞運用於道德判斷中時所產
生的不同區別，這種區別與其說是價值意義上的，不如說是語言功
能上的。不過，這種區別也不是絕對的，它們有時是可以相互替換
著使用的。

2.5.3　評價意義和描述意義的關係

　　赫爾指出，在不同的情況下，價值詞的使用意義是有區別的。
「善」的功能不僅與它所表達的「贊揚」有關，同時也與它所傳達
的「信息」(information)有關。也就是說，「善」作為價值詞的使用
既有描述意義，也有評價性意義。「儘管『善』的評價意義是基本
的，但它從來就不缺乏第二位的描述性意義」❹。然而，從根本上
來說，「善」的描述性意義要從屬於其評價性意義。

　　關於「善」等價值詞的評價性意義和描述性意義的關係，可以
從如下幾個方面加以說明：

---

❹　Ibid., p.152.

❹　R. M. Hare, *The Language of Morals*, Oxford, Clarendon Press, 1952,
　　p.123.

　　一方面，評價性意義是它用於任何對象時所始終具有的意義；而一個詞的描述意義則隨人們當時所提及的對象的不同而不同。在赫爾看來，價值詞中的描述意義與評價意義具有某種聯繫，甚至是一種邏輯的聯繫。說一個事物好或一個行為善，必須給出好和善的理由。稱某物好，必須始終問它什麼是好。例如，如果我說「這是一輛好摩托車」，某人問我「為什麼?」「它什麼方面是好的?」，我便回答說「它速度很快、行駛平穩舒適」。也就是說，我根據摩托車具有這些特性而稱它為好。如果其他摩托車也具有這些特性，我也前後一致地稱它為好摩托車。因此，在一定意義上，價值詞或道德判斷的理由在於被判斷行為或事物的非價值特徵，即它們的描述意義。

　　赫爾認為，價值詞的規定或評價意義是根本的和主要的，規定意義在邏輯上先於描述意義，描述意義從屬於規定意義。因為規定意義對具體的對象而言是永恆不變的，我們從小就學會了它的意義，例如「善（好）」永遠表示稱贊。但我們對具體對象的描述意義是後來不斷學習的，有時我們是接受別人的標準才學會它的描述意義，有時我們又創造了自己的描述標準。我們稱贊具體的對象，是由於不同的理由而稱贊它們，其各自的描述意義完全不同，如好草莓、好球拍、好汽車、好摩托車等，但我們都可以稱贊它們。如果說價值詞最基本的意思是描述意義，那麼「善（好）」就具有許多不同的基本意思，這將導致前後不一致地使用「善（好）」，導致邏輯矛盾。

　　另一方面，對於「善（好）」，「我們可以用這個詞的評價性力量去改變、調節任何種類對象的描述性意義」[49]。換言之，評價意

---

[49]　Ibid., pp.118–119.

義是「善（好）」的主要意義和功能，價值詞的描述意義受到它的評價意義、規定意義的影響或決定。例如對汽車來說，我們可以改變現在汽車的設計，發明一種新型的汽車，這樣我們就不會稱現在的汽車好。50年代的汽車與80年代的汽車不同，我們都稱讚80年代的汽車，從而價值詞的規定意義改變了它的描述意義，建立了一種新的描述標準。在赫爾看來，無論給出何種「善（好）」的理由，永遠都是在建議一種新的標準、新的描述意義，因此，「『善(好)』不同於紅色，因為它的意義獨立於它的應用標準」❺⓪。

　　赫爾認為，任何價值詞或道德詞都具有一定的描述意義，這是價值判斷或道德判斷的前提或根據。具體的對象要符合這一標準，我們才有理由稱它「善（好）」，「只有標準確定後，『善（好）』才能傳達出一定的信息」❺①，只有知道「善（好）」的標準，才能知道諸如好草莓在哪種意義上是好的（如大、甜、紅、多汁），善人在哪種意義上才是善的（如不殺人，不說謊等）。否則，我們就會無所適從，不知道人們到底在談論什麼。

　　儘管赫爾認為價值詞或道德詞同具有一定的描述意義，但他堅決反對在這一問題上的自然主義解釋。在自然主義者看來，判斷某物是好（善）或正當的，是由於某物具有某種自然屬性，即由「X具有P」就可推出「X是好的」（或「正當的」、「應該的」），如「善」就意謂著能「產生幸福」……等等。摩爾曾經以其「自然主義謬誤」、以及「開放問題論證法」（如「幸福是善嗎」）的思想，對之作了引人注目的批判。赫爾認為，摩爾的論證是有堅實的基礎的；而且，雖然評價命題要以其描述意義為基礎，但它們之間並無必然性推導

---

❺⓪　Ibid., p.116.

❺①　Ibid., p.116.

的邏輯關係，即不能從描述命題中推出評價命題，這是由描述詞和價值詞的邏輯特性決定的。

例如，就描述詞「紅」和價值詞「好」而言，它們兩者的意義完全不同。如果有人說，「這本書除了是紅色的封皮以外與那本書完全相同」，聽話者完全能理解這句話。但如有兩幅畫P和Q，如果說「Q在一切方面與P相同，但P是一幅好畫，Q則不是一幅好畫」，那麼聽話者便會感到迷惑不解，因為這不同於說「P有一個印章，而Q則沒有一個印章」。人們可能會繼續問，P與Q完全相同，為什麼P是好畫，而Q則不是好畫呢？因此，P與Q必然有某種共同的特徵，「好」則在邏輯上依附於這種特徵，這種邏輯不允許說兩幅畫完全相同，但一幅為好另一幅則不好。赫爾認為，這種特徵就是該詞的描述意義，但「好」又「附加」在這種描述意義之上，表明這種描述意義能引起人的稱贊和評價。

價值詞的道德用法也是如此。當我們說「X是一位善人」時，這句話就具有了新的邏輯特性，儘管我們把善運用於某類人，但我們不只解釋「善」的意義，而是稱贊某類人（如不打妻子、贍養父母等）為善，聽話者便能從中學到某種綜合的道德原則，描述意義的規則因而便變成綜合的道德原則。價值詞的意義不同於描述詞的意義，如果把價值詞看成是完全描述性的，在邏輯上便不能使用它們，如果說「P是一幅好畫」只意味著「P是一幅畫」，P等同於它的描述意義，那麼就不可能稱贊它。因此，「自然主義者的錯誤是他們沒有考慮價值詞中的規定或稱贊的因素」❷。價值詞和它的應用標準之間仍有區別，在其描述意義上，又「附加」了某種規定或稱贊的因素。

---

❷　Ibid., p.82.

總之，赫爾並沒有否定價值詞和道德詞中的描述意義，儘管規定意義是基本的，但其描述意義不可缺少，「善（好）」建立的新標準仍然具有描述意義，只不過是新的描述意義。在這一點上，赫爾的非描述主義與情緒主義的非描述主義不同，較之情緒主義更為溫和的是，赫爾是一個在承認價值詞具有描述意義基礎上的非描述主義者。當然，也有的西方學者稱赫爾的理論是「弱」描述主義。

2.6　道德語言分析的意義

關於道德語言的邏輯研究是赫爾倫理學理論的基石。赫爾在這方面投注了大量心血，提出了一些不少創造性的觀點，引起了學術界的廣泛注意和討論。賓克萊等倫理學家在比較了現當代許多後設倫理學家的工作後，公認赫爾的工作是最有影響的。

首先，赫爾超越情緒主義，提出了一種後設倫理學的新的研究思路。他指出，應該注重對日常道德語言、而不僅僅只是人工語言的研究，使後設倫理學逐漸貼近日常生活；不能僅僅只是從非理性、非邏輯的角度研究道德語言，道德語言也有其邏輯結構和推理規則、推理形式；從而使後設倫理學對於道德語言的研究日益貼近現實生活，具有理性。實際上，這一觀點在任何時候都是基本的。

其次，赫爾認為，道德語言是一種規定性語言，儘管它在一定意義上具有描述意義，但其實質卻在於命令或規定，在於指導人們的行為，這無疑是非認識主義倫理學的又一種新見解。

再次，赫爾對幾個典型價值語詞的分析，確實包含著自己的創造性理解。他不僅洞悉到「善」和「應該」的不同道德功能，而且揭示了它們在具體的、不同種類的道德判斷之間所表達的特殊倫理

意義，在理論上正確地揭示了「善」、「應該」的邏輯涵義和使用語境。語言本身的特性只有通過語詞的特性、語詞的組合關係及其具體使用的語言環境（即上下文關係）才能表現出來，道德語言也不例外。從這一點來看，赫爾對價值詞的典型解剖，無疑是有助於深入理解道德語言的。對價值詞的具體分析，實際上也就是對道德判斷的語言學和邏輯學論證，它的意義遠遠超出語詞分析本身的一般語言學意義，對於具體探究道德判斷的構成、作用及表達形式等等都有著十分重要的意義。

　　無論是對赫爾的其他理論或應用倫理學研究，還是對人類自赫爾以來的倫理學研究來說，赫爾的上述見解都具有十分重要的意義。

　　一方面，通過對日常道德語言的邏輯分析，赫爾找到了後設倫理學研究的一個新的邏輯分析起點，也使後設倫理學對道德語言的研究更加完善。從摩爾開創後設倫理學研究方式，對道德語言進行邏輯分析，到情緒主義者把道德語言視為情緒或態度的表達，再到赫爾把道德語言歸結為一種規定性語言，這一歷程反映出現代西方後設倫理學對道德語言研究的邏輯發展線索。如果說摩爾還只是停留在對主要道德概念的一般邏輯分析這一初級層次上的話，那麼，發軔於奧格登和理查茲的情緒主義關於道德語詞、語句的具體分析，則深入到了對道德語言的構成要素的探討，在研究層次上進了一步；而赫爾的道德語言研究，使後設倫理學對道德語言的邏輯分析由其構成要素的探討再一次上升到語言學的邏輯層次，使道德語言的邏輯分析與語言學分析達到了新的綜合。這一嘗試本身的理論價值就在於，它擺脫了情緒主義囿於人工語言、標準表達的局限，使道德語言的邏輯分析有了面向日常道德生活的可能，同時也杜絕了因狹隘的邏輯經驗主義而產生的對倫理學語言本身之科學可能性的失

望。這一邏輯語言分析的現實起點，為赫爾的整個倫理學體系的建立確乎奠定了一種新的基礎。我們將看到，正是在這一基礎上，赫爾逐步展開了他的「普遍規定主義」的倫理學體系。

另一方面，赫爾對道德語言的研究為規範倫理學、應用倫理學提供了必要的不可或缺的重要工具。正如後來赫爾所指出的，傳統的規範倫理學、應用倫理學對於道德問題的研究，其最重要的缺陷就在於他們連問題都沒有弄清楚就試圖作答，由於概念的混亂與歧義，他們的討論往往是糊裡糊塗的。赫爾認為，只有通過對道德問題中的主要概念、判斷的邏輯與語言分析，對之加以明確以後，我們的討論才能是有意義、有價值的。而赫爾對於道德語言的邏輯分析，無疑在這方面是極有幫助的，這一點我們將從第六章赫爾關於應用倫理學問題的論述中清楚地看出來。

當然，我們也應該指出的是，赫爾對道德語言的分析，畢竟還停留在一般的語言邏輯分析層次，它遠沒有達到對道德語言的一種社會歷史的解釋，沒有真正達到對於道德語言的現實的理解。

第三章 道德判斷的規定性和可普遍化性

在批判情緒主義的同時，赫爾提出了他的普遍規定主義倫理學理論。這種理論主要包括三個方面，也就是赫爾在《自由與理性》中所說的關於價值判斷的「三個最重要的真理」❶：⑴價值或道德判斷是一類規定判斷；⑵它們是可普遍化的，因而區別於其他規定判斷；⑶價值或道德思維和論證是一個理性的過程，因為規定判斷之間的邏輯關係是可能的。在本章中，我們將討論、闡述前兩個方面，第三個方面則將在下一章中加以討論。

3.1　道德判斷的規定性

道德語言的功能與道德語言的意義是密切聯繫的。從分析道德語言的意義出發，在批判情緒主義的基礎上，赫爾對道德語言的功能作了比較概略的闡述。值得指出的是，赫爾關於道德語言的功能的見解，也是赫爾思想很有特色和影響的部分。

---

❶ R. M. Hare, *Freedom and Reason*, Oxford, Clarendon Press, 1963, p.4.

3.1.1　對情緒主義的批判

　　極端情緒主義者（邏輯實證主義者）從其可檢驗性原則和意義標準出發，把價值或道德語言的情緒意義上的表達說成是沒有意義、無所謂真假的「廢話」、「胡說」，認為堅持不同道德判斷的人沒有什麼好爭論的。溫和的情緒主義者史蒂文森雖然明確反對把價值或道德語言視為沒有意義的「廢話」、無知的胡說，認為價值或道德語言也具有描述意義，但他仍然認為倫理表達與科學表達具有本質差別。他認為，價值或道德判斷主要表達說話者的態度，而且一般說來，說話者是帶著希望其他人持相似態度的意圖的；道德判斷主要都是用來鼓勵、改變、或者約束人們的行為的，其功能或作用也就並不僅僅在於描述事實，而在於表達某種情緒或態度，從而影響人們的行為。他指出：

　　　　倫理判斷的主要用途不在於陳述事實，而是要施加影響。❷

　　　　道德判斷就是向人們推薦某種東西，要人們對該東西持贊成或不贊成的態度。它不僅是客觀地描述事實，也不僅是毫無感情地討論事實是否已經得到贊許或按其性質何時將得到贊許。因此，道德家常常是改革者，這決不是偶然的。❸

　　史蒂文森也常常將道德命題和祈使句（命令句）相比較。他認

---

❷　C. L. Stevenson, *Facts and Values*, Yale University Press, 1963, p.16.

❸　C. L. Stevenson, *Ethics and Language*, Yale University Press, 1944, p.13.

為，道德命題和祈使句儘管有著差別，但它們具有不少共同點，即它們「主要都是用來鼓勵、改變，或者約束人們的行為和目的，而不僅僅是對它們進行描述」❹。倫理語詞不僅描述人們的興趣，而且通過建議、加強語調等方式加強或改變興趣，它部分地具有命令的力量，但又與命令句有微妙的區別，即以不自覺的方式使人作出改變。例如，他在《倫理學與語言》中指出，「這是善的」的意思是：「我贊成它，你也贊成吧」，以用來加強或改變聽話者的態度。既然道德語言的主要意義是情緒上的，那麼，當我們用這些術語、概念構成某種道德判斷時，就絕不僅僅只是描述、記錄或揭示事物的現象、內部聯繫和事物之間的關係，而是表達我們的態度和感情；它不僅具有表達判斷者情緒的功能，而且具有影響、改變接受判斷者的情緒、態度的功能。

赫爾在《道德語言》一書中，對史蒂文森把表達「態度」作為道德判斷的基本特徵，把影響或改變態度作為道德判斷的功能提出了批評。赫爾認為，在日常生活中，當人們作出一個道德判斷、或陳述某一道德原則時，人們確實採取了一種表示贊成的態度；但是，這根本無法解釋當我說某一行為是對的時候的想法。赫爾指出，「告訴某人做某事」與「使某人做某事」是兩個截然不同的邏輯過程。前一種情況是通過提供合理的證明和推理，形成一個道德命令，從而責成某人做某事；而後一種情況具有宣傳性，可以採取包括欺騙、誘騙、強制等任何方式。當然，實際上，赫爾所作的上述區分在實行過程中往往也不是十分清楚的。對此，英國著名哲學家布雷思韋特（R. B. Braithwaite, 1900–1990）曾評論道：無疑，告訴某人做某事是企圖使他去做那件事的一種方法或手段。假如單憑「告訴」

---

❹　Ibid., p.21.

並不見效的話，那就不得不試試其他的方法——例如理性的方法，如提出些理由來使他相信你的話；或者非理性的方法，如用上「拇指夾」刑(thumb-screw)來「說服」他。不過，布雷思韋特同意赫爾關於贊成的情緒和道德判斷毫不相干的看法。史蒂文森要求我們注意道德判斷所伴隨的態度，而布雷思韋特和赫爾卻堅持認為，史蒂文森並沒有對道德判斷本身作出適當的分析。

值得注意的是，史蒂文森已經開始從觀察、分析日常生活中人們的道德議論、從考察人們的具體道德行為出發，來研究道德語言的意義及其功能。史蒂文森指出：我們「必須仔細考察人們的行為活動，否則關於意義和方法的分析就會成為閉門造車」❺。但眾所周知，史蒂文森在這一點上做得並不徹底、並不成功，他分析的仍然主要是一些標準表達式或人工語言，如「這是善的」之類道德判斷。赫爾同樣把日常人們談論他們應該做什麼視為道德哲學的來源和驗證標準。日常道德談話中的兩個特徵引起了赫爾的注意，正如它們引起了情緒主義者的注意一樣：那就是道德判斷和一般其所指導的人們的行動之間的聯繫，以及道德判斷和一般人們所給予它們的理由之間的聯繫。

但是，赫爾並不滿意情緒主義者對這兩種聯繫的解釋。例如，史蒂文森用一種意義的心理學理論，混淆了道德判斷的理由和當下行為的原因；而艾耶爾、卡爾納普等人則從可檢驗性原則出發，使道德判斷的理由成為多餘的。例如，在《語言、真理與邏輯》中，艾耶爾十分明確地說：「僅僅表達道德判斷的句子什麼都沒有說，它們純粹是感情的表達。」❻這種僅僅表達情緒、態度的語詞或語句

---

❺　Ibid., p.1.

❻　艾耶爾：《語言、真理與邏輯》，上海譯文出版社1981年版，第116頁。

是沒有意義的。艾耶爾論證說，像「偷錢是錯誤的」這個句子，只不過表達了我們對於偷竊行為極其不贊成這種道德感情，即便有人對於偷竊與我主張不一，這也只是由於我們具有不同的道德情操，因而沒有什麼好爭論的。當然，倫理或價值語詞或詞句有時不僅用作表達情緒，也用於喚起情緒，並由於喚起情緒而刺激行動，例如「你應該說真話」這一句子，就不僅表達了一種道德情緒，而且是在譴責某人說謊，要求某人說真話。卡爾納普也指出：「一個價值判斷實在說來不過是在迷人的文法形式中的一項命令而已。它可能對人們的行為有影響，而且這些影響也可能符合或不符合我們的願望；但它卻既不是真的，也不是假的。它並沒有斷定什麼，而是既不能證明的，也不能被證偽的。」❼

赫爾認為，情緒主義者在道德語言的功能問題上的一個基本錯誤，在於混淆了語言的意義和「以言取效的力量」(perlocutionary force)，即把道德語言的意義和說話者作出判斷後的效果等同起來了，而不是把它和「以言行事的力量」(illocutionary force) 等同起來，即不是把它和說話者通過說話來做的事——如赫爾認為，道德語言的意義在於規定和命令——等同起來。赫爾認為，艾耶爾等情緒主義者錯誤地把命令句與通過命令句形式所表達出來的道德判斷混為一談，因而對道德語言的思考是十分不成熟的。他指出：「由於它把使用命令或道德判斷的過程，與事實上明顯不相似的過程同化，而產生了一些哲學上的錯誤。」❽

---

❼　R. Carnap, *Philosophy and Logical Syntax*, London, Routledge, 1935, p.10.

❽　R. M. Hare, *The Language of Morals*, Oxford, Clarendon Press, 1952, p.13.

　　作為奧斯汀的學生，赫爾把「以言取效的力量」和「以言行事的力量」視為情緒主義和規定主義的區別。他試圖通過一種「非描述主義的理性方式」，　提供了一種更恰當的把道德判斷與行動及其理由聯繫起來的解釋。

　　赫爾指出，命令或祈使句與道德判斷的區別是顯而易見的。而且，道德判斷的功能並不是一種訴諸於情緒的命令，更不是直接的說服、勸告。「告訴某人某種是事實的東西，與讓（或試圖讓）他去相信它在邏輯上不能同日而語」❾。當我們告訴了某人某事是怎樣的，如果他不相信，我們就必須用一個與後者十分不同的過程使他相信它。沒有人會在試圖解釋陳述句的功能時，說它們是試圖勸說某人相信某事是怎樣的。也沒有更多的理由說命令是試圖勸說或使某人做某事；而且，當我們告訴某人他做什麼後，如果他無意做我們所說的，我們就會開始一個完全不同的過程促使他去做它。赫爾強調：「對於道德哲學來說，這種區分是重要的，因為事實上，那種認為道德判斷的功能是說服的見解，導致了把它們的功能與宣傳的功能區別開來的困難。」❿

　　實際上，即使是史蒂文森也意識到了這一點，他在《倫理學與語言》中就曾指出道德家和宣傳家的區別，只是他並沒有清楚地加以理論上的區分。赫爾強調指出，從艾耶爾到史蒂文森對道德語言的誤解，都是由於對語言和道德語言的功能的誤解所致，他們都不同程度地陷入了倫理學非理性主義的泥淖。實際上，告訴某人應該做什麼與說服某人做什麼，倫理學方法與宣傳方法是有嚴格區別的，必須避免混淆它們。

---

❾　Ibid., p.13.

❿　Ibid., p.14.

　　為此，那就必須明瞭如下兩種區別：第一種是「陳述語言與規定語言之間的區別」；　第二種是「告訴某人某件事情與讓他相信或使他去做某人告訴他的事情之間的區別」**⓫**。這兩種區別是很不相同的。在事實陳述與倫理學表達兩種描述中，我同樣是在告訴某人某件事情，前一種情況是我在向他陳述一個事實，後一種情況是我在告訴他應該做什麼。假如在兩種情況下對方都不願意相信我的話，我便會想方設法使他接受我的陳述。重要的是這一勸說過程並不只限於道德命令，它同樣也適用於描述事實的情況。因而如下觀點是極端錯誤的：例如史蒂文森認為，道德陳述是勸導性(persuasive)陳述，事實陳述卻不然。原因很簡單，如果這種事實陳述真是對「事實是什麼?」或者「我應該做些什麼?」的一種合理回答，那它就不可能是勸導性的陳述。如果用一種合理的方式給予回答，對方仍不接受，我就會通過其他途徑來使他同意我的觀點——這就是一種關於信仰和命令的勸導。正如赫爾所指出的，這種看法的關鍵在於，它認為命令就像是事實陳述，因為這種命令也是告訴某人某些事情，因此要受到邏輯的制約。假如我要說服某人，為達到這一目的，我可以不擇手段；假如我想對問題作出一種合理的回答，就要受到一些邏輯法則的限制，這些法則將決定著我如何去作出一種被視為合理的回答。

3.1.2　道德判斷的功能在於規定或命令

　　赫爾認為，道德哲學不像其他學科，它是一門「實踐性的」學科。根據維特根斯坦和日常語言學派（牛津學派）關於語言的意義在於其用法的觀點，赫爾認為，道德語言也是一種特殊的語言，其

⓫　Ibid., p.14.

特殊性在於它們的實際使用功能和意義的差異性。他強調指出:「道德語言最重要的用法之一便在於道德教導之中」❷，它們「主要被用來給予建議和教導，或者一般地說，用來指導選擇」❸。也就是說，道德語言的特殊的功能在於規定或命令，在於幫助人們在行動的過程中進行選擇，告訴人們選擇這一個事物而不是選擇另一個事物，做這件事情而不是做另一件事情。道德本身正是以其特殊的語言功能——即規定性——來指導人們的行為的。

赫爾繼承了史蒂文森關於道德判斷與命令句之間具有類似之處、道德判斷部分地具有命令的力量的觀點，並對這一觀點作了進一步的發展。他認為，道德判斷除了具有「規定」的特性外，還與命令句具有非常密切的聯繫。赫爾發現，道德判斷可以被重新改寫為一般命令句型，因為至少在某種隱含的形式上，所有的道德判斷都普遍地與命令句相符。赫爾說,「道德判斷的規定性在形式上可解釋為至少具有能推出命令的屬性」❹。道德判斷能推出命令，因而就以命令的方式指導人的行動。因此，後設倫理學必須首先研究道德判斷和命令句之間的關係。

赫爾認為，道德判斷本身就蘊涵著命令。當我稱贊某物時，其中包括了其他具有相似性質的同類物，意思是指它們同樣是好的。因此，如果我說某物是好的，我便同意具有同類性質的其他物件也是好的；如果我稱贊某物時，便意味著稱贊同類性質的其他物件。價值判斷具有等同於一般命令句的功能；我們可以把「這是一個好蘋果」改寫為:「選擇具有這些特性的蘋果吧」。

---

❷　Ibid., p.2.

❸　Ibid., p.155.

❹　Ibid., p.21.

「應該」是價值或道德判斷中最典型的、最能說明問題的詞。通過比較以下三個語句，赫爾進一步說明了這一點：

⑴保持你對他的這個承諾。

⑵一個人應該永遠保持對別人的承諾。

⑶你應該保持對他的承諾。

⑴是單稱（非普遍的）命令，⑵是普遍命令，⑶則是特殊的道德判斷。⑶同時兼有⑴和⑵的特徵，既以普遍的命令句為基礎，又是對一個具體道德境遇中人的行為的一個斷定，因此道德判斷中包含一個命令。

特別是，我們能從道德判斷中推出一個命令。赫爾認為，「應該」是價值或道德判斷中最簡單最能說明其邏輯特性的。如果「應該」判斷被用於評價時，它便能推出命令。例如，一個人把「我應該做 X」用作一種價值判斷，他在邏輯上必然同意「讓我做 X」這樣的命令，把「聖弗朗西斯是一個善人」當作價值判斷，就必然承認「讓我成為聖弗朗西斯那樣的人」這樣的命令。我決定應該做的行動，實際上意味著我已委身於這一行動，我將去做什麼。赫爾寫道：

> 為了指導選擇或行動，一個道德判斷必須是這樣的：如果一個人同意它，就必然同意從中推導出的命令句；換言之，如果一個人不同意某個命令句，那麼，在某種評價意義上，他不同意那個道德判斷是有明顯的證據的——儘管他在其他意義上可能同意它。❺

這也就是說，道德判斷是一種規定性判斷。赫爾自詡為「規定

---

❺　Ibid., p.171.

主義者」，他堅持，誠實地贊同一個道德判斷，便等於贊同蘊涵於其中的命令，而真誠地同意一個命令，就意味著贊同按照這一命令去行動。如果一個人同意一個道德判斷，但又不同意蘊涵於其中的命令，那麼他就在邏輯上錯誤地理解了道德判斷。在道德推論中，如果他同意普遍的規定和事實陳述，但又拒絕單稱的規定，他就犯了邏輯不一致的錯誤，或者就說他沒有在評價的意義上使用道德判斷，而只用習慣的方式使用「應該」一詞。

順便要說明的是，赫爾的上述觀點：誠實地贊同一個道德判斷等於贊同蘊涵於其中的命令，即贊同這一道德判斷的人必然會按照這一道德判斷去行動，也受到了一些批評。有人認為，他沒有具體說明在何種意義上這個推論是有效的。如果說人們只在理性上贊同一個道德判斷便會按照它而行動，這在實際生活中常常是不可能的。因為行動問題涉及到「意志」等問題，正確的理性認識只是行動的一個必要條件。人們在理性上接受一個道德原則，並不意味著他必然這麼去做。行動不僅需要理性認識，而且也需要意志和熱情。正確的理性認識必須轉化為熱情，轉化為按照它而行動的意志，在熱情和意志中凝固和強化，才可能付諸於行動。另外，還有一些倫理學家認為，赫爾將道德語言的規定性視為其最基本的用法，但他沒有說明這是否是道德語詞的唯一用法，若不是，他也沒有對道德語詞的其他用法作出解釋，許多倫理學家，如諾維爾－史密斯和沃諾克等人認為，道德語詞除規定的用法外，還表示趣味、愛好、建議、勸說、勸阻、以及表現需要或目標、對價值和理想的看法、利益的信念……等等。赫爾顯然沒有對這些問題給出令人滿意的回答。

不過，赫爾對此仍然堅持認為，道德語言是一類規定性語言，價值判斷與人的行動具有密切的關係，它能指導人的行為。如果道

德判斷能推出一個命令，那麼它們就能幫助人選擇，指導人的行動或告訴某人做某事。如果人們在規定的意義上使用道德詞，並且誠實地贊同它，那麼它就能以命令的方式幫助人選擇，指導人的行動。如果有人同意「我應該做X」，但又不同意「讓我做X」這一命令，那麼除了他沒有在評價的意義上使用「應該」一詞外，他便是不誠實。赫爾指出，正確使用一個道德判斷必須具備兩個條件，一個是在評價的意義上使用「應該」一詞，另一個是誠實。誠實就是委身於人應該實現的道德原則。如果一個人誠實地贊同一個道德判斷，他就不可能在邏輯上同意與之相反的道德判斷，誠實地贊同一個道德原則，就包含至少在我力所能及的範圍內，我立意如此行動，這是一種邏輯推衍關係。如果贊同一個道德判斷又不遵守它，他便不誠實，因而不是真正贊同這一判斷，沒有把它作為規定性語言。

針對出現的那些反駁意見，赫爾還進一步認為，道德判斷的規定性問題是一個與人的意志自由相關的問題。赫爾堅持，人有選擇基本的道德原則的自由。由於人們的意志是自由的，我們可以按照這種或那種方式行動，我們便可以進一步問，「我們到底應該按照何種方式行動呢?」「我何以應該這樣做或那樣做呢?」人們可以在各種道德原則中自由選擇，道德始終在發展，道德原則也在不斷更新，我們也在不斷作出選擇。但當我們在評價或規定的意義上使用道德語言，誠實地贊同它時，實際上我們便委身於它，在行動上承認它，並對它負有責任。當我們以這種方式使用道德語言時，便類似於康德的「理性意志」或「意志自由」、以及亞里士多德的「選擇」。

那麼，人的自由在何種意義上才是理性的呢?為了解決這一問題，赫爾主要在其名著——《自由與理性》中，提出了另一個核心

觀點：道德判斷是可普遍化的。

3.2　道德判斷的可普遍化性

赫爾認為，道德判斷與命令句之間存在著重要的區別，它不只是單一的規定，不僅僅只具有規定性，而且它還具有另一種非常重要的邏輯屬性，即「可普遍化性」。這種「可普遍化性」使它適用於一切相關道德情形中的人們的行為，構成一個道德判斷的合理根據或「正當理由」。

3.2.1　可普遍化性思想的背景

由於情緒主義主張，道德語言不過是人們的情緒、態度的表達，道德判斷是沒有意義的偽判斷，沒有什麼好爭論的，因而道德判斷也就無所謂合理根據或「正當理由」了。這直接導致了道德相對主義、主觀主義和懷疑主義，從而動搖了倫理學的客觀基礎，也引起了不少人的不滿和憤怒。在這種情況下，圖爾敏 (S. E. Toulmin, 1922–)在1950年發表的《理由在倫理學中的地位》一書中，首先提出了關於道德判斷的根據或理由的理論。

圖爾敏認為，存在著兩種類型的道德理由，一種是關於某個具體行為是否正當的論證；另一種是關於某個現存的社會慣例是否公正的論證。若能證明做某件事情是按一種公正的習慣做的，那就找到了這一行為的正當理由；假如有兩種公認的社會習慣相互衝突，則須按照它們可能引起的後果，即採納那種引起利害衝突最小、而且令人和諧如意的社會習慣。──這裡，在道德衝突情形下，圖爾敏顯然採用了功利主義原則。

　　赫爾反對情緒主義的非理性色彩，而主張後設倫理學的邏輯分析與理性研究，因此在道德判斷要求有合理根據或「正當理由」這一問題上，他與圖爾敏是一致的。但赫爾卻不同意圖爾敏所提出的「充足理由」，在1951年發表的〈評圖爾敏的「理由在倫理學中的地位」〉中，他認為圖爾敏的「充足理由」可能引起以下的辯論：

　　　假定有某人辯駁這一點，說：「沒有衝突，就不可能充分發展人性；因此，說一個風習引起的利害衝突最小，這是說它為正當的一個拙劣理由。」我們可以照圖爾敏先生在這裡的做法，回答說：「……這一點似乎十分自然而可以理解，……你還能要求哪些更好的理由？」而如果我們說了這話，那人回答說：「我根本不覺得它自然或可以理解；我覺得發展人性是高於其他一切的事情，因而它構成任何道德結論的唯一充足理由」，那麼就很明白，把我們分開的是一種道德上的分歧。**⓰**

　　在赫爾看來，圖爾敏在這一後設倫理學問題上，引入了功利主義作為前提，從而破壞了後設倫理學的理論風格。也就是說，在後設倫理學的理論論證這一「元」層次上，引入了次一層次的東西作為前提。例如，圖爾敏上述所謂社會習慣引起的「後果」、「利害衝突最小」等，很明顯地是功利主義的思想，以之作為前提，其結論當然就不一定是後設倫理學層次上的「中性」理由。在批判圖爾敏的思想的基礎上，赫爾提出了自己的見解：即道德判斷的理由或根據在於「可普遍化性」。

⓰ 轉引自 L. J. Binkley, *Conflict of Ideals —Changing Values in Western Society*, Van Nostrand Peinhold Company, New York, 1969, p.302。

　　不過，正如赫爾所說，他的這種「可普遍化性」思想是受康德的「普遍的立法原理」或「普遍律令」的影響而提出來的。康德在《實踐理性批判》中寫道：「純粹實踐理性的基本法則：不論做什麼，總應該做到使你的意志所遵循的準則永遠同時能夠成為一條普遍的立法原理。」❶在《道德形而上學基礎》中，他也曾說：「到底是什麼樣的律令，它的概念必須決定意志，不顧及從中獲得任何效果，使這個意志能夠稱作絕對地無條件地善呢？……這就是：我一定如此行為，使我能意願我的準則成為普遍律令。」「只有一個絕對命令，這就是：只照你能意願它成為普遍律令的那個準則去行動。」❶從這些表述中，我們可以看到，康德已經比較明確地提出了可普遍化思想。

　　當然，赫爾關於道德判斷之可普遍化性思想，既與康德的觀點有所區別，又大大發展了這一思想。

3.2.2　何謂「可普遍化性」

　　「可普遍化性」是赫爾後設倫理學中的一個非常重要、且頗具特色的中心概念。在1955年發表的〈可普遍化性〉、1963年出版的《自由與理性》、1981年出版的《道德思維》、以及1986年發表的〈「可普遍化性」和「功利主義」〉中，赫爾對這一概念從各個方面給予了明確的闡述和說明。

　　按照赫爾的說法，所謂可普遍化性可以這樣加以表述：「作出一個道德判斷就是說，如果另一個人處於相同的境遇，就必須對他的狀況作出相同的判斷。」❶或者：「如果我們承認各種其描述特徵

---

❶　康德：《實踐理性批判》，商務印書館1960年版，第30頁。

❶　康德：《道德形而上學基礎》，商務印書館1959年版，第16、35頁。

是相同的境遇，但又對它們作出不同的道德判斷，那麼我們就會自相矛盾。」⑳例如，有A、B、C三個人，A欠B的錢，B又欠C的錢。如果B說，「如果A欠我的錢不還，就應該把他關進監獄」，那麼依照道德判斷的可普遍化性，B應該把他的這一道德判斷普遍化，即「任何像我這樣的人都應該把借錢不還的人關進監獄」。這個普遍化的道德判斷意味著，C也應該把B關進監獄。B不能說他應該把A關進監獄，同時又拒絕C把他關進監獄，否則就犯了邏輯上不一致和自相矛盾的錯誤。

> 當我們考慮採取某個行動的時候，如果發現它經過普遍化便產生我們無法接受的規定，我們就否定這個行動是我們的道德問題的一個解決方案——如果不能把這個規定普遍化，它就不能成為「應該」。㉑

如果說道德判斷的規定性要求，當一個人說「我應該……」時，假如這一判斷適用於他，並且他能夠如此行動，他就應該如此行動；那麼，可普遍化性則意味著，當說「我應該……」時，他就有義務贊同在類似情形下，任何人包括他自己都應該這樣做。

如何普遍化一個道德判斷呢？赫爾指出，雖然這有如下一個漸

---

⑲　R. M. Hare, *Freedom and Reason*, Oxford, Clarendon Press, 1963, pp. 48–49.

⑳　R. M. Hare, *Moral Thinking: Its Levels, Methods and Point*, Oxford, Clarendon Press, and New York, Oxford University Press, 1981, p.21.

㉑　R. M. Hare, *Freedom and Reason*, Oxford, Clarendon Press, 1963, p. 90.

進的邏輯程序（參見4.2）：⑴有一種你所主張的普遍規定嗎？⑵事實是這樣的嗎？⑶假設人的利益和意向不變，你願意別人像你對待別人那樣對待你自己嗎？⑷現在想像一下你處在他人的地位時應該怎麼辦。但概而言之，其實只有一步，即當接受某一道德判斷（命令）時，想像在類似情形下，自己處在他人的地位應該怎麼辦。通過這種角色轉換，徹底地設身處地地考慮，從而作出道德選擇和決定，並在相應時候實施道德判斷所要求的行為。

赫爾與康德一樣認為，只有滿足可普遍化原則的行為，才是道德行為。應用赫爾的可普遍化原則，論證諸如為救人一命而說謊是正當的，不會有什麼困難。例如，你可以論證，有一個殺人嫌疑犯正在尋找他的「獵物」，這時對他說謊就是正當的，因為這是一件能普遍化的行為。你並不是為一切情況下進行說謊的正當性而進行辯護，而是明確舉出一些情況，在這些情況下，遇到和你所面臨的類似的事情，都可以認為說謊是正當的。換言之，在那種情況下你可以有一個說謊的充足理由。這與肆無忌憚地想說謊就說謊、以及為謀利而說謊等是大不相同的。因為後者在道德上是沒有充足理由的。因此，應用赫爾的可普遍化性規定的原則和方法，我們行動的道德理由是必須受一些限制的。

3.2.3　可普遍化性的基礎

赫爾批評、駁斥了卡爾納普等情緒主義者的觀點，他指出，道德判斷不可能僅僅是一種隨意的個人情緒或態度的表達，道德判斷、特別是作為道德原則的道德判斷必須具有可普遍化性和規定性。而這種可普遍化性的前提和基礎就在於，道德原則本身不僅包含著它必須具備的「命令性動詞」或「價值詞」，而且還具有某種描

述意義。

赫爾認為，人類通過語言表達的東西有兩種：一種可稱之為「描述的」；一種是「評價性的（包括規定性的）」；兩者的關係也就是事實判斷與價值判斷的關係。在《道德語言》一書中，赫爾認為，描述性的東西與評價性、規定性的東西之間的關係有三個方面：第一，前者常常作為後者的依據，沒有對事物的基本事實的描述作為根據，也難以對它作出價值評價或判斷。換句話說，對事物的事實性認識是我們對事物作出價值判斷的基礎。第二，但是，事實描述本身在邏輯上並不蘊涵著價值評價，反過來，對事物的價值評價也不等於對它的描述。換言之，我們不可能從事實陳述中推導出價值評價來，在這種意義上，休謨所說的「是」與「應該」之間的不可通約性見解是可以成立的。第三，描述與評價的不可通約性並不是對它們兩者之間聯繫的否定，相反，我們無法設想在完全把兩者割裂開來的情況下進行描述或評價。因此，只有承認道德語言的描述意義，才能理解道德判斷的規定意義，進而確證它所具有的可普遍化性特徵。

道德判斷既具有規定性，也具有描述性，儘管描述性不是主要的方面。如果說規定性是道德判斷完全不同於描述判斷的性質，那麼，描述性則是道德判斷與描述判斷之間的某種相似性。也正是因為這種相似性，即道德判斷具有一定的描述意義，使它成為道德判斷的可普遍化性的基礎。

在赫爾看來，道德判斷與描述判斷的可普遍化性具有某種相似之處。而描述判斷本身具有可普遍化性的邏輯，這在於使用描述詞必須遵守描述意義的規則。赫爾指出：

描述意義的特徵之一是它依賴於相似性的概念……描述意義的規則決定我們可以把一種表達應用於在某些方面彼此相似的對象……。我們不能永遠對一個事物使用某個描述詞，而又拒絕把它應用於另一相似的事物……總之，一個人承認兩個事物是完全相同的，但如在對一個事物使用某個描述詞的同時又拒絕對另一事物使用相同的詞……那麼，他既不理解這種表達是一個描述詞，又不理解描述詞是什麼。❷

例如，如果一個人說某物是「紅」的，他便承認與它顏色完全相同的任何事物也是「紅」的。「這是紅的」便可推出「在相關方面與它完全相同的一切事物也是紅的」。如果說某物是「紅」的，但又說與它顏色完全相同的其他事物不是「紅」的，那麼他便錯誤地使用了「紅」一詞。因為「紅」是一個描述詞，使用它必須在邏輯上遵守描述意義的規則。同樣，由於道德判斷具有一定的描述意義，使用道德判斷也首先必須遵循描述意義的規則，如果我稱X是「善」的，那麼我便承認在相關方面與X完全相同的人也「善」，如果我只稱X「善」，拒絕稱在相關方面與X完全相同的人「善」，那麼，我便在邏輯上自相矛盾了。在這個意義上，可普遍化性是描述判斷和道德判斷的共同特徵。

儘管道德判斷和描述判斷都具有可普遍化性，但它們之普遍化的邏輯屬性又具有本質的區別，因此，不能把道德判斷的可普遍化性歸結為描述判斷的可普遍化性。描述判斷的理由要符合描述意義的規則，而對道德判斷來說，就不能只參照所使用詞的描述意義的規則，其理由相對要複雜得多。因為道德判斷除了具有某種描述意

---

❷　Ibid., p.13.

義的特徵外，還具有其他的性質，如命令、規定等。如果有人問，
這一行動為什麼是「善」的，我們就不能只回答說，因為它是「善」
的（就像回答為什麼是「紅」的一樣）， 此外還必須對它給出另外
的理由。例如：

⑴美國人說：「這些是suspenders（背帶）」， 英國人則說：「不
是，這些是braces（背帶）。」

⑵A說：「我們應該鼓勵那些自願墮胎的人墮胎」；B則說：「不，
我們不應該鼓勵。」

在⑴中，描述判斷的可普遍化性依據的是描述的意義規則，美
國人和英國人的分歧只是言語上的，但兩人所說的意義完全相同。
指出這一點，他們的分歧便會消失。而在⑵中，道德判斷的可普遍
化性根據（或對其給出的理由）不只是描述意義的規則，而是一個
行動的原則。這種分歧不是言語上的，不取決於描述意義的規則，
而是道德原則的分歧，它涉及到諸如人的權利、尊嚴等道德問題。

總之，赫爾與自然主義者都認為，道德判斷具有描述意義，所
以可普遍化，可以為這個判斷給出可普遍化的理由。但是，自然主
義者為一個判斷給出理由的規則是描述意義的規則，他們堅持能從
對某物的非道德描述中推出道德的結論，這種推論的有效性依賴於
詞的意義；對此赫爾則認為，「在道德判斷中，決定該描述意義的
普遍規則不只是意義規則，而且還有道德內容的原則」[23]。因而道
德判斷的可普遍化性與描述判斷的可普遍化性是有區別的。

3.2.4 一切道德判斷都具有可普遍化性

眾所周知，康德的「可普遍化」——即行為準則能夠同時成為

---

[23] Ibid., p.30.

一條立法原理或普遍律令——是為了解決道德價值的本質規定及善惡判定的標準問題，而赫爾的「可普遍化性」則多少有些與之不同，它主要是為道德判斷的合理性提供論證或辯護。赫爾把道德判斷的這種「可普遍化性」視為其一個突出的特點。

在赫爾看來，一切道德判斷都是可普遍化的 (universalizable)，可普遍化性是道德判斷的與規定性相並列的特徵。僅僅具有規定性，一個判斷還不是完全意義上的道德判斷。任何道德判斷都是可普遍化的判斷，即 U 類型判斷 (U-type judgment)。這是道德判斷區別於其他價值判斷和普遍命令句最明顯的特徵，也就是說，道德判斷比其他價值判斷和普遍命令句更具有可普遍化性。我們可以比較如下兩個判斷：

(1)他的行為是正當的，因為他改善了英國的財政狀況。

(2)你應該給他寫信，因為你答應這麼做。

赫爾稱(1)為與 U 類型判斷相對的 E 類型判斷 (E-type judgment)。由於「正當」是規定詞，因而(1)也是一個價值判斷。但是，這個判斷不是道德判斷，因為它只滿足了規定性的條件，而沒有滿足可普遍化性的條件。它給出的理由不能普遍化，指的只是英國，沒有考慮如果他改善了另一個國家的財政狀況是否是正當的問題，沒有說明當另外的國家所處的條件與英國相同時，他以同樣的方式改善那個國家的財政狀況也是正當的。也就是說，這裡涉及的只是個體名稱或專名，而 U 類型判斷中是不能包含個體名稱或專名的。(2)給出的理由不是特殊的個別事物，而是你承諾始終給他寫信，它的理由可以永遠問下去，既滿足了規定性的條件，又滿足了可普遍化性的條件，因而是 U 類型判斷。

在1955年發表的〈可普遍化性〉一文中，赫爾借用康德主義者

和存在主義者的一段對話❷，進一步說明了道德判斷與普通命令句
的區別。

E：你不應該做那件事。

K：你認為一個人不應該做那類事嗎?

E：我沒有想到那類事，我只說「你不應該做那件事」。

K：你不是說「在這種情況下像我一樣的任何人都不應該做那
　類事」嗎?

E：不是，我只說「你不應該做那件事」。

K：你正在作一個道德判斷嗎?

E：是的。

K：在這種情況下，我不能理解你對道德詞的用法。

　在赫爾看來，道德判斷本身就是一個普遍判斷，當一個人說「你
不應該做那件事」時，他便在邏輯上隱含著某種普遍原則，即「你」
在任何相同和相似的條件下也不應該做那類事，那件事裡蘊涵著那
類事，個別中蘊涵著一般，這是道德判斷與命令句的一個重要區別。
如果像存在主義者那樣理解，「我們絕大多數人會像『康德主義者』
那樣感到困惑。……倘若存在主義者說『不准做那件事』，而不是
說『你不應該做那件事』，那麼康德主義者便不會反對。這證明了
『應該』與普通命令的區別，存在主義者的錯誤也許在於，由於道
德判斷在許多方面相似於普通命令，因而他們便得出它們在一切方
面都相同的結論」❷。

　赫爾關於道德判斷都是可普遍化類型的判斷的觀點受到了許

---

❷　E是Existentialist（存在主義者）的縮寫。K是Kantian（康德主義者）
　的縮寫。

❷　R. M. Hare, "Universalizability", *Aristotelian Society* 55, 1955, p.330.

多人的批評。例如，麥金太爾認為，道德判斷既可以是可普遍化類型的判斷，也可以不是可普遍化類型的判斷。他引用薩特 (J. P. Sartre, 1905-1980)關於道德衝突的典型事例來說明自己的觀點：在第二次世界大戰中，薩特的一位學生捲入了一種道德衝突之中，即他應該上前線參加法國抵抗組織呢？還是應該留在家裡侍候年邁的母親？這種道德衝突通過基督教的道德和康德「人是目的」的原則是無法解決的，擺在他面前的只有兩種選擇。麥金太爾認為，某些面臨類似道德衝突的人，不情願為處於相似境遇中的其他人制定行動的原則，他可以決定做什麼，例如決定留下來侍候母親，但又不願責難那些作出另外選擇的人，如上前線參加抵抗組織，在道德上允許其他人作出不同的道德判斷。如果一個人這樣行動，他所使用的「應該」就不包含任何可普遍化性，他所作出的道德選擇不是一種可普遍化類型的判斷，但又是一個道德評價。

但是，赫爾認為，薩特的原意並非如此。薩特強調的是一個人自己作出選擇的重要性，他在道德衝突的境遇中不能求助於任何先前的原則，而必須考慮特殊的情況，以及與道德相關的特徵，從而自由地作出道德選擇。但當他一旦作出決定，他的決定就不只涉及個人，而涉及到某個道德原則，他必須為自己的決定給出某種理由，這種理由是可普遍化的。因此，人不僅要為自己選擇，還必須為「全人類」選擇，至少必須為一個特殊的類選擇。在這一意義上，人的自由選擇是痛苦的，並要對自己的選擇負責。因此，在赫爾看來，薩特本人也是一個普遍主義者。

3.2.5 可普遍化性的形式特徵

赫爾認為，決定道德判斷可普遍化性的不僅是描述意義的規

則，而且還有道德原則，那麼，道德判斷的可普遍化性是否是一個
實質性的道德原則呢？對此，赫爾的回答是否定的：

> 必須強調，像可普遍化性原則本身，是跟隨道德語詞的邏輯
> 特性而來的一個純粹的形式原則。沒有實質性的道德判斷跟
> 隨其中……[26]

赫爾反對康德的綜合性的普遍道德原則的說法，他認為綜合的
先驗真理「既不存在，也無必要」[27]。在赫爾看來，對可普遍化性
的理解，重要的是不要把它與道德的實質性內容，諸如每個人應該
永遠堅持一種普遍的原則，並依據這種原則指導自己的行動，或者
一個人不應該為了自己的利益違反行動的準則相混淆。他一再指出，
「可普遍化性命題自身是一個邏輯的命題」[28]。邏輯命題是一個關
於詞的意義的命題，如「應該」的邏輯意義是，如果一個人使用「應
該」一詞，他便承認一個普遍的規則，那麼當你一旦作出某個道德
判斷，你便不應該對相同的境遇作出不同的道德判斷，否則就要犯
邏輯錯誤。這便是可普遍化性的說明，它不同於具體的道德觀。也
正因為如此，單純從這種邏輯命題裡也推不出實質性的道德結論。
　　例如，「每個人應該永遠堅持某種道德原則，並依據它來指導

---

[26]　R. M. Hare, *Freedom and Reason*, Oxford, Clarendon Press, 1963,
　　p.118.

[27]　麥基編：《思想家——當代哲學的創造者們》，三聯書店1987年版，第
　　233頁。

[28]　R. M. Hare, *Freedom and Reason*, Oxford, Clarendon Press, 1963, p.
　　30.

自己的行動」，如果說這是一個道德原則，有人違反這一原則（如有時說謊），那麼僅僅從可普遍化性邏輯命題中推不出他的行動是錯誤的。因為可普遍化性命題沒有說，一個人的行為與他過去的行為不同是一種邏輯錯誤。儘管他的行為前後不一致，但可能他現在作出的行動是正確的（如在一種特殊的情況下說謊）。如果說，我在一定的情況下可以違反某種道德原則，但又拒絕另外的人在相同的情況下不應該違反這一原則，那麼他就犯了邏輯錯誤，即錯誤地使用了「應該」一詞。邏輯錯誤在於兩個道德判斷的連詞，而不是道德原則本身。可普遍化性的邏輯容許道德原則之間的矛盾，但又迫使人們在其中選擇，當一旦作出選擇後，可普遍化性就不允許在邏輯上自相矛盾，即對相同的境遇作出不同的道德判斷。赫爾說，「兩個人使用『應該』表達同一事物並非意味著他們具有相同的道德觀點。……倫理學、即對道德語詞的邏輯特性的研究在道德上仍然是中性的（即使它要與事實前提相結合，但它的結論既不是道德內容的判斷，也不能從中推出道德內容的判斷）」❷。赫爾認為，道德判斷的可普遍化性得出的結論只能是，「我應該對某人做某事，我便承認這樣的觀點：假如我完全處於與他相同的境遇，包括相同的個人特徵，尤其是相同的動機狀態，那麼同樣的行動也應該對我作出」❸。因此，可普遍化性的真正作用是道德論證，通過邏輯的力量迫使人們改變不同的道德觀點。

　　道德判斷的可普遍化性本身對疑難的道德問題並不給人以確定的解答。赫爾認為，它們與其說是對道德問題的確定的解答，無

---

❷　Ibid., p.97.

❸　R. M. Hare, *Moral Thinking: Its Levels, Methods and Point*, Oxford, Clarendon Press, and New York, Oxford University Press, 1981, p.108.

寧說是形式上的判定標準，人們應該運用它們以發現他打算採取的行動是否能認為從道德上講是合理的。一個決斷是真正的道德決斷，而不是個人由於喜愛或特權所作的決斷，有一些驗證方法，其中之一就是你是否願意他人處在和你極其相似的情況下，採取與你相同的行動。赫爾所謂的道德普遍化原則，並不要求任何人非得處於和你完全相同的情況下不可，但是它的確要求，假如某人真的處在和你類似的情況下，則你應該認為，那人按照你已經選擇好的行動去做是正當合理的。

赫爾進一步指出，我們可以承認有一種「實體性」的道德原則，但這並不是說道德判斷本身就是一種「純實體性的」東西，它主要還是一種意義的邏輯問題。歷史上的許多倫理學家都忽視了這一點。例如，一些倫理學家把道德原則視為「金科玉律」(Golden Rule)，康德的「普遍道德律」即是如此。從表面上看，這種道德原則及根據這種道德原則所作出的道德判斷確乎享有「可普遍化性」， 但實質上它們不是一種邏輯的推理，而無寧是一種先驗的實體性假設。因此，對於道德判斷和道德原則的可普遍化性有必要作出必要的限制，即：道德原則「僅僅是一種邏輯原則，從這種原則中不可能推出任何道德實體」 **❸**。

3.3　普遍規定主義倫理學

對道德語言、道德判斷的意義和功能的邏輯語言分析，為赫爾提出「普遍規定主義」的倫理學主張提供了基礎。在赫爾看來，道

---

❸ R. M. Hare, *Freedom and Reason*, Oxford, Clarendon Press, 1963, p.35.

德語言、道德判斷的邏輯語言分析是倫理學研究的主體內容，從對道德語言、道德判斷的邏輯語言分析中，我們可以概括性地把握全部倫理學的基本內容、特徵和作用。

赫爾堅持，道德判斷不可能是純粹的事實描述，它主要是一種表達規定或命令的判斷。但是，如果沒有給一種行為評價、規定提供理由或根據，沒有給出進一步的命令前提，它就不可能是道德判斷。因為，事實的前提不可能蘊涵著道德判斷和道德命令。道德判斷確實具有規定性與描述性的雙重意義，但它的主要功能是調節行為，只有當它具有規定特性或命令力量時才能履行這一功能。同時，道德判斷要完成自身的調節功能，還必須使自身具有普遍化的特徵，否則，也不可能保持它的規定性特徵。一種道德判斷表達著一種普遍的道德原則，它必須兼備普遍必然性和嚴格規定性的雙重特性，才能實施其實際功能。那種堅持道德判斷只是個人主觀情緒或態度之表達的人，之所以否認道德判斷和道德原則的可普遍化性，就是因為它只承認道德判斷的命令或規定性意義，而忽視了它具有的可普遍化性特徵，從而把道德原則視為缺乏嚴格必然性意義的東西而排斥在科學之外。

赫爾著重剖析了西方倫理學界兩種流行的觀點：一種是道德上的「形式主義」，如現代情緒主義者，這種觀點承認道德判斷具有一定意義上的規定性，但否定其可普遍化性，因而把道德判斷混同於普通命令句。另一種觀點是所謂倫理學中的「自然主義」，如杜威(J. Dewey, 1859–1952)、培里(R. Perry, 1876–1957)等人，他們認可道德判斷的描述性和可普遍化性，卻忽略了其規定性。在赫爾看來，這兩種觀點與他所主張的「普遍規定主義」都是相對立的。在《自由與理性》一書中，他分析和回答了這兩派觀點對「普遍規定

主義」的反駁，同時指出了它們各自所包含的部分真理。

　　他指出：「自然主義的真理是，道德語詞確實具有描述意義。……而正是借助於對這種描述意義的擁有，道德判斷才是可普遍化的。」❷ 在這一點上，赫爾的觀點與自然主義者的觀點達到了一致，即「兩種觀點都主張，對特殊事物的道德判斷是根據理性而作出的，而在通常情況下，一種理性的概念總是伴隨著一種規則的概念，這種規定某事物的規則也是某種其他事物的一種理由。因此，兩種觀點都包含著可普遍化性」❸。也就是說，在道德判斷具有描述意義和普遍性意義這一點上，赫爾並不反對自然主義或描述主義。但是，赫爾認為，他的觀點與自然主義者之間存在原則性區別，自然主義者的錯誤在於，他們把描述意義視為道德判斷的全部意義，因而陷入了一種「描述主義」的極端。而在他看來，「道德語詞的『描述意義』並未窮盡它們的意義，在其意義中還有其他因素可以產生與這種推理中的這些語詞之邏輯行為不同的東西，這就是我們關於是否可以從『是』中推出『應該』的爭論焦點所在」❹。進一步說，自然主義混淆了道德表達與描述表達、價值與事實之間的界限。赫爾多次宣稱，他「過去一直是、而且今天仍然是休謨學說的捍衛者」，這種學說的實質是告訴人們，「不能從關於概念之間的邏輯關係或詞的用法中推出實體性的道德判斷」❺。

　　在赫爾看來，形式主義（如情緒主義）觀點的真理性，就在於它看到了價值判斷、特別是道德判斷所擁有的規定、命令意義，但

---

❷　Ibid., p.21.

❸　Ibid., p.21.

❹　Ibid., p.22.

❺　Ibid., pp.186–187.

它片面地誇大了道德判斷的規定、命令意義，完全排除了它的描述意義，甚至把道德判斷與命令句混淆起來。赫爾指出，雖然日常的命令句與道德判斷都屬於規定性語言一類，但兩者是有區別的。日常的命令句不可能保持永久的可普遍化性，它不需要說明邏輯理由，而道德判斷卻不能沒有邏輯理由，否則就不可能普遍化。比如，我們可以說「任何人不得與其近親結婚」。這種命令句無疑有著規定、約束的意味，但不需要說明為什麼，它僅僅只是一個規定。但當我們說「任何人都不應該與其近親結婚」時，就是一種應該判斷 (ought-judgment)、道德判斷，「應該」與否，不能簡單地訴諸於命令或規定，必須說明「為什麼」，必須給出充足理由，才能有效地調節人們的行動。因此，命令句與道德判斷是不能同日而語的。進一步地，赫爾還分析了「一般的」(general)與「普遍的」(universal)等概念的區別，認為日常的命令句可以是一般的，但未必是普遍的。形式主義者們恰好忽略了這兩處概念之間的區別，認為一般的命令就是道德判斷的普遍表達，也正因為此，他們常常不能分清道德判斷與道德宣傳、鼓動或說服之間的原則界限。

　　總之，從道德判斷的以上邏輯語言分析中，我們可以概括出關於道德判斷的兩個最基本的特徵：(1)道德判斷是一種「規定性判斷」；(2)道德判斷是一種「可普遍化的」判斷。赫爾總結性地寫道：

　　　　讓我們把認為道德判斷是可普遍化的論點稱之為U，把認為它們是一種規定性的論點稱之為P，現在關於道德判斷的描述特點有兩個論點需要仔細地加以區分：第一個較強的論點(D)是，道德判斷是一種描述判斷，即它們的描述意義窮盡了它們的所有意義，這就是描述主義；第二個較弱的論點

(D´) 是，儘管道德判斷在它們的意義中可能擁有別的因素，但道德判斷確有描述意義。我想確定，P、U與D´三個論點都是相互一致的。……D´蘊涵著U，P與D´是一致的，因為說一個判斷是規定性的，並不是說規定意義是它帶有的唯一意義，而只是說它的意義是在其他因素中帶有這種因素；……我想表明的是，P與U的結合足以建立道德的合理性，或有說服力的道德論證的可能性——重要的是，……P遠不是建立這種道德合理性的一種障礙，實際上它是建立這種合理性的一種必要條件。……D確定與P不一致，因此，那些描述主義者認為否定P是必然的。……道德哲學的主要任務是表明P與U是如何一致的。**㊱**

　　從這裡，我們可以窺見赫爾所描繪的「普遍規定主義」的藍圖；道德判斷是可普遍化性和規定性的統一，它既區別於純粹的事實描述，又兼有一定的描述意義。道德判斷的規定性決定了它必須是可普遍化的，而只有通過道德判斷的規定性，可普遍化性才能發揮其調節和引導行為的普遍作用。「可普遍化性」是道德判斷得以實施的內在邏輯根據，「規定性」則是道德判斷之功能的邏輯特徵，兩者相互關聯，不可分割，相互統一。而這種統一是一種具體的過程，往往在特殊的道德語境中表現出來。也就是說，把規定性和可普遍化性這兩個特徵加在一起，我們將看到，如果我說「我應該對他做什麼」，我就有義務按說的去做，但是，反過來，他也應該同樣地對待我。這實際上也就是所謂「道德黃金律」——「己所不欲，勿施

㊱ Ibid., pp. 17–18. 其中 "U"、"P"、"D" 分別是 "universal" 或 "universalizable"、"prescriptivism"和"descriptivism"的簡稱。

於人」所要求的。

　　還應該指出的是，赫爾認為，雖然規定性和可普遍化性都是道德判斷的邏輯特徵，但它們也為一般評價判斷（如審美判斷等）所具有，因此還不足以突顯道德判斷的特徵。將道德判斷和一般評價判斷區分開來的因素是「凌駕性」(overridingness)。如果將某一道德原則視為「凌駕性」的，則不可能以任何道德的或非道德的理由來加以揚棄。因此，只有當我們將一道德判斷視為「凌駕性」的普遍規定和命令時，它才是最典型的道德判斷。

　　赫爾對道德判斷的基本特徵及其包含的諸種意義的探討，特別是他提出的「規定性」和「可普遍化性」原理，構成了其後設倫理學的主體內容。赫爾認為，價值判斷的描述因素和評價因素既具有密切的聯繫，又具有本質的區別。這一思想對我們正確認識道德判斷的性質無疑具有幫助。他的規定性理論，通過道德語言的日常用法來把握它們的性質和功能，力圖把道德與人的行動聯繫起來，努力解決人們直接面臨的道德問題，使後設倫理學更貼近現實生活；他的可普遍化性理論，以及對事實和人的利益的重視，進一步揭示出道德判斷的邏輯特性和道德論證的方法，不僅使後設倫理學具有理性主義的特點，而且使後設倫理學逐漸向規範倫理學靠近（因為他得出的結論類似於某種功利主義的結論）。應該說，較之情緒主義倫理學，赫爾的這種理論無疑更溫和，更合乎實際。

第四章　道德思維的邏輯與方法

　　關於道德推理、論證的規則、方法以及道德思維的探討，是後設倫理學的一個重要方面，也是赫爾後設倫理學的一個重要組成部分。赫爾把很大一部分精力投入到了這一問題上，進行了長期的不懈的探索。這集中體現在赫爾於1963年出版的《自由與理性》、1971年出版的《哲學方法論文集》和1981年出版的《道德思維》中，當然在1952年出版的《道德語言》中，在後來的許多理論或應用性論文中，也有不少體現。

4.1　道德判斷之間的邏輯關係

　　出於理性地研究倫理學的目的，赫爾把如何將邏輯應用於道德哲學確立為自己的最重要的論題。他認為，道德語言也有一套類似於描述語言的邏輯，從而使得道德判斷之間，或者道德判斷與事實判斷之間，也存在著某種意義上的邏輯關係。他甚至認為，道德哲學，至少它的一個方面，是邏輯的一個分支，例如近來興起的道義邏輯。——當然，限於赫爾的知識結構，或如他自稱的是一位邏輯方面的業餘愛好者，而非專業邏輯學家，他並沒有討論諸如道義邏輯系統之類現代邏輯，而只是討論了道德語言、道德判斷之間的某

種邏輯關係。當然赫爾也自信，他「對這一課題非正式地起了一份作用」❶。

4.1.1　道德語言的邏輯

赫爾認為，價值或道德思維和論證是一個理性的過程，因為規定判斷之間的邏輯關係是可能的。赫爾從陳述句和命令句的關係出發，對道德語言的邏輯進行了探討。

赫爾指出，一般而言，陳述句是用來告訴某人某事是怎樣的，而命令句則是用來告訴某人做某事的。例如，像「把門關上！」這樣的語句是命令句，而像「你將關上門。」這樣的語句則是陳述句。陳述句和命令句之間的區別並不僅僅在於語法形式的不同，更在於這些不同的語法形式所傳達的意義不同：真正地贊同一個陳述句就意味著相信，而真正地贊同一個命令句就意味著行動。

但是，儘管陳述句和命令句之間有所區別，它們卻有一個共同的地方，即它們都必須遵守某種邏輯。赫爾認為，一些基本的邏輯規律如排中律、不矛盾律等，無論在陳述句還是命令句中都是適用的，無論陳述句還是命令句都可能會互相矛盾或自相矛盾。例如，當我說「關上門」，立即又說「不要關門」，就是自相矛盾的。同樣，在命令句中，邏輯學的一些基本術語，如「所有」、「蘊涵」等，是和在陳述句中同樣適用的；這些邏輯聯結詞在陳述句中的邏輯性質，在命令句中也是同樣適用的。因而命令句之間也存在相應的蘊涵等邏輯關係。

當然，這裡要注意的是，對於陳述句中的肯定或否定，可以用

---

❶　麥基編：《思想家——當代哲學的創造者們》，三聯書店1987年版，第231頁。

「真」或「假」表示；而在命令句中，則是以「同意」或「不同意」來表示的。例如，在一蘊涵關係式中，如果陳述句的前提為真，那麼結論也為真；如果同意命令句的前提，那麼，也必然同意其結論。赫爾指出，我們真誠地同意某一陳述語句，當且僅當我們相信它是真的；而我們真誠地同意某一加於我們的命令，當且僅當我們按照（或立即按照）該命令行動。假如服從命令的時候已經到了，而我們並沒有依此行動，那麼可以說我們已經改變了主意。

> 假若有一第二人稱的命令加於我們，而此時是按照命令而行動的時候，且服從此命令是在我們的（物理及心理）能力之內的，而我們卻不去做，那麼，我們便不是真誠地同意該命令。這是一個恆真命題(tautology)。❷

在命令句之間，也存在著如同陳述句之中的邏輯推導關係，也須遵守相應的邏輯規則。例如，從「把所有的箱子運到車站去」（命令句）和「這是其中的一個箱子」（陳述句），就必然可以推出「把這個箱子運到車站去」（命令句）。這是一個有效的三段論。而在如下的例子中，從「把所有的箱子運到車站去」（命令句）和「這是其中的一個箱子」（陳述句），推出「你正要把這個箱子運到車站去」（陳述句）。由於前提和結論之間沒有蘊涵關係，因而是無效的。可見，無論是陳述句還是命令句都必須服從某種「邏輯規則」，否則，思維就將是無效的。

---

❷ R. M. Hare, *The Language of Morals*, Oxford, Clarendon Press, 1952, p.20.

從各種命令可能產生矛盾這一事實中可以得出結論，為了避免自我矛盾，一種命令也像一種陳述一樣，必須遵守邏輯規則。❸

在《道德語言》中，他具體地研究了他稱之為「混合的」或「實踐的」三段論的道德（價值）推理。這種三段論的大前提是命令句，小前提是陳述句，而結論是命令句。例如：

大前提：把所有的箱子運到車站去（命令句）；

小前提：這是其中的一個箱子（陳述句）；

結　論：所以，把它運到車站去（命令句）。

如果結論是一個陳述句，如「你將把這個箱子運到車站去」，那麼這個推理就是無效的。為什麼呢？赫爾提出了掌握這種推理的兩條著名的規則：

⑴如果一組前提不能僅從陳述句中有效地推導出來，那麼從這組前提中也不能有效地推導出陳述句結論。

⑵如果一組前提不包含至少一個命令句，那麼從這組前提中不能有效地推導出命令句結論。

赫爾認為，無論陳述句還是命令句都必須服從某種邏輯規則，上述兩條規則就是我們道德思維的基礎。而根據上述兩條限定性規則，在一個有效的三段論推理中，若兩個前提都是陳述句，那麼結論必是陳述句；若大小前提至少有一個是命令句，那麼結論必是命令句。第一個邏輯規則的要求是，必須在大小前提所包含的陳述中、並且是從它們中有效地推出來的條件下，才可能從這些前提中有效地引出陳述性的結論，這是陳述達到陳述事實真理所須遵循的邏輯

---

❸　Ibid., p.24.

規則。第二個邏輯規則要求，只有在一組已包含命令的情況下（至少是一種），　才能從這些前提中有效地引出命令性的結論，這是命令句所必須遵守的。從這一規則也可推出，如果結論中有一個命令句，那麼，前提中也必有一個或一些命令句，並且導出的命令句一定包含在這個或這些命令句之中。顯而易見，前一個邏輯規則主要是針對陳述句的，它與道德語言的關係較為間接；後一個邏輯規則則直接關係到我們對道德語言的研究。因為道德語言與命令句或祈使句都具有規定性語言的特性，從一般的邏輯意義上看，它們也應該遵守相同的邏輯規則。同時，道德語言必須具有自身表達的邏輯規則，它不是無規則的符號。

只有在一組前提至少包含著一種命令的情況下，才可能從這些前提中有效地推導出命令性的結論。這對於道德語言的邏輯來說，是一條十分重要的規則。它揭示出了事實判斷和道德判斷之間在邏輯上的非蘊涵關係❹。

但赫爾同時也指出，這一規則並不能適用於所有情況，它還包含有例外。例如，"$X=2$" 蘊涵 "$X^2=4$"，我們就不能自然地說前者蘊涵著後者，因為後者包含著一個「平方」符號，我們不得不首先弄清楚這個符號的意義。只有憑藉「平方」的定義增添了一些信息後，才能說 "$X=2$" 蘊涵 "$X^2=4$"。

> 因此，我們不得不說，除非僅僅憑藉術語的定義能增添上，如果前提中沒有內含地或明確地說什麼，那麼，結論中就一定不能說什麼。❺

---

❹　也即從事實判斷不能必然地尋出道德判斷。有興趣的讀者可參見拙文：〈休謨問題及其意義〉，《哲學研究》，1997(8)。

　　總之，在赫爾看來，命令句或道德判斷之間是存在著邏輯關係的。依據相應的邏輯關係、邏輯規則，我們可以進行命令句或道德判斷之間的邏輯推導。

4.1.2　事實與價值的二分對立

　　赫爾指出，「倫理學，作為邏輯的特殊分支，其存在在於道德判斷的作用是一種指導，回答『我將做什麼』這種形式的問題」❻。這一問題也可表述為「我將選擇什麼」的問題。在赫爾看來，道德選擇不是任意的，人們必須為自己的每一種選擇給出合乎理性的理由，「作出價值判斷時，始終在邏輯上等於問一種理由」❼。也就是說，說一個事物好或一個行為善，必須要有理由，說明為什麼是好或善的。而這種理由便構成價值判斷（包括道德判斷）的「附加」特徵。赫爾對道德判斷「附加」特徵的解釋，實際上就是對事實和價值關係的回答。

　　赫爾關於命令句和道德語言的邏輯的思想，沿襲了哲學史上特別是休謨與摩爾等區分事實與價值、以及道德（價值）概念、判斷

---

❺　R. M. Hare, *The Language of Morals*, Oxford, Clarendon Press, 1952, p. 33. 赫爾指出，「除非僅僅憑藉術語的定義能增添上」，這一限制條件對於命令邏輯是非常重要的。因為只有一種情況下，命令句結論才能從一系列純粹的陳述句前提中推出，那就是所謂的「假設命令」(hypothetical imperative)。「假設命令」這一概念十分複雜，赫爾只是用一些例子來加以說明。如：「如果你要去牛津最大的雜貨商店，那就去Grimbly Hughes吧。」當然，並不是所有包含假設的命令句都是所謂的「假設命令」。

❻　Ibid., p.172.

❼　Ibid., pp.36–37.

不同於、而且不可還原為事實概念、判斷的觀點。他認為，關於事
實與價值的關係問題，即能否從事實中獲得價值的問題，從「是」
判斷中能否推導出「應該」判斷的問題，是近些年來道德哲學中每
一種流派都面臨的主要問題，也一直是道德哲學中倍受關注的主要
問題：

> 在道德理論方面，近年來的主要問題一直是由事實前提得出
> 的評價性結論是否具有派生性的問題。你能從事實中獲得價
> 值嗎？你能從一個「是」字中獲得一個「應當」嗎？不僅分
> 析哲學有這個問題，而且它也是例如存在主義者及其反對派
> 之間爭論的焦點。只不過他們陳述問題的方式不同。❽

　　赫爾批評、駁斥了羅素、艾耶爾、卡爾納普等極端情緒主義者
的觀點，他指出，道德判斷不可能是一種隨意的個人情緒的發洩和
表達，道德原則也必須具有可普遍化性和規定性。在《道德語言》
一書中，他指出了描述性和評價性、事實判斷和道德（價值）判斷
的聯繫。他指出，描述性的東西常常作為評價性的東西的依據，沒
有對事物的基本事實的描述作為根據，也難以對它作出價值評價或
判斷。但是，事實描述本身在邏輯上並不蘊涵價值評價，也就是說，
我們不可能從事實陳述中推導出價值評價來。在赫爾看來，道德（價
值）判斷是規定性的，具有命令、規範、約束以及指導行為的功能，
而事實判斷作為對事物的描述，則不具有規定性，它們之間存在著
不可逾越的邏輯上的鴻溝，單純從事實判斷是推不出道德（價值）

---

❽ 麥基編：《思想家——當代哲學的創造者們》，三聯書店1987年版，第
　220–221頁。

判斷的。

　　赫爾對事實與價值二分對立的歷史進行了概略地考察。他指出，早在古希臘，事實與價值的關係問題便已初露端倪。蘇格拉底 (Socrates, 469–399 B.C.) 提出了「美德即知識」的著名論斷，提出了事實與價值的關係問題。亞里士多德批評了蘇格拉底「美德即知識」的觀點，指出從知識到德性之間還有許多中間環節，即還要經過情感、意志等非理性的過程，因此知識和德性不能絕對等同；他強調了價值選擇的「中道」原則，認為把握適度和中道需要有一種見識和智慧，即「實踐智慧」。

　　從理論上正式提出事實與價值關係問題的，是英國懷疑論哲學家休謨。他認為，事實與價值（道德之善惡等）是兩個不同的領域，善惡是不可以理證的，道德並不是理性的對象。科學所研究的關係（類似、相反、性質程度和數量比例等）與道德（或價值）關係不同，前者的聯繫詞是「是」或「不是」等，而後者的聯繫詞是「應該」或「不應該」等。根據邏輯規則，道德（或價值）關係既然不在科學所研究的諸種關係之內，它就不可能從那些關係中被推導出來；理性、科學只能回答「是什麼」的問題，而不能告訴我們「應該怎樣」的問題。在《人性論》中，休謨指出，幾乎所有的哲學家都忽略了這一點：

　　　　在我所遇到的每一個道德學體系中，我一向注意到，作者在一個時期中是照平常的推理方式進行的，確定了上帝的存在，或是對人事作一番議論；可是突然之間，我卻大吃一驚地發現，我所遇到的不再是命題中通常的「是」與「不是」等連繫詞，而是沒有一個命題不是由一個「應該」或一個「不應

該」聯繫起來的，這個變化雖是不知不覺的，卻是有極其重大的關係的。因為這個應該與不應該既然表示一種新的關係或肯定，所以就必須加以論述和說明；同時對於這種似乎完全不可思議的事情，即這個新關係如何能由完全不同的另外一些關係推出來的，也應該舉出理由加以說明。不過作者們通常既然不是這樣謹慎從事，所以我倒想向讀者們建議要留心提防；而且我相信，這樣一點點的注意就會推翻一切通俗的道德學體系，並使我們看到，惡與德的區別不是單單建立在對象的關係上，也不是僅僅被理性所察知的。❾

也就是說，休謨認為，以往的道德學體系中，普遍存在著一種思想躍遷，即從「是」或「不是」為連繫詞的事實命題，向以「應該」或「不應該」為連繫詞的倫理命題（價值命題）的躍遷，而且這種思想躍遷是不知不覺發生的，既缺乏相應的說明，也缺乏邏輯上的根據和論證。上述這段話便是公認的倫理學或價值論領域「休謨問題」——事實與價值的關係問題的來源。

後來一些哲學家進一步發展了休謨的思想，並冠以所謂「休謨法則」或「休謨律」之名，即倫理（價值）判斷決不能從事實判斷中推導出來。這也即是所謂事實與價值的「二分法」或「二歧鴻溝」。

直覺主義者摩爾在《倫理學原理》中，以其關於「自然主義謬誤」的思想，進一步深化了休謨問題與「休謨法則」的影響。摩爾認為，「善」之類基本概念是單純的、終極的、也不可分析的性質，它是不能定義的；任何「X是善的」形式的判斷都在指稱一個唯一

❾ 休謨：《人性論》下冊，商務印書館1980年版，第509–510頁。原譯文中最後一句漏譯了「僅僅」一詞。

的性質，即善性，當我們稱某物為「善」時，也就是把這種性質歸屬於它。自然主義倫理學把善混同於某種自然物或某些具有善性質的東西，從事實中求「應該」，使「實然」與「應然」混為一體，犯了「自然主義謬誤」。對此，摩爾重申了休謨的觀點：倫理學是關於評價、鑒別行為好壞的理論，科學事實能夠告訴我們實際上人們是如何採取行動的，但卻不能真正解決「什麼是善」和「我應該做什麼」之類問題。還需要說明的是，如果說在休謨那裡，「是」與「應該」的關係問題或事實與價值的關係問題，還只是其倫理學之一部分的話，那麼在摩爾特別是當代後設倫理學家那裡，它卻是被當作整個倫理學（價值論）的主題與中心來論述的。

英國著名科學哲學家波普爾 (K. R. Popper, 1902–1994) 堅持自然法則和規範法則、事實陳述和道德決定的二分對立。他認為「倫理學不是科學」，道德決定是主體的一種態度，而不同的人對同一事實可以持完全不同的態度，例如，對於奴隸制，有人主張廢除，有人主張保留，還有人則無所謂。道德決定僅僅只是主體的主觀決定，不具有客觀性，不可能還原為事實陳述，也不可能由事實中推導出來。

情緒主義者認為，倫理或價值語言不過是主體情緒、情感或態度等的表達，它們既不能通過經驗事實加以證實，也不能從經驗事實中推導出來，是無所謂真假的、沒有意義的偽概念、偽判斷。這樣，情緒主義者通過否認道德或價值的客觀性和有效性，割斷了事實與價值之間的聯繫，從而把事實與價值（道德）對立起來了。更進一步地，情緒主義者從其意義標準即「可證實性原則」出發，把價值（倫理）概念、判斷視為沒有認識意義的偽概念、偽判斷，從而否定了價值（倫理）知識的可能性，把價值論（倫理學）排除在

科學之外，即取消了價值論或倫理學作為科學的可能性。這一步走得確乎比休謨和摩爾遠多了，它不但否認了從前和現在一切倫理學、價值論的科學地位，而且永遠地否決了倫理學、價值論作為一門科學的可能性。

赫爾的倫理學或價值論研究，仍秉承了自摩爾以來為情緒主義者所充分發展了的邏輯與語言分析傳統，也繼承了關於事實與價值的二分對立的觀點。赫爾認為，事實與價值是相脫離的，如果不透徹地對「是」和「應該」兩個方面加以理解，是不可能在道德哲學中有所作為的。在倫理學或價值論中，前述第二條限定性規則是極其重要的，根據這一規則，從事實判斷中是不能推出倫理（價值）判斷的。

於是，「休謨法則」或「休謨律」就被具體化為了一條邏輯推導規則。考慮到赫爾對規定性語言的分類，即既包括一般命令句，也包括倫理（價值）判斷，那麼，如果只從倫理（價值）判斷的角度考慮，上述第二條規則就可以具體化為：

⑶如果一組前提不包含至少一個倫理（價值）判斷，那麼從這組前提中不能有效地推導出倫理（價值）判斷的結論。

也就是說，從任何事實前提是不能推導出價值（或倫理）結論的；從任何「是」判斷中，是不能推導出「應該」判斷作為結論的。

至此，事實與價值關係問題上的「休謨法則」建立起來了，事實與價值二分對立的圖景變得清晰起來。並且這種圖景隨著分析哲學的盛行和所謂哲學的「語言學轉向」，在西方盛極一時，其影響迄今仍根深蒂固。

總之，赫爾的規定主義克服了情緒主義的一些局限，具有更多理性色彩，如赫爾認為，重要的是把「自私的謹慎推理」轉變為一

種不帶偏向的「道德推理」，獲得道德的中立性，才能消除所謂道德分歧；他承認價值語言的描述意義和倫理（價值）判斷的「可普遍化性」，把倫理（價值）推理看成一個理性的邏輯推理過程。他也認為事實與價值不是全然無關，「當我們判斷一個價值問題或試圖決定應當怎麼做的時候，我們就是在兩個或者更多的具體選擇中作出決定，而這些選擇的吸引力如何則依賴於事實」⑩。也就是說，要看這些選擇將導致一些什麼樣的後果，通過作為後果的大量事實來作出決定。赫爾甚至認為，「沒有任何一個堅持事實—價值區分的人會說，你不能在作出道德判斷時這樣運用事實」⑪。

不過，赫爾總的來說是一個堅定的事實與價值的二分論者。他指出：「沒有一個人能從事實前提推出毫不含糊的評價結論，幫助解決一個實際問題。」⑫他宣稱，他所見到的那些認為事實和價值是相互關聯的觀點，以及那些從事實前提推出價值結論的「事實—價值推理」，沒有一個不是糊裡糊塗的。特別是他的兩條限定性規則的流傳與演變，使得事實判斷與倫理（價值）判斷的邏輯鴻溝清晰而徹底地呈現出來，產生了廣泛而深遠的影響。後來，這種由二分對立的語言表達的問題與觀點的廣泛應用，使二分對立的範圍大大地擴展，充分地多樣化了。它遠遠超出了前述思想先驅所主要關注的相對狹窄的倫理學領域，而拓展到一切事實性領域和價值性領域，形成了兩個相對獨立、彼此對立的王國。在一些人心目中，這種二分對立的信念曾發展到非常極端的地步，諸如有人認為，科學家正

---

⑩　麥基編：《思想家——當代哲學的創造者們》，三聯書店1987年版，第222頁。

⑪　同上，第223頁。

⑫　同上，第224頁。

因為是科學家所以不能提供價值選擇、價值判斷；關於價值的探索也決不可能成為一門科學，人文學科或政策學科方面學者的研究成果或意見，並不具有所要求的可信度或「科學性」，等等。

不過，無論如何，事實與價值的關係問題的提出，事實判斷和價值判斷之休謨法則的影響，已經使得如下兩方面的問題變得重要而迫切起來：

一方面，在理論上，如何把握事實與價值的關係，價值判斷的理由與根據何在，如何建立價值科學，成為價值論和倫理學等不容迴避、必須解決的問題。事實、實然世界是傳統的科學和哲學所致力研究的領域，也是人們極為熟悉的領域；而價值、應然世界雖然與我們的生活、實踐、行為等密切相關，但在理論上卻一直是被忽視、討論較少的領域，也是人們較為陌生的領域；因此，價值論、道德哲學的研究首先有必要弄清這兩個領域的關係。由於價值具有鮮明的主體性，它與事實存在著實質性的區別，因此，價值判斷是不能如事實判斷一樣從事實判斷中導出，價值科學並不能如事實科學一樣的方式來建立，這一點是很顯明的。儘管歷史上試圖用自然科學的方法來建構價值科學、或試圖把價值論（倫理學）變成自然科學之一個門類的努力，一直都有人在進行著，並在近代取得過主流的地位。例如，斯賓諾莎 (B. Spinoza, 1632–1677) 曾依照「一切科學的範例」——歐氏幾何的方法，推導、建構其全部倫理學；甚至休謨《人性論》一書的全部標題直接就是：「人性論——在精神科學中採用實驗推理方法的一個嘗試」；等等。然而，眾所周知，這一系列的嘗試都以失敗而告終了。這也從反面警醒人們，價值論（倫理學）研究、價值科學（倫理學）的建立需要有不同於事實科學的方法和途徑。

　　另一方面，在現實實踐中，如何協調好事實和價值的關係，以指導我們的生活和行為，作出最優決策，也是我們一直未能很好解決的問題。這正如瓦托夫斯基(M. W. Wartofsky, 1926–)所說：事實和價值的關係問題，「不單純是一個哲學的疑難問題，它也一直是一個使公眾和個人深感混亂的問題」**⑬**。事實與價值具有很不相同的特徵與功能。科學（自然科學）可以告訴我們關於對象的事實情況，告訴我們「變革」對象的方法；但並不告訴我們是否應該去行動，應該如何去行動。特別是在重大決策中，總是包含著兩類要素：事實要素是我們決策的外在依據，價值因素是我們決策的內在動力和目的，如果不能處理好它們之間的關係，往往將導致嚴重的損失，甚至災難性後果，歷史上並不缺乏這樣的例證。

　　總之，正確解決事實與價值的關係問題，無論對於價值理論（包括後設倫理學和規範倫理學理論）的研究，還是對於人的價值實踐、道德生活，都具有基本而重要的意義**⑭**。

4.1.3　原則的決定：道德推理的前提

　　應該看到的是，赫爾的上述限定性規則更加突出地揭示出來了，在命令句、或者道德（價值）判斷之間，與陳述句、事實判斷之間一樣存在著邏輯聯繫。依照上述規則，可以進行命令句、道德（價值）判斷之間的邏輯推導。對於道德推理的三段論式，如：

　　　　所有殺嬰行為都是錯誤的；

　　　　墮胎是殺嬰行為；

---

⑬　　瓦托夫斯基：《科學思想的概念基礎——科學哲學導論》，求實出版社1982年版，第570頁。

⑭　　參見拙文：〈休謨問題及其意義〉，《哲學研究》，1997 (8)。

所以，殺嬰行為是錯誤的。

其中，大前提是一個普遍的道德原則（U類型判斷），小前提是一種對實際道德情形的事實陳述，而作出的結論是一個指導人們行為的道德判斷，實際上，也就是要作出行為抉擇。

可見，在這裡，作為大前提的普遍的道德原則的選擇與決定，就是道德思維中非常關鍵的問題。它是日常道德生活中人們行為的理由和根據。在1952年出版的《道德語言》中，赫爾在著名的「原則的決定」一節中，著重討論了這個問題。

赫爾指出，如果我不知道應該做什麼的話，我就不能作出抉擇。但是，關於應該做的事情，原則卻並非一成不變地適用於一切場合。例如，「不應該說謊」的原則就總有一些場合並不適用，如果我是為了救某個人的生命而對他說了謊，或是對入侵我們家園的敵人說了謊，顯然這可以視為原則的一個例外。因此，赫爾認為，對道德原則的陳述應該有一定的靈活限度，如可表述為如下形式：「不應該說謊，除非……」。總之，在一個具體情況下不遵守一個道德原則的選擇，本身就是對原則的抉擇，因為作出例外的決定實際上也就是在修正原則。

然而，如何來證明一個道德抉擇是對的呢？或者說根據什麼來判定道德抉擇的合理性呢？赫爾指出，在歷史上，常常有如下兩種觀點：

> 一些倫理學家常說，我們必須根據行為的效果來判定行為是否正當，進而又根據某種原則來決定什麼樣的效果是應當追求的，什麼樣的效果是應當避免的。這正是功利主義的理論，它要求我們注重行為的效果，並按照功利的原則來考察它們，

看什麼樣的效果能最大限度地增加快樂。而另一些倫理學家
（如圖爾敏）則認為，判定一個行為是否正當應直接根據它
所遵循的原則，進而用遵循這種原則所產生的行為效果來判
定這一原則的正確性。這些倫理學家告訴我們應遵循原則，
輕視效果。**⑮**

這些理論的錯誤，不在於它們所強調的那些方面，而在於它們
都排斥了另一個方面。但實際上，我們是用所有這些方式來判定和
選擇行為的。

如果要對任何決定作出儘可能完善的判定，我們就必須既考
慮效果──它給決定以一定的意義，也考慮原則，以及一般
意義上遵循這一原則所引起的結果等等，直到我們最後對自
己的探究感到滿意。**⑯**

通常，從道德原則出發的邏輯推理可以告訴我們一般情況下會
有哪些效果。但是，邏輯推理卻不能告訴我們此時此地、此時此刻
如何行動，因此，我們必須根據相應邏輯推理，看看遵守這些原則
此時此地、此時此刻會有哪些效果，不遵守這些原則此時此地、此
時此刻會有哪些效果，等等，以便在具體情況下決定是否應該遵循
這些原則，或者是否有必要適當修正這些原則。

因此，要對一種抉擇或決定的正當性作出圓滿的判定，就應該

---

⑮ R. M. Hare, *The Language of Morals*, Oxford, Clarendon Press, 1952, p.68.

⑯ Ibid., pp.68–69.

全面、徹底地考察它的效果、它所遵循的原則和遵循這一原則的結果──當然也正是這些結果賦予這些原則以內容。也正因為此，如果有人要我們對一個抉擇或決定作出完善的判定，我們就必須對包括這種決定在內的整個生活方式作一個完善的說明。而這種完善的說明實際上又是不可能給予的。假定我們能夠作出這樣的說明，也許有人仍會繼續追問：「為什麼我也應當像那樣生活呢?」我們無法再給他進一步的回答。可以說，我們已說明了可能說明的一切。我們只能要求他自己作出選擇生活道路的決定，因為每件事最終都取決於這種原則決定。在這種情況下，一個人不得不決定是否接受這種生活方式，如果他接受，我們就可以判定他以這種生活方式為根據作出的選擇是否正常；如果他不接受，那麼就讓他接受其他生活方式，並依照其去生活。赫爾認為，這樣的決定將是最有根據的決定，因為它對有可能成為其根據的一切事情都進行了考慮，並以此作為自己的依據。

只是，這類推理中作為大前提的價值或道德原則是從何而來的，即那種基本的、具有「可普遍化性」和規定性的倫理（價值）判斷是從何而來的呢? 如前所述，赫爾認為，我們每一個人都可以自由地選擇道德原則。他指出，這些原則是我們從小開始，通過教育、環境與適應社會而發展起來的。同時，進行價值判斷就是在作一個原則決定。追問在什麼情況下是否應該做 A，就是在追問在這種情況下，是否願意讓做 A 這件事成為一條普遍的原則。就像康德在論述意志自律時所指出的一樣，我們必須作出自己的原則決定，其他人不能替我們作這樣的決定，除非我們首先決定接受他們的勸告或服從他們的命令。

赫爾認為，這一過程和科學家們根據觀察材料作出判斷的過程

存在一種有趣的類同。也許有人會說，科學觀察一旦作出就成為公共的財產，而道德決定在每種情況下都是當事人自己作出的。不過，赫爾認為，這種差異只是表面的。一個科學家如果不信賴其他科學家所作的觀察，他也就不能成為一個科學家。他只要通過自己所作的一些觀察就能證實這一點。我們在中學學習初等化學的時候，就曾經歷過理論的時期和實踐的時期。在理論時期，我們學習書本知識；在實踐時期，我們做相應的實驗。我們發現，如果順利，那麼實驗的結果和書本知識總是相符的。這告訴我們，書本知識並非完全是胡說八道。因此，即使由於我們忽視了某些因素，從而發現實驗結果與書本知識不符時，我們仍會傾向於相信書本，並認為是我們自己弄錯了。這一假設通過我們後來不斷地發現錯誤之所在而得到證實。相反，如果一個人無論如何仔細地做實驗，觀察到的總和教科書不符，我們就不會被誘導去把科學研究作為自己的職業。所以，科學家對其他人觀察的信任最終要以另一些東西為基礎，即以他自己對可信的事物的觀察和判斷為基礎，他最終還是要依賴他自己。

　　同樣，作出一個道德決定的情況與此沒有區別。從兒時起，我們就接受了一些基本的道德原則，如果我們按照著去做，產生的總體效果總讓我們後悔，那麼我們就應尋求更好的原則。如果結果證明是好的，一般來說，我們就會繼續接受並遵從這種原則。這發生在每一個有良好教養的兒童的身上。

　　　科學家不會去重寫教科書，他把上面的內容視為當然的，而只是去堅持自己特定的研究。所以幸運的兒童從整體上接受長輩的原則，而在一些細節上加以調整。通過他自己的決定

去隨時適應他自己的環境。這就是一種良好的社會道德能保持穩定，同時又要根據變化的環境加以調整的理由。**⑰**

　　最後，這裡也須提醒人們，「我應該怎樣教育自己的孩子?」這個問題，是應該給予高度重視的一個問題。因為它關係到孩子們將接受什麼樣的道德原則，從而在道德上如何推理、如何思考、如何行動，以至在道德上成為什麼樣的人的問題。

4.2　道德論證的四要素

　　在《道德語言》中，赫爾說明了通過研究道德語言，以消除倫理學中的「理論混亂」與「實際困惑」的必要性。在《自由與理性》中，他進一步把對道德問題的研究視作一種「理性活動」，並認為，研究倫理學概念是解決道德語言或道德意見的自由與理性之間的二律背反的關鍵。只有解決好這一問題，才可能獲得正確的道德推理、道德論證和結論。

　　在《道德思維》中，赫爾認為，一個完整的道德理論系統一方面依賴邏輯因素，另一方面依賴經驗因素；或者說，一方面與規範倫理學相關，另一方面與後設倫理學相關。只有這兩個方面有機結合在一起，才能使道德思維更好（更合乎理性）一些，從而得出適當的結論。

　　更具體地，在《自由與理性》中，赫爾提出了著名的四重式道德論證法。對之，我們可以概述如下。

---

⑰　Ibid., pp.71–72.

4.2.1　規定性和可普遍化性所提供的邏輯框架

在非描述主義倫理學陣營中，赫爾自稱是與情緒主義迥然不同的「理性主義者」。這主要體現在他特別重視道德研究的「理性」與「邏輯」。

既然道德問題的研究是一種理性活動，那麼，道德哲學的主要目的之一就在於引導人們理性地思考和解決道德問題。依赫爾所見，道德哲學的思維方法包括兩個方面或兩個步驟：第一是對道德詞的意義的理解；第二是合理地說明這些詞的邏輯屬性❶。通過對於道德語言、語詞的邏輯研究，以弄清道德思維的邏輯結構。

赫爾明確宣稱：「我的希望是通過對道德詞 (moral words) 的探究，我們將可以產生出支配我們道德思維的邏輯規則。」❶ 那麼，支配道德思維的邏輯規則是什麼呢？

赫爾認為，道德思維的邏輯規則產生於我們對道德詞的邏輯屬性的確認。通過對道德語言的邏輯分析（參見第二章、第三章），赫爾認為，道德判斷的形式特徵就是它的規定性和可普遍化性。道德推理與道德判斷相聯繫，如同後者具有規定性和可普遍化性一樣，道德推理的規則也具有這兩種特徵。赫爾指出：「基本說來，道德推理的規則有二，它們與道德判斷的兩個特徵相對應，這兩個特徵便是……規定性和可普遍化性。」❷ 這兩種性質加在一起就可以為道

---

❶　參見 R. M. Hare, *Moral Thinking: Its Levels, Methods and Point*, Oxford, Clarendon Press, and New York, Oxford University Press, 1981, p.4。這種對於道德哲學的研究，被視為哲學邏輯的一個分支。

❶　Ibid., p.21.

❷　R. M. Hare, *Freedom and Reason*, Oxford, Clarendon Press, 1963, p.

德哲學提供一種邏輯。

> 第一種是哲學家稱作「可普遍化性」的性質。這大致是說，
> 我的關於某一事件的任何道德判斷，也必然適用於其他恰好
> 相似的事件。第二種性質叫作「規定性」。這意味著，中心道
> 德判斷（這當然是相對於其他不具備這種性質的、不居中心
> 的道德判斷而言的）將對我們的行動產生影響。如果我們相
> 信這種道德判斷，那我們就會盡力按照它們行動。總之，我
> 是說，這兩種規範性質本身就足以產生出真正有助於道德爭
> 論的邏輯。㉑

赫爾認為，在我決定做什麼時，我就是在尋找一種我可以致力
去做的行為；也就是說，我在尋找在這種具體情境中我可以接受的
一個規定。不過，如果我真正進行道德論證，就不僅應該考慮到當
時情境中的自我，也要考慮一些別的東西。也就是說，我必須自問，
是否我所致力的行為本身是一條道德原則的範例；而這條道德原則
可以作為一切處在類似情況下的人們的規定。這也就是赫爾的可普
遍化原則。

赫爾認為，道德論證要依據上面所說的規定性和可普遍化性這
兩個邏輯原則。在我決定做什麼的具體境遇裡，我便致力於尋求我
可以接受的規定，同時又要詢問，這一規定能否作為一切處於相同
或相似境遇下的人的規定，即它能否普遍化。那麼這種純形式的邏

89.

㉑　麥基編：《思想家——當代哲學的創造者們》，三聯書店1987年版，第
230–231頁。譯文中「可普遍化性」一詞，原譯為「普遍適用性」。

輯命題又有什麼實際的作用呢？如何能幫助人選擇、指導人的行動
呢？在赫爾看來，這種純形式的命題是道德論證最重要的原則，也
是道德論證法的邏輯基礎，缺乏這種邏輯基礎，任何道德論證和推
理都不是有效的。

　　例如，在3.2.2中所舉的借債人和債權人的事例中，所運用的道
德論證法為我們提供了一個典型範例。例如B說，「A欠我的錢不還
就應當把他關進監獄」，這是一個規定判斷，B必須用其來指導自己
的行動；但這個判斷必須普遍化，從中推出「任何人都應當把借錢
不還的人關進監獄」。 這一判斷不僅是一個可普遍化性的判斷，同
時也是一個規定性的判斷，即B承認另外的人也要用這一判斷來指
導自己的行動，如果B欠C的錢不還，那麼B也贊同「C應當把自己
關進監獄」這一規定判斷。保證這一推理有效性的是規定性和可普
遍化性的邏輯要求，也就是說，如果缺乏規定性和可普遍化性，這
個道德推論便不能成立。因為如果沒有規定性，「C應當把我關進監
獄」就推不出一個命令，或者說「C應當把我關進監獄」，到「讓C
把我關進監獄」之間的邏輯推導過程就不是有效的，因而不可能用
這一判斷來指導自己的行動。如果缺乏可普遍化性，那麼B就會只
同意他應當把A關進監獄，同時不贊同C應當把他關進監獄，並且能
給出許多充分的理由。由於道德判斷是可普遍化的，B便不能說「應
當把A關進監獄」，同時又不贊同C「應當把自己關進監獄」。這便是
道德詞「應該」為道德論證提供的邏輯框架。赫爾甚至認為，這種
邏輯與波普爾的科學方法論極其相似，具有類似於科學論證一樣的
說服力。

　　但是，道德詞的規定性和可普遍化性還不能完全解決道德爭
論。因為在這種純形式的邏輯框架裡，B可以說，「如果A欠我的錢

不還，我應當把A關進監獄；如果我欠C的錢不還，我也同意讓C把我關進監獄」。在這種情況下，B仍然堅持認為他現在應當把A關進監獄，納粹分子同樣也可以這樣為自己把猶太人關進集中營尋找理由。儘管赫爾把這樣的人稱為狂熱分子，但他們沒有犯邏輯錯誤，沒有在邏輯上自相矛盾。為了解決這個困難，赫爾提出了四重式道德論證法的另外三個要素，即事實、意向（利益）和想像。

4.2.2 事實在道德論證中的作用

赫爾認為，事實在道德推理和論證過程中具有重要地位。他寫道：「如果我問：『我應該參軍嗎?』首先要搞清楚的，正如我所說過的，是『應該』意味著什麼。但這是不夠的。我不得不搞清楚我們問的是什麼；這裡另一個重要的部分就是弄清「參軍」意指什麼。」[22]也就是說，道德推理和論證不可避免地要訴諸於事實 (facts)。這是因為，在道德推理和論證過程中，我們始終能詢問道德判斷的理由，這個理由便是道德判斷的描述意義，或說支持道德判斷的事實根據。例如：

應該禁止出售色情作品。

為什麼?

因為出售這些作品會導致性犯罪增加。

在這裡，對「應該禁止出售色情作品」這一道德判斷給出的理由是或真或假的事實陳述。如果我們對上述道德思維過程加以提煉，那麼很容易發現，以上這一道德推理的三段論形式是：

凡是會導致性犯罪的作品都不應當出售；

---

[22] R. M. Hare, "The Structure of Ethics and Morals", *Essays in Ethical Theory*, Oxford, Clarendon Press, 1989, p.181.

　　色情作品導致性犯罪增加；

　　所以，不應該出售色情作品。

這實際上是赫爾關於道德推理規則的應用。其中，大前提是一個普遍的道德原則，小前提是一個事實陳述，而結論是一個特殊性的道德判斷。

　　在這種道德推理中，事實或事實判斷無論如何是不可缺少的。在上例中，畢竟要涉及到許多關於色情作品的事實陳述，例如，誰創作、印刷、銷售、閱讀了這些色情作品，有多少這類色情作品，其價格是多少，已經銷售了多少，造成了一些什麼壞的影響和結果，等等；也要涉及到許多關於色情作品是如何導致性犯罪增加的事實。當然這些事實是選擇的與譴責它相關的事實，而不是其他的相關事實。

　　在赫爾看來，道德判斷與事實有關，因為道德判斷是關於某事或某個行為的判斷，事實則決定我們判斷的對象，通過事實我們才知道人們將做什麼。

　　　　在作道德判斷時，我們是因為行為或個人具有一些令他們成
　　　　為對或錯、好或壞的性質，而去贊許他們；因此，不去確定
　　　　他們事實上是否具有這些性質而作出判斷，明顯地是不合乎
　　　　理性的。㉓

　　　　當我們判斷一個價值問題或試圖決定應當怎麼做的時候，我
　　　　們就是在兩個或者更多的具體選擇中作出決定，而這些選擇

───────────────

㉓　R. M. Hare, *Moral Thinking: Its Levels, Methods and Point*, Oxford, Clarendon Press, and New York, Oxford University Press, 1981, p.88.

的吸引力如何則依賴於事實。❷

　　在一個具體的境遇裡，例如面對一個殺人兇犯時，人們可在「你不應當說謊」這一道德原則與對殺人兇犯說謊之間選擇，但只要你尊重事實，詳細描述這種具體的境遇，如果能對說謊給出充分的理由，那麼說謊就是正當的。赫爾在《道德思維》中進一步指出，道德詞的可普遍化性要求我們為著理性，對事實包括其他人的愛好的事實作出評價，沒有事實，我們的道德判斷便是非理性的。因此，理性地思考道德問題，回答「我將做什麼」的問題，除了邏輯之外，事實也是一個必要條件。

　　赫爾指出，在許多場合，如果參與爭論的人對問題涉及到的相關事實取得一致意見，常常道德爭論便結束了。在某些情況下，如果發現有若干相關的事實，我們最初作出道德判斷時未曾加以考慮，我們就可以修正我們的道德判斷。例如，一個朋友與你約好一同去城裡買東西，如果他未準時到達，於是你可以指責他。你的理由是：「他答應10時到這裡，可過了20分鐘還未來。他應該守時。不守時是不良品質。」不過，你還是決定多等幾分鐘。最後，你的朋友匆匆忙忙跑來了，氣喘吁吁地向你解釋說：「我的汽車在路上拋錨了。我費了很長時間才找到一家汽車行去修理。對不起，我來得太遲了。」雖然這時你也許仍然不高興，但你大概總會收回你一開始對他未能準時到達的譴責。因為他的汽車拋錨了，他沒有別的辦法。在大多數情況下，你會承認這一事實足以使他的遲到得到原諒，這一事實就是你修改原來道德判斷的一個理由。

---

❷　麥基編：《思想家——當代哲學的創造者們》，三聯書店1987年版，第220頁。

赫爾特別強調，他所說的事實不同於我們的情緒或意向的事實，因為後者是直覺主義和主觀主義的，它只把道德判斷看作是同意或不同意的情緒表達或陳述。而前者是道德判斷的理由，它是一個或一些描述（或事實）判斷，描述（或事實）判斷沒有道德的屬性，因此以它為根據的道德判斷才合乎理性。當然，這僅僅是說描述（或事實）判斷是道德判斷的理由，並非意味著道德判斷能從事實判斷中推出來。在許多情況下，僅僅只知道關於道德問題的事實是很不夠的。自然主義者以一種很直接的方式將事實與道德決定聯繫起來，在他們那裡，道德語言意指某種事實性的東西，道德概念可以用事實來加以定義，道德判斷可以直接從事實判斷推導出來。赫爾認為，這顯然是成問題的。事實判斷的作用僅僅只是：根據一個道德原則，再加上事實判斷，才能推出一個道德判斷。在道德推論中，事實判斷不可缺少，但缺乏一個道德原則，諸如「無論什麼會導致性犯罪的作品都不應當出售」，就不能推出具體的道德判斷，如「色情作品不應當出售」。

4.2.3　意向和利益在道德論證中的作用

除了邏輯與事實之外，道德論證還必須訴諸於人的意向 (incli-nation)和利益(interest)❷。只有參與爭論的人的意向和利益相同或近似，許多困難的道德爭論才可能獲得圓滿解決。

赫爾認為，價值判斷的可普遍化能力，有兩個與意向和利益有關的邏輯推論。

首先，我們可以用意向來檢驗一個普遍化的規定。例如在上面

---

❷　赫爾認為，意向和利益是不等同的。一個人可能有其利益，但卻可能沒有意向。

所說的債權人和借債人的事例裡,當 B 把自己的道德判斷普遍化後,
必然會得出這樣的結論,即如果自己欠了C的錢不還,那麼C就應當
把他關進監獄,推論到這一步,B就會不贊同「應當把A關進監獄」
的道德判斷。那麼B不贊同這一道德判斷的原因何在呢? 赫爾認為,
這是因為道德判斷普遍化的結論與B的願望或意向相反,任何人(包
括 B) 都不情願被關進監獄,痛苦地熬度鐵窗生活。因此,在可普
遍化性的邏輯結構裡,由於 B 訴諸於自己的意向,他便不贊同「應
當把A關進監獄」這一道德判斷。可普遍化與訴諸意向一起,成為
「己所不欲,勿施於人」這一道德「黃金律」的邏輯基礎。

　　儘管赫爾自稱是探討後設倫理學的,但赫爾毫不遲疑地把他對
這些道德爭論的看法建立在如下的一個假定上: 人們的意向大致相
同。赫爾假定,想遭受可以避免的痛苦或不幸的人即使有,也是極
少數。因此,赫爾認為,「關於生活中人部分重要事情,人們的意向
往往是一致的 (例如,極少有人喜歡餓死,或被汽車軋)……」❷ ,
顯然,赫爾關於人的意向的假定可算最少了,而且很可能是正確的。

　　其次, 在對上例的分析中,B和A的意向是相同的,兩個人都不
願意被關進監獄。但在現實生活中,許多人的意向不同,從而導致
人們的利益之間的相互衝突。赫爾認為,對於利益相互衝突的人來
說, 例如,法官和罪犯的關係,就不應該運用上面債權人和借債人
的例子所使用的推論,否則便不能解決道德衝突。因為,罪犯可以
對法官說,「確實,你應當把我關進監獄,但如果你是像我一樣的罪
犯的話,你會認為自己不應當被關進監獄,因此你不應當把我關進
監獄」。 誠然,法官稱罪犯都有不想進監獄的願望,但只訴諸於人
的意向來推論,便會得出荒謬的結論。赫爾為解決這種困難提出了

---

❷　R. M. Hare, *Freedom and Reason*,Oxford, Clarendon Press, 1963, p.97.

兩種理由。第一，法官的職責是維護社會正義，因此對他來說，看到正義實現的願望比不想進監獄的願望更為強烈，因此他願意普遍規定「罪犯應當被關進監獄」這一判斷，即使他自己成為罪犯，他也應當這樣行動。第二，罪犯的行為可能導致不尊重他人利益的結果，所以法官的決定涉及許多人的利益，也要影響公眾的利益。法官既然由公眾任命，其職責是維護法律的尊嚴，保護公眾利益，所以他懲罰罪犯是正當的。因此，訴諸於人的意向和利益，在可普遍化框架內，法官在上述情況下就應該把罪犯送進監獄。

當然，在道德論證過程中，一個人可能僅僅關注某種理想的意向與利益，而不關心他人的意向與利益。而赫爾認為，道德也許應該分為兩個部分，一部分是針對一致性的實踐的，即關於「應該」和「正當」領域的；另一部分是針對多樣化的理想的，即關於「好」或「善」的領域的。

4.2.4　想像在道德論證中的作用

最後，四重式道德論證法還要訴諸於人的想像 (imagination)。在赫爾看來，人們依靠實踐能夠養成同情和想像的能力，從而能夠想像自己若是他人情況會怎樣。實際上，前面我們所討論的一些實例中，例如關於借債、法官、法西斯納粹的討論中，都已經涉及到了人的想像。

赫爾認為，普遍規定主義的道德推理理論與科學研究的假說演繹法極其相似。就如同波普爾在《科學發現的邏輯》中所做的一樣，都是一種以「猜測和反駁為手段來解決問題的模式」。一般地，科學研究的假說演繹法可分為如下幾個步驟：首先，為解決問題提出假說或試驗性理論，其次，聯繫一些初始條件作出一些預言，再次，

通過觀察或實踐中的運用，對這些預言加以檢驗，如果觀察和實驗的結果與假說一致，假說便得到某種程度的確證；如果觀察和實驗的結果與假說不一致，假說便被證偽。而只有通過檢驗和證偽，才能選擇出比較可取的假說來。

在赫爾看來，道德推理的邏輯結構也是如此，他提出了一種角色互換的假設情況(reversed hypothetical case)。按照這種方法，首先必須尋找到一種假說（道德原則），再加上一些初始條件（如各種具體道德情形），然後想像自己處身於受判斷約束（或指令）的人的地位上，從而推導出經驗上可檢驗的道德預言，通過對這些道德預言的確證和證偽（即看自己能否接受這些預言性判斷），便能確證和證偽最初提出的假說。例如：

假說：所有借債人都應當被關進監獄，

初始條件：我是借債人，

預言：我應當被關進監獄。

在這一推理中，債權人由於訴諸於自己的意向和利益，不贊同這一預言，因而就拒絕承認這一假說。而假設的道德原則由於得出的特殊的道德結論不被接受，根據相應的邏輯規則和推理格式，也因此被否定或證偽。

當然，也許有人會指出，道德推理的方法與科學推理的方法有一個重要的不同之處。科學推理依據的是通過觀察得到的陳述句，並用單稱的事實陳述來證偽理論的假說。道德推理依據的則是假設，並用諸如「讓C把我關進監獄」這樣的單稱道德判斷（規定句）來證明道德原則的假說。由於對B來說，要他完全處於與A相同的境遇，或者完全變成A，這在經驗中是不太可能的事情，而只是一種邏輯上的可能性，因而只是一種假設。假設的情況並非是真實的，因此，

不一定要如同對待真實的情況一樣，同等地對待假設的情況。

　　對此，赫爾答覆說，這涉及到「存在」是否是一種「性質」這一形而上問題。儘管如此，無論如何，這一說法也是不能接受的。如果我們說：「他應該做這件事」，但又說：「無人處在他那種情況下應該做這件事。」對之給出的理由是，前者是真實的情況，而後者是假設的情況，那麼，就會造成一種邏輯上不可理解的情況。

　　赫爾指出，正因為是在一種假設的情況下，因此必須發揮自己的想像力，想像自己若是他人情況會是怎樣，如種族主義者想像自己若是有色人種情況會是怎樣，納粹分子想像自己若是猶太人情況會是怎樣……等等，這樣，他們便會預見到接受或者拒絕他使用的道德原則的後果，看一看自己能否接受它們，從而作出自己的道德抉擇。倘若一個人缺乏想像力，便不能想像這種道德情境中邏輯上的可能性，如納粹分子便不能想像自己處於與猶太人相同的境遇，這樣，他就不可能普遍規定自己作出的道德判斷。可見，訴諸於想像在道德論證過程中具有重要作用，也正是在這種意義上，赫爾把道德思考說成是「探險」。

　　當然，在道德思維這一尋找道德原則、並試圖證實或證偽它的過程中，有兩點是值得我們特別注意的。在想像中，我們是否把一個道德判斷接受為一個普遍規定性的道德原則，主要在於「看看是否我們能夠接受它們」❷ 這一「事實」。那麼，赫爾認為，首先，這裡的假設性的「事實」，並不破壞道德推理與科學推理之間的類比關係。一個假設的相似情形仍然是相似的。其次，「看看是否我們能夠接受它們」之中的「能夠」，並不是邏輯意義上的「能夠」，同樣，「不能夠」也不是邏輯意義上的「不能夠」。邏輯當然是我們進

---

❷　Ibid., p.92.

行道德論證的基礎，沒有邏輯（可普遍化性和規定性），我們不可能達到結論。但這裡的「能夠」或「不能夠」，主要依靠如下一種偶然性事實：當我們想像處在其他人的道德情境中，將採取一種邏輯上可能的什麼觀點，如理想主義的或狂熱的觀點。

4.2.5　四重式道德論證法的作用

綜上所述，赫爾所說的四重式道德論證法的諸要素可以概括如下：⑴有一種你所主張的普遍規定嗎？⑵事實是這樣的嗎？⑶假設人的利益和意向不變，你願意別人像你對待別人那樣對待你自己嗎？⑷現在想像一下你處在他人的地位時應該怎麼辦。通過這樣四個步驟，我們就可以對一個道德判斷的合理性加以論證。

當我們面臨利害衝突而又不涉及到理想時，赫爾的這種論證方法，正如賓克萊所指出的，是最有作用的。在赫爾看來，道德語言的邏輯屬性訴諸於事實、意向、利益和想像，就能解決大部分道德分歧和爭論。但是，赫爾又承認，並非一切道德問題都可以用四重式道德論證法去解決，特別涉及人類理想的衝突時，四重式道德論證法沒有多大的作用，因為「道德語言在理想之間是『中性的』」❷。

在實際應用其道德論證原則時，赫爾說自己是一個自由主義者，並毫不猶豫地稱自己的理想是自由主義的理想。在運用普遍規定主義不能解決實際的道德爭論時，他就越出後設倫理學的界限，提出一種「寬容」的原則。所謂「寬容」原則，用赫爾的話來說便是「他尊重別人的理想一如尊重自己的理想……他認為，僅因為其他人的理想與自己的理想不同，便阻止別人對理想的追求是錯誤

---

❷　Ibid., p.154.

的」**㉙**。在赫爾看來，理想和生活方式是多樣化的，全憑自己自由選擇。只要理想不涉及人的利益的衝突，只要理想符合道德語言的邏輯規則，即符合規定性和可普遍化性，在邏輯上前後一致，不自相矛盾，那麼這種理想便具有「好」或「應當」的性質。例如禁欲主義者和享樂主義者，只要他們的利益不相互衝突，他們各自選擇的生活理想便是合理正當的。道德語言的邏輯在這方面的唯一作用是，一個人選擇自己的生活理想時，必須加上一定程度的邏輯限制，使人在確認自己生活理想時不可蠻橫地對待旁人的利益、願望和理想。也就是說，當自己和他人的理想出現衝突時，也要同等地對待他人的利益、願望和理想。

　　但在現實生活中，所出現的大量事實並非是理想之間的衝突，而是理想和利益的衝突，或者是理想衝突涉及利益的衝突。在這種情況下，我們如何運用赫爾的寬容原則呢？赫爾認為，寬容原則有一個界限，自由主義者應當尊重別人的理想，但「不意味著他贊同這些理想……這也不是說他對自己的理想缺乏信心。……他將支持任何人追求他自己的理想和利益，除了他們的追求妨礙其他人對自己的理想和利益的追求這種情況之外」**㉚**。也就是說，寬容原則容許和鼓勵每個人追求自己的理想，但其限度是：「對我們自己的理想的這種追求不容許傷害其他人的理想或利益」**㉛**。

　　赫爾認為，一旦發生理想和利益之間的衝突，我們仍然可以運用普遍規定主義的邏輯規則加以論證。例如，在赫爾看來，第二次

㉙　Ibid., p.178.

㉚　Ibid., p.178.

㉛　R. M. Hare," Ethical Theory and Utilitarianism", *Essays in Ethical Theory*, Oxford, Clarendon Press, 1989, p.220.

世界大戰的主要原因是自由民主主義與納粹主義的理想衝突，這種衝突涉及利益衝突。由於納粹分子無視大多數人的理想和利益，我們便可以運用道德語言的邏輯規則與他辯論。如果納粹分子說「應當把猶太人關進集中營」，我們便能盡力使他們承認，他所表達的是一個普遍規定判斷；凡具有猶太人特徵的人，都應當被關進集中營。這個普遍規定判斷蘊涵「如果納粹分子本人是猶太人，也應當被關進集中營」。我們可以利用許多事實，欺騙納粹分子相信他父母是純種猶太人，那麼，如果納粹分子是一個普遍規定主義者，若他既贊同「應當把全部猶太人關進集中營」，又拒絕贊同「應當把自己關進集中營」，他就會犯邏輯錯誤；如果納粹分子既贊同這一普遍規定判斷，又贊同這一單稱規定判斷，這也是不可能的。因為納粹分子是一個人，人的最大願望是保存自己的生存，反對自己生存的願望在經驗中是不大可能的（赫爾有一個基本假定，即人的基本意向是一致的）。

　　當然，在邏輯上有這麼一種可能性，即赫爾所謂的「古怪的願望」：一個人可能不顧任何意向和利益，連自己的意向與利益都不顧，仍然堅持要那樣做（盼望餓死、被剝奪自由、被殺等）。例如，納粹分子認為，所有猶太人都應該滅絕。那麼，如果一個納粹分子是一個猶太人，他自己就應該被滅絕。於是，赫爾設想了一個辦法：我們就欺騙這個納粹分子說，我們有事實根據，證明他現在的父母其實是他的養父母，他自己的真實父母是兩位純粹的猶太人。我們向他出示出生證，並向他提供別的必要的證據，證明他自己確實是一個猶太人。我們又拿出證據，證明他的妻子也是純粹的猶太人。那麼，他會是一種什麼樣的反應呢？

他是不是竟可以說——他按道理能說——「那麼好了，把我和全家人送到布亨瓦爾特吧！」然後我們且設想對他說：「這不過是騙你；我們拿出的證據是偽造的。可是現在你既已真正面對了這種可能情況，關於滅絕猶太人你依舊和往常一樣想法嗎？」**㉜**

　　如果這位納粹分子要反對自己生存的意向，在關係其生命的意向與利益上始終頑固堅持自己的理想，堅持始終一樣的觀點，即「如果我是猶太人，我也應當被關進集中營」，那麼，在赫爾看來，在這個意義上，納粹分子仍然是一個普遍規定主義者，他在邏輯上沒有自相矛盾和前後不一致，但這樣的人是沒有理性的「道德狂熱分子」。對於「道德狂熱分子」來說，道德論證的邏輯規則無甚作用，因而不能對他們使用「道德」一詞。這便是赫爾為倫理學的應用範圍規定的界限。

　　不過，赫爾堅持認為，這種沒有理性的「道德狂熱分子」在世界上是很少的，即使是納粹分子，如果他真正把自己想像為猶太人，仍贊同「應當把猶太人關進集中營」，這種納粹分子也是極少的。因為赫爾堅信一個基本的假定：「關於生活中大部分重要事情，人們的意向往往是一樣的（例如，極少有人喜歡餓死，或被汽車軋死）……」**㉝**，人不可能在自己的理想違反自己的願望和利益時，仍然堅持那樣的理想，納粹分子不可能在自己的理想違反自己的生存願

㉜ R. M. Hare, *Freedom and Reason*, Oxford, Clarendon Press, 1963, p.171. 布亨瓦爾特是納粹法西斯於 1934–1935 年在德國設立的集中營。

㉝ Ibid., p.97.

望時，仍然堅持納粹主義理想。因此，「道德概念的邏輯能使我們大多數人接受我們與另外的人共同生活的道德原則」❸。從這點可以看出，赫爾的倫理學理論是樂觀主義的。——順便要指出的是，赫爾這種關於意向的一致上的樂觀主義，也解決了另一個難題，即對於他人的壞的願望，我們也要同等地對待。因為畢竟這是普遍化原則所要求的，而且，畢竟壞的「古怪的願望」即使有，也是很少很少的。

　　前已說明，道德語言的規定性是為了揭示人的自由，道德判斷的可普遍化性則是為了解決如何用理性方式來行使人的道德自由。赫爾認為，規定性要求我們最終選擇自己的道德判斷和道德原則，但人的選擇自由必須是合乎理性的行動，而合乎理性的行動又要訴諸於可普遍化性的邏輯和事實。可普遍化性的邏輯要求我們把自己選擇的道德原則運用於一切假想的境遇，要求把這些假想的境遇等同於實際的境遇，同時考慮事實、人的意向、利益和愛好等。這樣，在假想的境遇裡，一切人的利益和愛好都獲得相同的價值，也就是說，道德思考者必須平等地對待一切人的愛好和利益。這便是赫爾所說的理性的行動。理性的發揮必然要減弱我們的自由，從而限制我們的自由，要求我們調整自己的利益和愛好，以符合由理性的限制所產生的無偏無倚的愛好和利益，個人利益因而也轉化為公共利益。因此，理性的選擇是「運用道德判斷的可普遍化性表明，如果我們道德地思考，我們必須像尊重自己的愛好那樣尊重其他人的愛好」❸。理性給予我們自由，但要求我們同樣尊重其他人的自由。

---

❸　Ibid., p.198.

❸　R. M. Hare, *Moral Thinking: Its Levels, Methods and Point*, Oxford, Clarendon Press, and New York, Oxford University Press, 1981, p.86.

顯然，赫爾的這一倫理學理論的結論中，已包含平等主義和功利主義的內涵。

此外，正如賓克萊所指出的，赫爾的四重式道德論證法至少在如下一點上，也是極其重要的：「假如充分注意赫爾講的所有這四種因素，我們的道德辯論有不少便可以敘述得比較清楚一些。」❸這一評價無疑也是十分中肯的。

總之，赫爾從其後設倫理學立場出發，堅持認為，在人們的利益和意向一致的前提下，四重式道德論證法是能夠解決人們的道德爭端的；但是，當涉及人們之間重大的理想衝突時，這種四重式道德論證法雖然不能解決衝突，但也有助於人們之間的相互理解和溝通，而且，如果附加上一些其他條件，仍然有可能解決問題。當然，假設有些狂熱分子並不同意道德辯論，頑固地執行自己的信念而又損害他人的利益，這就超出了道德討論的範圍，只有訴諸武力之類了。

4.3　道德思維的直覺層次和批判層次

如前所述，合理的道德思維(moral thinking)必須遵循建立在對道德詞和道德判斷的兩種特徵——規定性和可普遍化性——之上的邏輯規則。依據這種邏輯規則，赫爾在《道德思維》中指出，人類道德思維的發展已經顯示出兩個層次❸：即直覺層次 (the intuitive level)和批判層次(the critical level)，或者說層次I和層次II。

---

❸　L. J. Binkley, *Conflict of Ideals — Changing Values in Western Society*, Van Nostrand Peinhold Company, New York, 1969, p.305.

❸　赫爾這裡的「層次」(level)一詞，也許說是「種類」(kinds)更恰當些。

　　赫爾認為，關於道德思維的直覺層次和批判層次的區分，早在古希臘哲學家柏拉圖和亞里士多德那裡已有萌芽。例如，柏拉圖對「知識」與「正確意見」的區分，亞里士多德對「正當動機」和「實踐智慧」、「性格美德」與「理智美德」等的區分，都顯示出道德思維的兩個層次。而且，在這裡，赫爾的直覺層次和批判層次的區分，實際上近似於康德的所謂經驗直覺和理性批判。但這種區分近來一直為人們所忽略了，從而產生了許多不必要的混亂。

　　準確地說，在道德思維的這兩個層次之上，赫爾覺得還應加上第三個層次，即後設倫理學的層次。他指出：「我必須在這兩個層次上再補加上第三個層次：即後設倫理學的層次，當我們討論道德詞的意義和道德推理的邏輯時，我們就處於這個層次。」⑱在這個層次中，主要討論道德語詞的意義和道德推理的邏輯，它的目標不是尋求道德實體性基礎，而是從道德語言、語詞等的邏輯分析中，找到解決道德問題的邏輯方法和規則。這一層次我們在前面已經作過討論了。

　　但道德思維的直覺層次和批判層次與後設倫理學層次是不同的。與後設倫理學的層次相比較，道德「思維的直覺層次與批判層次都是研究道德實體問題的」⑲，它們關注的是實質性的道德問題，是在不同的道德情形中，在不同的道德目的下，以不同方式思考道德問題。也就是說，它們屬於規範倫理學的層次，討論的是規範倫理學問題。

---

⑱　R. M. Hare, *Moral Thinking: Its Levels, Methods and Point*, Oxford, Clarendon Press, and New York, Oxford University Press, 1981, pp.25–26.

⑲　Ibid., p.26.

4.3.1　道德思維的直覺層次

赫爾認為，道德思維的直覺層次是一種低層次的道德思維。通過討論道德衝突問題，赫爾對道德思維的直覺層次加以了闡述。

赫爾指出，直覺的道德思維層次也就是倫理學上的直覺主義，即一種道德判斷由直覺確認為無可非議的觀點。道德直覺與那種「自明的原則」(prima facie principle)是息息相關的，這些「自明的」道德原則、道德義務是人們的教養和過去作出決定的經驗的產物，它是無法自我證明的。

赫爾首先堅持，道德思維的直覺層次在人類道德思維中是客觀存在的，也有其自身的獨特作用。當面對一個道德問題時，我們大多是根據我們的利益、傾向、思維習慣、道德直覺而作出決定的。

> 直覺是很重要的，但它們不是唯一的東西。它們的重要在於，對於大部分道德難題，我們沒時間去思考，而有時思考是危險的，正如哈姆雷特所發現的那樣。……我們曾受過教育，那就是說，帶有一種什麼是對和什麼是錯的直觀感覺；我們受到這種教育是非常可貴的。如果我們沒有被教給那種方式，我們的行為舉止就會糟得多。所以，我當然贊成直覺。❹

在現實生活中，我們常常處於相互矛盾、相互衝突的道德境況之中。赫爾認為，在此情形下，道德直覺是遠遠不能幫助我們解決道德衝突的。例如，當我已經答應了自己的孩子，某一天帶他去郊

---

❹　麥基編:《思想家——當代哲學的創造者們》，三聯書店1987年版，第227頁。

遊；可是這天正好來了一位國外的朋友，希望我領他在牛津大學校園內轉一轉；這時，這兩件事都是我應該做的，於是我便置身於兩種相互衝突的道德義務之中。由於這兩種情形都符合一定的道德原則，因而道德直覺是很難幫助我解決這一衝突的。赫爾指出：

> 道德思維的直覺層次當然存在，而且（從人的角度來說），它是整個思維結構中必不可少的一個部分；但是，儘管我們很好地具備了這些相對簡單的、最初的直覺原則和氣質，我們也必然會發現自己處於一種相互衝突的境況之中，因此，就要求我們有某種別的非直覺的思維來解決這種衝突。❹

一般說來，在道德思維的直覺層次上，我們有兩種方法可以用來消解道德衝突。一種是將通過道德直覺所獲得的「自明的原則」排成序列，當遇到兩個道德原則相互衝突時，便棄低就高，按序列較高的原則行事。例如，「禁止殺人」和「禁止說謊」是一序列中的兩個道德原則，前者處於較高序列，因而在不能同時遵守兩個原則時，便寧願說謊也不願殺人。另一種方法是不斷修正遇到衝突的道德原則，增加附加條件，使其能和特定的現實道德情況相適應，從而減少發生道德衝突的情況。例如對於上例來說，就可將「禁止說謊」修正為「禁止說謊，除非說謊能避免殺人」。於是，在上述情況下，就不會再發生衝突了。

不過，上述兩種方法實際上都面臨很多困難，它是很難成立的。對於前者，要把所有道德原則都排成永遠適用的單一序列，幾乎是

❹　R. M. Hare, *Moral Thinking: Its Levels, Methods and Point*, Oxford, Clarendon Press, and New York, Oxford University Press, 1981, p.40.

不可能的，因為我們實際上難以確定哪些直覺是好的直覺，哪些直覺是不好的直覺，如果有人對某一序列提出異議，直覺是無法決斷的；對於後者，這種對於道德原則的不斷修正將使之越來越特定，越來越繁雜，從而難以為人們「自明」地接受，況且儘管如此，也仍然難免遇上特殊情形而發生衝突。

此外，道德直覺常常是按照過去的經驗、經歷，以及在這一過程中所接受的道德原則來處理問題的，而當人們處在一些新的、與過去並不相同或相似的情形下時，就可能出現一個問題，即我們用來處理過去道德情形的原則，可能不適用於這一新的情形了。這時就必然導致實際中的道德困惑。而且，通過道德直覺思維所獲得的「自明的原則」， 它是否是一個真正的道德原則，也是需要批判的思維加以分析和選擇的。

總之，從根本上說，道德思維的直覺層次並沒有給人們提供一種解決道德實際問題的方法。儘管有些道德哲學家僅僅依賴這種低層次的道德直覺，但如果要使自己的工作經得起時間的考驗，一位哲學家就不會僅僅滿足於它，而要為自己的工作尋求更可靠的思維方式。

4.3.2　道德思維的批判層次

道德直覺的思維層次所發揮的作用是有限的，面對充滿矛盾和衝突的道德境況，它的非自足性、無能性決定了人們必須超越這一層次，從而要求用更高層次的道德思維來思考問題。於是，赫爾提出了另一種更高、更優的思維形式，即道德思維的批判層次。

　　我們需要使道德思維達到一個更高的層次，一個能夠批評直

覺的層次——批判的層次——在這個層次上，我們就能考察
各式各樣的對立的直覺，或者是同一個人的直覺，或者是不
同人的直覺，並且評價它們，看看哪些是最好的。❷

　　只有道德思維的批判層次才能解決道德實體中的矛盾衝突，它
是「一種不訴諸於直覺，而是訴諸於語言學的思維類型」。赫爾說：
「我強調這種不同的思維形式，並稱之為批判的思維，它不訴諸於
對任何道德實體的道德直覺。它首先是根據哲學邏輯所建立起來的
規則而開始的，因而它僅僅基於語言學的直覺。」❸在赫爾看來，語
言學的直覺與道德的直覺是根本不同的，它們之間的關鍵區別是：
後者立足於各種道德實體；前者卻是運用語言和邏輯規則來分析解
答各種道德問題，通過道德語詞、概念等邏輯分析，達到正確的道
德結論，因此，它的推理是合乎邏輯的，結論是有根據的、合理的，
而不同於當下的頓悟所得。不過，儘管語言學的直覺是存在的，並
在道德思維中占有一席之地，但與道德直覺不同，語言學的直覺卻
不可能產生任何具體的道德陳述或道德戒律。

　　批判的思維在於通過對道德概念、對非道德事實等等的邏輯性
質的分析，從而作出一種選擇。這種選擇也即赫爾在《道德語言》
中曾經討論過的「原則的決定」(a decision of principle)。這裡的原
則與憑直覺思維所感知的那種「自明的原則」是不同的。人們的道
德原則一般由兩個子類組成，一類是不允許「超越」(override)的普

---

❷　麥基編：《思想家——當代哲學的創造者們》，三聯書店1987年版，第
　　228頁。

❸　R. M. Hare, *Moral Thinking: Its Levels, Methods and Point*, Oxford,
　　Clarendon Press, and New York, Oxford University Press, 1981, p.40.

遍規定性原則，也即所謂「批判性道德原則」；另一類是能夠被「超越」的「自明的原則」，它們要通過批判的思維加以選擇。——只有批判思維才能解決道德實體中的矛盾衝突，直覺思維往往為那種「自明的原則」所迷惑。

儘管這兩種原則都具有形式上的可普遍化性，都是具有可普遍化性的規定，但直覺思維的「自明的原則」相對簡單和一般（非特定），批判思維的原則則較為普遍，適用於無限制的特定情況。也正因為此，赫爾認為批判思維的原則要優於直覺思維的「自明的原則」。

普遍性(universality)和一般性(generality)這兩個概念是有重要區別的，儘管人們在實際運用中常常並不加以區分。簡單地說，一般性是與特殊性相對的、不相融的，而可普遍化性則是與特殊性相一致的、是相融的。「自明的原則」具有一般性，但不能解決特殊的道德問題，只有通過批判思維所作出的原則才具有可普遍化性，才能解釋衝突境況下的特殊的道德問題。「永不殺人」與「除了在自衛中的情況下、或在法律判決以外，永不殺人」，這兩個道德原則同樣具有普遍的形式，但前者比後者更為一般，它不涉及具體情況，在實際中常常無法解決具體的道德問題；而後者卻是一種「批判性原則」(critical principle)，具有其特殊性，能夠解釋現實中特殊的道德問題。

4.3.3　批判的道德思維與直覺的道德思維的關係

赫爾認為，弄清兩個思維層次的區別十分重要，但決不能只停留在這一點上，必須全面地了解它們之間的相互聯繫和作用，知道我們什麼時候應該在批判的道德思維這一層次上進行思維，什麼時候應該在直覺的道德思維這一層次上進行思維。

　　赫爾正確地指出，道德思維的兩個層次之間並不是相互對立的，它們各自有其特殊的作用。在《道德思維》中，他這樣寫道：

　　批判的道德思維與直覺的道德思維，並不像功利主義者與直覺主義者之間的大部分爭論所預先假設的那樣，是兩個對立的程序。它們是一個共同（思維）結構中的不同因素，各有其部分的作用。**❹**

　　為了說明兩個思維層次的關係，赫爾設想了兩種極端情況。一種是僅僅運用道德思維的批判層次的人的情況。這種人是一種具有「超人的思維能力、超人的知識而毫無人類的缺點」的「大天使」(archangel)，有著「超人的洞見」(clairvoyance)。如亞當·斯密(A. Smith, 1723-1790)的「理想觀察者」(ideal inspector)就是如此。當他們處於一種新的道德情形中時，他將能立即洞見其所有的性質，包括選擇性行為的結論，也能想像自己身處受影響的人的地位，考慮他們的取捨，從而形成一個指導行為的道德判斷，構成一個可普遍化性原則，於是，他便按照這一可普遍化性原則行動。這樣的「大天使」是不需要直覺思維的，通過理性推理一切都可在瞬間做好，可以獨自決定我們應該做什麼。另一種是僅僅運用道德思維的直覺層次的人的情況。這些人在某種程度上具有人類的缺點，不得不依據直覺、自明的原則以及人類的良好品質來行事，但他們常常難免陷入道德衝突而不能自拔。

　　赫爾指出，上述兩種極端的情形都是不適當的。一方面，當我們批判那些「自明的原則」時，我們必須著眼於那些反覆灌輸於我

---

❹　Ibid., p.44.

們以及其他人的道德結論；只有通過道德批判思維，人們才能在「自明的原則之間作出最佳選擇」。另一方面，當我們批判地考察這些道德結論時，又必須考慮，在我們的實際經驗中，在可能或不可能發生的情況中，直觀地平衡好的或壞的作用的大小。而且，事實上，在有些緊迫情形下，是不容我們反覆思考，而須即時作出選擇和決定的。

綜上所述，對於道德思維的直覺層次和批判層次的關係，我們可以概括如下：一方面，直覺思維是過去的經驗和長期教育的結果，但我們永遠可以對其詢問，這些直覺的自明的原則是否是最好的？它是否可以應用於新的道德境遇？過去的決定是否是正確的？等等。儘管它在日常生活中具有一定的作用，但在道德危機關頭，它便不能解決道德衝突（如自衛時殺人，對敵人說謊等），因此需要「超越」這些原則。同時，批判的思維在各種「自明的原則」的選擇中，特別是對相互衝突的直覺原則的判決中，起著重要作用；同時，原則也是需要改變的，否則它就會過時，而對這最好的處理辦法，就是通過對原則的接受，產生行動、傾向，並在實際中考察、調整它們。況且，人的思維能力必須求助於後天的教育和培養，任何直覺思維也不能超出理性所能允許的範圍，甚至道德直覺本身也是需要說明的。另一方面，批判思維依據的是哲學邏輯建立的規則，即以語言學的直覺為基礎，如對道德語言「應該」的直覺表明，「應該」具有規定性和可普遍化性的屬性，它蘊涵著「能夠」，「能夠」便意味著行動和自由等。直覺思維也有助於批判思維的進行，因為直覺思維獲得的「自明的原則」有些是合理的，在一般情況下，它們可直接為批判思維所利用。但是當人們遇到特殊的道德矛盾時，就必須訴諸於批判思維。這就是說，道德的批判思維層次是更高的主要

思維形式，它高於道德的直覺思維又並不排斥它，有區別又有聯繫，相對而又相容，這就是兩個道德思維層次之間的基本關係。

　　總之，「對於道德思維的充分的解釋，既包括對於批判層次的解釋，也包括直覺層次的解釋」**⑤**。道德的批判思維和直覺思維各有其不同的特點和功能，它們既相互區別，又相互依賴、相互補充。在《道德思維》中，赫爾進一步指出，「我們作為理性思考者的自由是一種推理即作出理性的道德評價的自由」**⑥**，聰明的人們應該、也可以在適當的道德情境中恰當地運用它們，把它們有機地結合起來，以使道德思維合乎理性與邏輯。

---

⑤　R. M. Hare, "The Philosophical Basis of Psychiatric Ethics", *Essays on Bioethics*, Oxford, Clarendon Press, 1993, p.19.

⑥　R. M. Hare, *The Language of Morals*, Oxford, Clarendon Press, 1952, pp.6–7.

第五章　普遍規定主義與功利主義

　　後設倫理學是赫爾的主要研究方向，但他並不像史蒂文森等人
一樣，把自己局限在這種學院派理論之中。以其普遍規定主義倫理
學為基礎，赫爾得出了一種功利主義(utilitarianism)結論；或者說，
由於「要求普遍化我們的（道德）規定，產生了功利主義」❶。

5.1　關於功利主義

　　在討論赫爾的普遍規定主義思想與功利主義之間的關係，以及
赫爾關於功利主義的一些基本觀點之前，我們有必要對功利主義作
一些概括性的說明。

　　功利主義是一種以人們行為的功利 (utility) 效果作為道德價值
之基礎或基本評價標準，同時又強調行為實際效果的價值普遍性和
最大現實的倫理學說。功利主義常常把「最大多數人的最大幸福」，
或者人們的欲望或需要的「最大滿足」作為基本原則。

　　一般說來，功利效果總是產生於行為之後，因此，功利主義總
的傾向是一種行為後果論。但歷史上功利主義之後果論又有兩種形

---

❶　R. M. Hare, *Moral Thinking: Its Levels, Methods and Point*, Oxford, Clarendon Press, and New York, Oxford University Press, 1981, p.111.

式。一種是以英國著名思想家邊沁(J. Bentham, 1748–1832) 為代表的利己的功利主義，他把個人的利益、幸福視為最根本的，個人之所以追求「最大多數人的最大幸福」， 是因為它最能滿足個人的幸福。另一種是以另一位英國著名思想家穆勒(J. S. Mill, 1773–1836)為代表的普遍的功利主義，他要求為人們的道德行為找到一個普遍的、共同遵循的義務前提，要求在必要的時候，個人應該為他人的幸福作出犧牲，以實現「最大多數人的最大幸福」。 穆勒的功利主義思想在英語國家、特別是英國影響極大，赫爾的功利主義思想主要接受的即是穆勒傳統的影響。

　　從歷史上看，功利主義正式形成於18世紀後期的英國，19世紀是其最輝煌的時期，並成為近代英國道德文化的顯著標誌。進入20世紀以後，由於功利主義不適應現代科學的發展和社會現實的急劇變化，特別是 1903 年摩爾的《倫理學原理》以其「善不可定義」、「自然主義謬誤」、「開放問題論證法」， 給予功利主義以強烈衝擊，以至「自然主義謬誤」一時成為權威的對功利主義的總體評價；隨著摩爾開創的後設倫理學的興起，此後，以邏輯語言分析為基本方法的後設倫理學迅速取代規範倫理學，成為西方倫理學的主流，功利主義遂失去了昔日的輝煌、受到空前冷落。甚至在20世紀前半葉的一段時間裡，很少有道德哲學家對具體的實際道德問題發表看法，更少道德哲學家公開倡導什麼功利主義道德原則 ❷。

　　但是，自從20世紀50–60年代以來，隨著社會正發生前所未有的變化，道德危機不斷加劇，道德衝突日益尖銳，後設倫理學嚴重脫離實際道德生活、「只看病，不開藥方」的局限性日益充分地暴

---

❷ 當然，功利主義的潛流是從來沒有中斷的，我們甚至在赫爾的早期著作（如後設倫理學名著《道德語言》）中也可以找到這類觀點。

露出來，關注現實問題的規範倫理學、在英國特別是功利主義又重新開始抬頭。這一倫理學研究興趣、風格轉移的情形，正如赫爾在70年代末發表的〈倫理學理論和功利主義〉一文中所描繪的：

> 現在的道德哲學正處於在那些目睹了它在40年代發展歷程的人們看來十分奇特的階段。在所有那些時間裡，具有分析傳統的道德哲學家們的絕大部分工作是致力於研究這樣一些基本問題：即分析道德語詞的意義、以及道德問題的有效推理的形式。也許有一些人是為哲學邏輯的這一分支的內在理論興趣所吸引；它確實是令人感興趣的。但是，可以肯定地說，正像我自己一樣，很大一部分人是帶著進一步的動機來研究這些問題的：他們把這種研究看作是哲學家對解決我們最感受苦惱的實際道德問題的主要貢獻。因為，如果我們不理解提出問題所使用的這些詞，怎麼能達到問題的根源呢？……但是，現在更多的哲學家面對這樣一種貢獻的需要已經覺醒了，整本的新雜誌都在致力於討論實際哲學問題的應用。❸

　　一些倫理學家在程度不同地吸取了後設倫理學的成果的基礎上，運用現代倫理學方法，對功利主義重新進行了整理、發掘，形成了新的形形色色的新功利主義。——當然，赫爾指出，也有不少倫理學家們對後設倫理學的成果一無所知、無動於衷，他們並不比1936年（艾耶爾之《語言、真理與邏輯》發表）、甚至1903年（摩

---

❸ R. M. Hare, "Ethical Theory and Utilitarianism", *Essays in Ethical Theory*, Oxford, Clarendon Press, 1989, p.212.

爾之《倫理學原理》發表）更清楚如何區分好的道德判斷和壞的道德判斷。——在這些重新復興功利主義的流派中，由於各倫理學家所處的社會文化環境不盡相同，理論旨趣和學術背景也多種多樣，甚至研究方式和方法也相去甚遠，因而其觀點也不盡一致。在這些流派之中，最引人注目的是所謂行為功利主義(act-utilitarianism)和規則功利主義(rule-utilitarianism)之爭。行為功利主義的主要代表人物是澳大利亞阿德萊德大學哲學教授斯馬特。其基本主張是：行為的道德價值（善與惡、正當與不正當等）必須根據其最後的實際效果來評價，道德判斷應該是以具體道德情境中的個人行為之經驗效果為標準，而不應以它是否符合某種道德準則為標準。如斯馬特在其《行為功利主義體系概要》中提出，判斷一個人的行為正當與否，只應該根據行為本身造成的後果是善還是惡來確定；在《功利主義：贊成與反對》中，他更是直接地說：「行為功利主義是這樣的觀點，它僅根據行為所產生的好或壞的整個效果，即根據該行為對全人類（或一切有知覺的存在者）的福利產生的效果，來判定行為的正確或錯誤。」❹行為功利主義認為，任何行為都是單一的不可重複的，人的行為不須道德規則指導，更不能把道德規則當作評價行為的標準。如果堅持用道德規則來評價和指導行為，遵守道德規則的行為可能會在特定境遇中產生壞效果，從而違反「最大多數人的最大幸福」的功利原則。與之相對的是，以美國著名倫理學家布蘭特、圖爾敏、辛格爾等人為代表的規則功利主義者則認為，人類行為具有某種共同特性和共同規定，其道德價值應以它與某相關的共同準則之一致性來判斷，因此，道德判斷不應該以某一特殊行為的功利結

❹　斯馬特和威廉斯：《功利主義：贊成與反對》，中國社會科學出版社1992年版，第4頁。譯文中「行為」一詞，原譯作「行動」。

果為標準，而應該以相關道德原則的功利效果為標準。

如果採用人們的欲望或需要的「最大滿足」作為功利主義原則，那麼，按照赫爾的觀點，行為功利主義和規則功利主義可以分別陳述如下：

> 行為功利主義是這樣一種觀點：我們必須把所謂的「功利原則」直接應用到個體行為上去；我們所要做的是，對正被討論的個體行為及個體選擇的總體滿足效果進行評估，並因此而進行判斷。另一方面，是這樣一種觀點：對「功利原則」的考察不是應用於個體行為之上，而是應用於一類行為上。❺

於是，規則功利主義對於某一行為的道德評估，實際上是一個包括兩個階段的過程：一個行為的好或壞要由該行為是否為特定道德規範或原則所禁止或責成來決定，而道德規範或原則的好或壞，要由該規則的功利結果來決定。

作為一位現代英國著名倫理學家，身在功利主義的大本營，赫爾同本民族的許多哲學家、後設倫理學家一樣，並沒有完全擺脫、當然也並沒有試圖擺脫英國民族的道德文化傳統的影響。從17世紀初開始到維多利亞時代所積澱下來的、以求實利、重經驗為基本特徵的傳統英國功利主義道德文化，至今在英國仍有著異常強大的生命力，這對赫爾的倫理學產生了明顯的影響，如同對摩爾、羅素、艾耶爾等分析倫理學家一樣。對此赫爾也非常樂意承認。他在70年

---

❺ R. M. Hare, *Freedom and Reason*, Oxford, Clarendon Press, 1963, p.130.

代中期的電視節目中接受麥基的採訪時，就曾經明確地宣稱，他的思想深受以穆勒為代表的英國功利主義傳統的影響，他「實際上是一個受穆勒傳統影響的功利主義者」❻。也正是這種功利主義傳統，常常驅使赫爾不由自主地跨出後設倫理學的欄柵，去感受和正視「學院」外活生生的「現實世界」，去關注並發表作為一位現實倫理學家的感受和意見。當然，赫爾也把這視為自己的使命和責任。

從赫爾的研究來看，無論是其早期的後設倫理學研究，還是其後期的規範倫理學、應用倫理學研究，都常常涉及功利主義理論、以及一些更具體的現實道德問題。赫爾從未因為自己是一位後設倫理學家而隱瞞自己的功利主義觀點，他公開聲稱，在《自由與理性》中，其整個道德推理理論的結果是功利主義的一種形式，而這種功利主義的形式在《道德思維》中更為完善。他在這些後設倫理學名著中，都用了相當篇幅討論功利主義，特別是其普遍規定主義與功利主義的邏輯關係。特別是，他後來還自稱為「康德主義的功利主義者」，提出了功利主義方面的一些新見解。至於60–70年代以來，他的理論興趣轉向規範倫理學、應用倫理學以後，在這方面所做的工作就更多了。一方面，他在牛津大學為研究生開設了關於功利主義的課程，甚至還邀請了行為功利主義的代表人物、澳大利亞倫理學家斯馬特聽過他的課，參加過他主持的討論；另一方面，他寫作了不少功利主義方面的論文，討論了很多功利主義關注的問題，或者運用其「康德主義和功利主義相結合」的理論分析了許多實際道德問題。這一點從其著作目錄，特別是後來匯編的《倫理學理論論文集》(1989)、《政治道德論文集》(1989)、《宗教和教育論文集》(1992)

---

❻　麥基編：《思想家──當代哲學的創造者們》，三聯書店1987年版，第211頁。

以及《生命倫理學論文集》(1993)中，鮮明地體現出來。

　　此外，也許應該特別指出的是，赫爾倫理思想的這種發展軌跡，已經預示著西方後設倫理學開始逐漸消沉，或者說它本身正面臨、甚至已經在經歷著一場新的理論革命，即在後設倫理學的基礎上，重新構造和確立規範倫理學、包括功利主義的趨勢。

5.2　普遍規定主義：功利主義的基礎

　　赫爾自詡為「規定主義者」，他在關於道德概念的邏輯性質的分析基礎上，提出了一種新的後設倫理學理論，即「普遍的規定主義」。所謂「普遍的規定主義」，用赫爾本人的話說，就是「一種普遍主義（它認為道德判斷是可普遍化的）與規定主義（它認為道德判斷在任何典型的情況下都是規定性的）的結合」❼。以這種普遍規定主義、特別是可普遍化原則為基礎，赫爾得出了一種功利主義的規範倫理學結論；或者說，由於「要求普遍化我們的（道德）規定，產生了功利主義」❽。

　　道德判斷的可普遍化性和規定性為道德理論提供了一個邏輯框架，一個「形式上的構成部分」❾。然而，赫爾指出，要作出指導人們行為的理性判斷，除了這種邏輯上的或形式上的要求以外，

---

❼　R. M. Hare, *Freedom and Reason*, Oxford, Clarendon Press, 1963, p. 16.

❽　R. M. Hare, *Moral Thinking: Its Levels, Methods and Point*, Oxford, Clarendon Press, and New York, Oxford University Press, 1981, p.111.

❾　R. M. Hare, "Utilitarianism and the Vicarious Affects", *Essays in Ethical Theory*, Oxford, Clarendon Press, 1989, p.238.

還必須要尊重事實。

> 在作道德判斷時，我們是因為行為或個人具有一些令他們成
> 為對或錯、好或壞的性質，而去贊許或指責他們；因此不去
> 肯定他們事實上是否具有這些性質而作出判斷，明顯地是不
> 理性的。❿

　　這裡的事實包括所有的──也就是說，實際的或假定的──道
德情境的一切情況。它既包括了判斷者自己的利益、欲望或願望，
也包括了其他人的利益、欲望或願望；既包括了判斷者自己的取捨，
也包括了假定情形中他人的取捨；既包括了對判斷者自己的影響，
也包括了對他人的影響。

　　因此，道德判斷的可普遍化要求考慮所有相關的團體或個人；
而道德判斷的規定性要求我們考慮所有相關的團體或個人的要求；
只有那種產生最好後果的行為，或者說產生最大滿足的行為，才是
最好的行為。如此看來，赫爾的道德理論也包括了對於後果，即對
於實際滿足之效果的考察，因此，赫爾的理論也可以說是某種後果
主義。

　　普遍規定主義最典型的方法是角色互換的假設方法：當我們提
出一個道德規定時，我們必須想像自己處於受判斷規定、約束的人
的地位時，是否能夠接受該判斷。當然，當他人對我們自己提出一
個道德規定時，也須想像他們自己處於受判斷規定、約束的人的地
位時，是否能夠接受該判斷。赫爾指出，在某一道德情境中，一個

---

❿ R. M. Hare, *Moral Thinking: Its Levels, Methods and Point*, Oxford, Clarendon Press, and New York, Oxford University Press, 1981, p.88.

人必須時時對自己說：「如果我應該做這件事，那麼其他人在恰好相似的情況下，也應該對我做這件事。」那麼，我就必須時時問自己：「在同樣情況下，我是否願意別人也對我做這種事?」「假如這種事發生在我身上，我還會贊同這種事嗎?」通過這種角色的互換以後，如果能夠被接受的道德判斷，便是滿足可普遍化要求的。可見，在可普遍化的要求下，排除了純粹利己主義或其他極端自私的道德原則，因為經過可普遍化處理的道德原則，都是公正不阿的。赫爾認為，這一方法在道德爭論中，是一個「強有力槓桿，而且常常產生好的結果」⓫。

　　同時，道德判斷的可普遍化要求，當一個人作出一個道德判斷、要求他人應該怎樣去做時，實際上是要求任何人處於相同或相似境況下，都應該這樣去做，沒有人可以例外。這也就要求我們必須平等地、無偏私地對待每一個人、每一個團體，要給予每一個人、每一個團體以同等的地位，要給予每一個人、每一個團體的利益以相同的價值，要給予每一個人、每一個團體的欲望或願望以相同的分量。這實際上是說，可普遍化要求的應用導致了一個傳統功利主義的原則，即由穆勒在《功利主義》中提出的所謂「平等原則」：「每人只能作一人算，無人能多於一人」(everybody to count for one, nobody for more than one)。而且，同等地對待每一個人、每一個團體的利益、欲望或願望，而決不因某種利益、欲望或願望是自己的而特別看重它，它使可普遍化原則最終導向了功利主義的核心原則：即必須使所有受其影響的人的利益、欲望或願望都得到最大滿足。

　　當然，這裡存在一個傳統功利主義的難題，即如何確定一個人

⓫　麥基編：《思想家——當代哲學的創造者們》，三聯書店1987年版，第236頁。

或團體的真實欲望和利益的問題，特別是，有時人們的欲望和利益還可能相互衝突。赫爾覺得，作出一個規定性的道德判斷時，道德判斷的可普遍化性要求我們考慮所有相關和相同的境遇，要求我們考慮全部相關人的利益、欲望和需要。誠然，一位罪犯可以對一位法官說，「如果你處在我的位置上，你也不會願意被關進監獄，因此，你不應該把我關進監獄。」但是，應該看到，如果法官懲罰罪犯，維護的是法律的權威、社會的正義，更多人的利益便會得到滿足；而如果法官不懲罰罪犯，則只會滿足極少數人的利益。功利主義的平等原則要求在對行為後果的理性計算中評價行為，最大限度地滿足相關境遇中全體人的利益。因此，在上述情況下，訴諸於相關境遇中全體人的意向和利益，在可普遍化框架內，法官就應該把罪犯送進監獄。

應用普遍規定主義，我們將會看到，如果我說「我應該幫助他」，或者「我不應該對他說謊」，我就有義務按說的去做；但是，反過來，根據角色互換方法，如果他說「他應該幫助我」，或者「他不應該對我說謊」，那麼，他也應該同樣地對待我。這也實際上就是所謂「道德黃金律」（「己所欲，施於人；己所不欲，勿施於人」）所要求的。赫爾曾經明確地表示：「確切地說，我關於道德推理的全部觀點可以概括為這樣一項金律：『己所欲，施於人。』」❷可見，普遍規定主義即可普遍化與訴諸意向和利益、以及訴諸意向和利益的滿足（效果）一起，就成為了功利主義倫理學的邏輯基礎。

但是，赫爾的全部道德理論是否等於「道德黃金律」呢？赫爾的回答是這樣的：在他看來，「道德黃金律」只是普遍規定主義的邏輯結果，或者說普遍規定主義是「道德黃金律」的邏輯基礎。

---

❷　同上，第236頁。

道德判斷的「可普遍化性」是黃金律的邏輯基礎之一，它要
求我們在性質上相同或相似的情況下，作出同樣的道德判
斷。❸

　　儘管道德論證要訴諸於意向，但並不是根據對一個人的意向的
事實陳述推出一個道德判斷，並非是一種「己所不欲，勿施於人」
的推論形式，例如從B反對別人把自己關進監獄這一事實，推出B不
應當把別人關進監獄的結論。因為這「不是一個關於人的意向與道
德判斷不一致的事實陳述問題」。而是「由於他反對在假設的情形
下對他採取的行動，他便不能接受在假設的情況下、將對他採取的
行動這種單稱規定，而且由於應該的邏輯，便阻止他接受他應該在
實際情況下對其他人採取相同行動的道德判斷」❹。按照赫爾的觀點，
普遍規定判斷、事實判斷和單稱規定判斷之間有一種推導的邏輯關
係，如果一個人同意普遍規定判斷和事實判斷，但又拒絕承認單稱
規定判斷，他就會犯邏輯不一致的錯誤。

　　赫爾指出，可普遍化原則訴諸人們實際擁有的意向和利益，將
使道德判斷具有一種功利主義的實質內容。他堅持，一個人如果只
打算順從自己的意向，而毫不顧及可能受他的行動影響的旁人的利
益，這時便不會有道德爭論。如此自私自利的人接近道德爭論的第
一步，乃是因為，假如有人普遍規定：任何人都不應該尊重他人的
利益，如此一來，別人也必然不會尊重他的利益。這顯然是不能令

---

❸　R. M. Hare, "Abortion and the Golden Rule", *Essays on Bioethics*,
　　Oxford, Clarendon Press, 1993, p.154.

❹　R. M. Hare, *Freedom and Reason*, Oxford, Clarendon Press, 1963,
　　p.109.

他滿意的。於是，在這類情況下，人們若採用「己所不欲，勿施於人」這種可普遍化的道德原則，或理智地運用功利主義的原則，考慮全體有關人員的利益，那麼，道德爭論便可迎刃而解了。例如，假定你在深夜想要一展歌喉，放聲歌唱，又假定房屋隔音效果不是很好，而你的鄰居又是睡覺容易驚醒的人，此時正剛剛睡下；這時，你便可以設身處地地想一想，假使你正想睡覺時，你的鄰居卻引吭高歌起來，你會有什麼感覺。

　　當然，赫爾決不是認為，根據普遍規定主義得出的功利主義原則運用到這類道德爭端時，總是能輕而易舉地使問題得到解決。更準確地說，根據赫爾的思想，應用功利主義原則就是說：「一切人都有資格受到同等尊重，而若說兩個人應該受到不同對待，那麼就必然提出某種差別，以作為這兩種不同道德判斷的根據。」⑮實際去解決涉及利害衝突的道德爭論，主要困難之根源也許就在於詳細說明什麼樣的差別應該算是相關的，什麼樣的差別不應該算是相關的。這便要求人們發揮自己的想像力，設想如果把雙方地位顛倒過來，設身處地地想一想，自己是對方情況會怎麼樣。仍然沿用上例。假使上例中你唱歌影響的不是你的鄰居，而是你的妻子；而你又是一個職業歌手，必須抓緊時間練習一首困難的歌曲；同時，你的職業又是你家一切生活的來源，又沒有別的地方可以進行練習；那麼，你便可以找到一個相關的差別，這個差別可以說明你在你妻子剛剛睡下時唱歌是有理由的。你可以說，如果你那晚練習唱歌，會更符合你和你妻子的最大利益，或者說可以使你妻子的利益得到最大滿足。

　　總之，可普遍化性的邏輯要求我們把自己選擇的道德原則運用

---

⑮　Ibid., p.118.

於一切實際的或假想的道德情形之中，要求把這些假想的情形等同於實際的情形，同時考慮事實和人們的意向、利益和愛好。這樣，在實際的或假想的情形中，一切人的利益和愛好都獲得相同的價值，也就是說，道德思考者必須平等地對待一切人的愛好和利益。這便是赫爾所說的理性的行動。當然，理性的發揮必然要減弱我們的自由，從而限制我們的自由，要求我們調整自己的利益和愛好，以符合由理性的限制所產生的無偏無倚的愛好和利益，個人利益因而也轉化為公共利益。因此，理性的選擇是「運用道德判斷的可普遍化性表明，如果我們道德地思考，我們必須像尊重自己的愛好那樣尊重其他人的愛好」 ❶ 。理性給予我們自由，但要求我們尊重其他人的自由。可見，赫爾的道德結論蘊涵著一種合理利己主義或合理功利主義的內容。

5.3 規則功利主義和行為功利主義的一致

如前所述，在現代功利主義陣營裡，存在著行為功利主義和規則功利主義之爭。那麼，赫爾的功利主義是屬於行為功利主義，還是規則功利主義呢？

我認為，關於這一問題不能簡單地加以回答。儘管從赫爾的思想，特別是以可普遍化原則為基礎的功利主義理論來看，他更強調依據某種可普遍化的具體原則，及以這種原則所導致的後果來決定人們的行為，從而似乎屬於規則功利主義。——實際上，有不少人至今也是這麼認為的。——但是，從其整體思想來看，我覺得還是

---

❶ R. M. Hare, *Moral Thinking: Its Levels, Methods and Point*, Oxford, Clarendon Press, and New York, Oxford University Press, 1981, p.86.

將其視為某種行為功利主義和規則功利主義相結合的新型的功利主義更為適當。

在接受麥基的採訪時，針對麥基提出的一些對功利主義的挑戰，如功利主義的尺度是「最大多數人的最大幸福」，那麼以它的名義什麼可怕的事都可以做：例如，假設在一家醫院裡有兩個患腎臟病和一個患胃病的垂危病人，他們都能通過器官移植手術被挽救過來，這時正好有一位健康者來醫院探視生病的親友，於是，按照功利主義，這個健康者應該被肢解，從而將其器官分配給三位病人，因為這樣就只會死一個人，而另外三個人將能得救，否則將死三個人而只有一個人能活下來。對此，赫爾曾經這樣給予回答：道德原則必須為現實世界所設計，哲學家們所製造出來的這些「絕妙」例子，實際上在現實世界中是不可能的。

> 這些荒誕不經的例子實際上與實際原則的選擇毫不相干。功利主義者對這種例子必須說：我們所接受的那些在實踐中有用的原則，我們需要培養出的那種直覺，應當是那種具有可稱之為「最高度可接受性」的東西。這就是說，應該是那些為社會普遍接受並能最好地造福於社會的原則。這既適用於那些所謂的規則功利主義，也適用於行為功利主義，因為在我們的行為中——在我們按照原則去實際生活的過程中——我們不斷產生出好的和壞的結果，而這些結果正是我們據以行事的原則的後果。❼

---

❼　麥基編：《思想家——當代哲學的創造者們》，三聯書店1987年版，第234頁。

從赫爾對功利主義所作的辯護中，我們可以看出，他是不排斥行為功利主義的。或者反過來說，他並不把自己局限於規則功利主義。

赫爾認為，按照道德判斷的可普遍化原則，行為功利主義和規則功利主義之間幾乎並不存在什麼差別。赫爾用一個例子說明了這一點：假設一個人不得不在X和Y之間進行選擇。如果他決定應該做X，因為「應該」具有可普遍化性，那麼，他將責成自己贊同這一觀點：在這一類情況下，他都應該做X而不是做類似Y的行為。但這正是一條規則，儘管它是一條很特殊的規則。因此，即使在通過訴諸行為的後果來決定一個行為之是否道德時——如同行為功利主義要求我們的，我們同時也就是在決定，是否接受或反對應用於所有或某一特定行為的規則——如同規則功利主義要求我們的。

赫爾指出，在任何情況下，行為功利主義和規則功利主義都是相一致的，而非不相容的；反之亦然。當然，邏輯上存在這樣一種情況，即僅僅支持行為功利主義，而和規則功利主義不相容，這即是在沒有任何次一級的原則介入的前提下，直接將功利原則應用於行為上去。然而，這卻是不可能的。因為，假若如此，我們怎麼能知道某一行為是對人們的「最大滿足」呢？在實際道德生活中，抽象的功利原則不體現為具體情況中次一級的原則，是不可能對人們的行為進行評價的。

那麼，有沒有一種與規則功利主義相一致，而和行為功利主義不相容的情況呢？如果有的話，那麼就是這樣一種情況，即人們總是按照一般能最大滿足人們的原則、以一種確定的方式行動。例如對「承諾」來說，如果一個人承諾了什麼，那麼不論出現什麼情況，哪怕發現守諾不會使其最大程度地滿足，哪怕是發現了其他能夠最

大程度地滿足的方式，也要守諾。這種不顧任何後果也要堅持某一一般原則的規則功利主義，已經成為了一種教條，而這顯然與功利主義的實質是不相符的。

　　在1976年發表的〈倫理學理論和功利主義〉一文和1981年出版的《道德思維》中，赫爾從道德思維的角度，還重點對行為功利主義和規則功利主義的關係進行了專門論述。他認為，批判思維所運用的是功利主義原則，這種原則對於決定行為的正當與否具有決定意義。在批判的道德思維中，我們充分掌握了具體的事實情況，通過充裕地思考，從而得到關於一特定情況的正確答案。由於是針對具體的事件作出判斷，因而其中運用的原則都是具有特殊性❶的「批判性原則」，當然，它們仍然是可普遍化的。而在直覺的道德思維中，我們並不對行為的後果進行細緻的計算和思考，而僅僅只是根據一些「自明的原則」，例如「禁止殺人」、「不應該說謊」、「應該孝敬父母」等等，來指導自己的行為。當然，這種直覺或「自明的原則」是我們從小的教育（包括自我教育）和人生經驗的結果。對於指導人們行為的競爭性的直覺原則或「自明的原則」的選擇，應該由充裕的思考和批判的道德思維來指導；批判的道德思維可以依據功利原則，考慮實際的和假定的一些情況，選取在像目前這樣的世界上通常會產生最好結果的一些「自明的原則」，以消解這些原則之間可能導致的衝突。

　　可見，在批判的道德思維中，赫爾的功利主義扮演的是行為功利主義的角色：即以功利、效益、後果等作為原則的抉擇、以及道德衝突的消解的依據。但在這一層次上，總會產生是否會帶來「普

---

❶　　赫爾認為，「特殊性」的對立面是「一般性」，而不是「可普遍化性」。「可普遍化性」和「特殊性」是可以相融的、相一致的。

遍的善」或「最大滿足」（功利原則）的問題，因而在這裡絕不會
沒有道德原則的作用。而在直覺的道德思維中，赫爾的功利主義扮
演的是規則功利主義的角色：即以「自明的原則」作為人們行為的
依據。但是，「由於道德判斷的可普遍化性」，批判的道德思維所導
致的那種行為功利主義，「實際上等同於這樣一種規則功利主義：
它的規則允許任何要求程度的特殊化」❶。也就是說，它們之間的
差別，主要在於普遍的功利原則和具體的「自明的原則」之上，如
果在具體道德情形中，普遍的功利原則可以依具體情況特殊化，它
們之間的差別就將消失。

　　因此，赫爾指出，現行的行為功利主義與規則功利主義「在語
詞上」所進行的大部分爭論，就在於它們忽視了「道德思維的批判
層次與直覺層次之間的差別」， 也看不到這兩種層次之間的聯繫，
更看不到它們之間的統一。規則功利主義囿於直覺層次，強調「自
明的原則」的實在意義；行為功利主義卻又止於道德思維的批判層
次，忽略了道德思維的直覺層次的部分合理性。一旦他們能在兩種
道德思維之間作出正確區分，頭腦清楚的規則功利主義者和行為功
利主義者就會發現，實際上他們是一致的。

5.4　康德主義與功利主義的結合

　　然而，赫爾進一步認為，他的理論與傳統的功利主義並不相同，
因為他不是根據功利主義的原則得出這樣的結論。總的來說，赫爾
是一位後設倫理學家，他的目的主要是為了在普遍規定主義與功利

---

❶　R. M. Hare, "Ethical Theory and Utilitarianism", *Essays in Ethical
Theory*, Oxford, Clarendon Press, 1989, p.222.

主義之間尋找聯結點，尋求康德主義和功利主義這兩個截然對立的理論之間的聯繫。赫爾指出：「我所關心的不是發展一種功利主義理論，而僅僅只是要在功利主義和我所建議的道德論證的性質的解釋之間，建立一種聯繫的觀點。」 ⓴

　　赫爾注意到，在倫理學史上，康德主義與傳統功利主義（以邊沁、穆勒為代表）倫理學是兩種最有代表性的學說。傳統的觀點認為：康德主義與傳統功利主義是兩種類型的、處於對立的兩極的倫理學說。康德從普遍化的道德原則、道德律令出發來考察道德，他強調道德的「意向」，甚至強調「為義務而義務」的絕對至上命令；相反，功利主義者則是從「人們實際所擁有的實體性的欲望和利益」出發來考慮道德問題的，他們強調的是「被意向的結果」(intended effects)或「效果」，是日常道德生活中的現實功利。長期以來，康德主義與功利主義被認為是各執一詞，互相對立，甚至是水火不相容的。甚至今天還有不少人仍然堅持這樣的觀點。

　　而赫爾則指出，上述兩種觀點都是「相當錯誤的看法」 ㉑。依赫爾所見，「一個完整的道德體系既依賴邏輯事實，也依賴於經驗事實」 ㉒。功利主義本身實際上由兩個部分組成，一個是形式的(formal)方面，一個是實質的(substantial)方面。康德只說明了「這個體系的形式」，而功利主義者只「指明了這個體系的內容」。其實

⓴　R. M. Hare, *Freedom and Reason*, Oxford, Clarendon Press, 1963, p.122.

㉑　麥基編：《思想家——當代哲學的創造者們》，三聯書店1987年版，第232頁。

㉒　R. M. Hare, *Moral Thinking: Its Levels, Methods and Point*, Oxford, Clarendon Press, and New York, Oxford University Press, 1981, p.5.

它們各有其正確與不足之處。赫爾認為，在康德的僅僅根據產生最大滿足的普遍律令行動和邊沁的「每人只作一人算，無人能多算一人」之間，存在一種非常密切的聯繫。在為BBC製作哲學電視節目而接受麥基的採訪時，赫爾聲稱，從普遍規定主義出發，康德主義和功利主義並不是水火不相容的。

一方面，赫爾聲稱，他從康德那裡認識到道德思想中先驗成分的重要性，學到先驗性的方法，因此必須研究道德語言的邏輯結構（在赫爾那裡，即規定性和可普遍化性）；他的可普遍化原則可以說和康德的「普遍的立法原理」或「普遍律令」是一脈相承的。當然，赫爾也曾經說過，他並不贊同康德的綜合性的先驗真理，因為僅僅依靠推理——如形式上的規定性和可普遍化性——並不能達到關於事實的、或者價值的結論。赫爾說：

> 我們不能光靠推理而達到有關事實的、或者價值的實質性結論。邏輯所確立的僅僅是概念的形式特徵。如果你想要事實，你就必須觀察；如果你想要價值，你就必須選擇……。但是在觀察和選擇中，我們一試圖說我們觀察和選擇了什麼，就受到概念的邏輯的限制，這就是一言以蔽之的康德主義，更確切地說，這是鄙人對康德主義的說明。❷❸

無論如何，由於赫爾把可普遍化原則視為特殊道德命令為正當的唯一可能的手段，因此，在這一點上，他與康德的可普遍化的義務論確實是很接近的。

---

❷❸　麥基編：《思想家——當代哲學的創造者們》，三聯書店1987年版，第232–233頁。

　　另一方面，赫爾說，他從功利主義那裡學到了必須在「現時世界」中進行道德思考，因此要依據行為的後果來選擇我們的行動。他指出：

> 世界上人的狀況和他的生活環境是客觀存在的。除了通過觀察在生活中貫徹這些原則的事實結果以外，再無辦法去建立一套在實踐中切實可行的道德原則。❷❹

> 在我們的行為中——在我們按照原則去實際生活的過程中——我們不斷產生出好或壞的結果，而這些結果正是我們據以行事的原則的後果。具有或相信一個原則，就意味著從邏輯上和心理上同一種堅決按照這一原則行事的意向聯繫在一起。❷❺

　　這種強調行為的後果或效果的「後果主義」、「效果主義」，無疑也是功利主義的一種形式。

　　在赫爾看來，依據道德詞的邏輯屬性推出的是純形式的原則，不是實質性的道德結論；而功利主義的道德判斷的內容則直接來源於人們實際具有的利益，來源於日常道德生活；因此，赫爾把問題轉換為：「如何建立康德與功利論者共同贊成的道德體系？」❷❻

　　赫爾認為，根據可普遍化性原則，是能夠生成某種既能為康德，

❷❹　同上，第233頁。

❷❺　同上，第234頁。

❷❻　R. M. Hare, *Freedom and Reason*, Oxford, Clarendon Press, 1963, p.128.

也能為功利主義者所贊成的道德體系的。他認為，一般被人們認為是水火不相容的康德主義和功利主義，在運用於實際問題中時，可以得到同樣的道德結論。他自己的理論，就是「這兩種元素的結合」**㉗**。他常常自稱自己是一位「非描述主義的康德主義的功利主義者」(non-descriptivist Kantian utilitarian)**㉘**，並認為把康德主義和功利主義結合起來的理論是最好的倫理學理論。

例如，在前面曾經討論過的法官與罪犯的事例中，法官懲罰罪犯有兩種意義不同的理由。第一種理由是純形式的或邏輯的，或者說依據的是純形式規則，法官如果運用道德判斷的可普遍化性原則，他便不應該以不同的方式處理相同的案件。法官可以這樣回答罪犯，作為一位法官，他必須維護法律的平等，他只是依法辦事，而且沒有在相同的情況下製造不平等。如果他說：「我應該以不同的方式辦理X和Y案件，儘管這兩個案件的事實情況相同」，那麼他在邏輯上便自相矛盾。這裡法官回答中的公正體現在如下兩方面：遵守法律，同等地對待相同或相似的案件。第二是法律的目的是實現社會利益，因為如果犯罪得不到懲罰，那麼無異於鼓勵犯罪，整個社會的利益將會受損。法官為了社會利益必須懲罰罪犯，這依據的是功利主義原則，因而是道德判斷的實質性內容。

在赫爾看來，作出一個正確的道德判斷，必須把上述兩方面結合起來，既要服從法律又要平等地對待相同的案件。而道德判斷的可普遍化性和規定性的形式要求，加上功利主義的道德判斷內容，

㉗ R. M. Hare, *Essays on Bioethics*, Oxford, Clarendon Press, 1993, Preface.

㉘ R. M. Hare, "Why Do Applied Ethics", *Essays in Ethical Theory*, Oxford, Clarendon Press, 1989, p.3.

便能有效地推出一個具體的道德判斷。他堅信「道德語言的邏輯屬性是任何這種理論的形式基礎」❷。而「道德語言的形式的和邏輯的屬性（我們對它的理解在上面歸功於康德）產生了一個道德推理體系，其結論具有與某種功利主義相同的內容」❸。也就是說，道德語言的邏輯屬性能產生一種康德主義和功利主義都能接受的道德體系，康德主義構成它的形式，功利主義則構成它的內容。因此，赫爾在許多場合自稱為一個「康德主義的功利主義者」，宣稱康德主義可以和功利主義相結合，構成倫理學中「最好的理論」。

　　在1952年出版的《道德語言》中，赫爾在著名的「原則的決定」一節中也闡發了類似思想，他指出，當人們作出道德決定時，歷史上一般有如下兩種觀點：

> 一些倫理學家常說，我們必須根據行為的效果來判定行為是否正當，進而又根據某種原則來決定什麼樣的效果是應當追求的，什麼樣的效果是應當避免的。這正是功利主義的理論，它要求我們注重行為的效果，並按照功利的原則來考察它們，看什麼樣的效果能最大限度地增加快樂。而另一些倫理學家（如圖爾敏）則認為，判定一個行為是否正當應直接根據它所遵循的原則，進而用遵循這種原則所產生的行為效果來判定這一原則的正確性。這些倫理學家告訴我們應遵循原則，輕視效果。❸

---

❷　R. M. Hare, *Freedom and Reason*, Oxford, Clarendon Press, 1963, p.123.

❸　R. M. Hare, *Moral Thinking: Its Levels, Methods and Point*, Oxford, Clarendon Press, and New York, Oxford University Press, 1981, p.4.

　　赫爾認為，上述兩種理論的錯誤，不在於是遵循原則，還是重視效果，而在於它們都僭稱，他們所說的是判定行為正當性或決定行為選擇的唯一方式。但實際上，我們是用所有這些方式來判定和選擇行為的。例如，如果問我們為什麼做A，我們會說：「因為它符合原則P。」如果要求證明P的正當性，我們就會進而研究遵從它或不遵從它所引起的後果。但有時如果問同樣的問題：「為什麼你會做A?」我們也可能說：「如果我們不這樣做，E就會發生。」那麼再問：E發生了會怎麼樣呢？我們就會求助於某些原則。

　　　其實，如果要對任何決定作出儘可能完善的判定，我們就必
　　須既考慮效果——它給決定以一定的意義，也考慮原則，以
　　及一般意義上遵循這一原則所引起的結果等等，直到我們最
　　後對自己的探究感到滿意。㉜

　　也就是說，當人們作出行為決定時，既要考慮原則，也要考慮行為的效果。只有這兩方面的結合，才能使人們既具有道德的堅定性，又具有隨具體形勢而變化的靈活性。而這兩方面的結合，也就是康德主義和功利主義的結合。

　　後來，赫爾在大量的應用倫理學論文中，還對這種康德主義的功利主義進行了不厭其煩的論述；或者以這種康德主義的功利主義為基礎，對許多應用倫理學問題進行了探討。例如，在〈道德哲學家能有助於醫學倫理學嗎?〉(1977)、〈精神病倫理學的哲學基礎〉

㉛　R. M. Hare, *The Language of Morals*, Oxford, Clarendon Press, 1952, p.68.

㉜　Ibid., pp.68–69.

(1983)兩篇論文中，赫爾就從絕對論（康德）的方法和功利主義的方法相比較的角度，具體說明了康德主義和功利主義的關係。他還試圖提出一種吸取這兩種方法的優點、避免其各自的缺陷的新方式。

赫爾指出：從歷史上看，解決醫學倫理學問題有兩種相互對立的方法，一種是絕對論的方法，另一種是功利主義的方法。這兩種方法儘管看起來很不一致，但它們都能闡述得與常識或我們的普遍的意見相一致。

> 絕對論者常常這樣說：有些種類的行為（例如殺害無辜的人）是錯誤的，沒有什麼能使它們變得正確。……另一方面，功利主義則很可能說，一個人必須選擇既定情形中最好的行為，即必須為最好的而行動。❸❸

為了弄清他們之間的區別，我們不妨舉些極端的例子加以說明。例如，絕對論者認為，殺害無辜的人是絕對錯誤的，任何情況下都不能為之。如果處於這樣一種境況，不殺害某個無辜的人的話，那麼另外20個無辜的人就不得不死（儘管不是死在他的手上），那麼這位絕對論者應該準備讓另外20個無辜的人去死，而不應該殺害那個無辜的人。而功利主義者則認為，一個人必須選擇既定情形中最好的行為，為了搭救20個無辜的人，可以不惜以那個無辜的人為代價。例如，當21位洞穴探險者正從洞中出來時，走在前面的那位相比其他人肥胖得多的人，在一個狹窄的地方卡住了；此時外面突降暴雨，山洪在洞中漲起來了，情勢十分危急；為了活命，其他人不

---

❸❸ R. M. Hare, "Medical Ethics: Can the Moral Philosopher Help?", *Essays on Bioethics*, Oxford University Press, 1993, pp.5–6.

得不強行把前面的胖子拖開，從而逃出洞來；可這種功利主義的做法，事實上是殺了他。

　　絕對論和功利主義所使用的論據，有些是理論性的，有些是實踐性的。總的來看，功利主義的理論論據更令人信服，而絕對論的實踐論據更令人信服一些❸。赫爾認為，這恰好指出了一條解決它們之間的衝突的方法，即一種能夠吸收足夠的絕對論的方法，以保持其實踐方面的優點的、更加精緻的功利主義理論。

　　赫爾堅持，絕對論和功利主義是可以調和的。為了儘可能地保護絕對論者的好的原則，可以提出一些合理的功利主義的理由和論證。以安樂死為例，醫務工作者經常說：「我們全部的訓練和態度都是為了治病救人，你怎麼能要求我們殺人呢?」確實，這是醫生一般應該有的態度。如果一個醫生被要求結束一個病人的生命，甚至是制止救治病人，他將會覺得這是最不情願的事。如果安樂死在一定情況下是對的，醫生就應該克服這種不情願，但這裡有一個實踐上的危險：如果在這些特定情況下克服了它，這將導致部分醫生、也許還有病人的態度的巨大變化；醫生們可能不再獻身於治病救人，

---

❸　我們來看一個絕對論者常用的實踐論證的例子。如果一個人曾經允許在某些公認的非常困難的情況下實施墮胎，那麼他就不可改變地破壞了「殺害無辜的人是錯誤的」的原則。他將發現，在任何情況下他都不能譴責墮胎、殺嬰、或「為了最好的結果」而殺人。在這裡，絕對論者訴諸的是很簡單的、很一般的道德原則的神聖義務，一旦我們放鬆了對這一原則的堅持，什麼事情都可能發生。例如，在一般的情況下，放棄殺害無辜的人是錯誤的原則將會帶來災難性的後果。所以，我們很少真正的按照最好的方式行動。勸某個人自己在特定情況下為了最好的結果而破壞某些原則絕對是很容易的，但是，正因為它是很容易的，我們應該警惕不這樣做。

而代之以獻身於做他們認為對病人、甚至於對一般人最好的事情，甚至包括殺死他們。而這一發展總的來說，也許就不是最好的了。因此，在醫學訓練和立法中，即使從功利主義的觀點來看，為了病人的生命，尋求保存醫生的一般性的方面，比為了在相對罕見的特殊情況下做最好的事情、從而危害這些方面，可能要更好一些。

另外，如下一點也會有爭議：有人會認為，安樂死之類的情況是非常多的，因此最好改變我們的態度。另一些人認為：這種情況相對很少，因此目前的態度是最好的。也許還有一種不徹底的觀點，即最好的態度是：殺人是絕對不能考慮的，但在某些特定情況下可以讓病人死。這裡的困難在於，「殺人」或是「讓人死」之間的區分是極其微妙的。但是無論如何，在論證中我們已經達到了這樣一種可以進行調查的觀點，即醫生們面對這些問題時應該採取的最好的態度是什麼。我們能夠通過訪問醫院和垂死的病人的家庭，看看那一種態度是最好的。因此，哲學上的解決又回到了非哲學家對問題的進一步調查，顯然，這種調查是更好理解的、更清楚的、因此也更容易解決。

赫爾對所有相關觀點開列了一個清單，在他看來，如下一些觀點都可以導致同樣的結果：首先，按照基督教徒的觀點：所有人應該像我們希望別人對待我們那樣對待別人，包括對待他人的願望和利益。這也就是「己所欲，施於人；己所不欲，勿施於人」。其次，按照康德主義者的觀點，我們應該僅僅根據獲得最大效果的方式行動，這應該成為一條普遍法則；即使我們自己處於我們的病人或受害者的位置，這一法則也是適用的。再次，按照「理想觀察者」的理論，我們應該按照公正的旁觀者的建議去做。因為旁觀者知道所有的事實，心中裝有所有人的利益，他們更知道應該怎樣做。第四，

按照「理性的契約人」的觀點，我們應該做原則所要求的事情，這些原則是為理性的和擁有自身利益的人們所接受、並用以指導今後的行為的。

赫爾認為，所有這些觀點具有一個共同之處，即要求採用適用於任何相關的人的普遍原則或規定。而所有這些觀點的實質都可以用其普遍規定主義加以說明。赫爾指出：「所有這些觀點的邏輯核心可以通過我自己的理論，以最簡潔、最經濟的形式陳述如下：在某一十分特定的情況中作出一個道德判斷時，我們所作出的是一個適用於任何情況的普遍規定。」❸如果我們贊同某一個道德判斷的話，我們也應該考慮他人如此對待我們的後果，因此，我們應給所有其他人或團體的利益以同等的地位，而這將把我們導向某種形式的功利主義。因為，「功利主義的實質是，為了服務於我們的行為所影響的所有團體的利益，同等地對待其中每一方的同樣利益，我們應該盡我們所能地做那個最好的。這也就是我過去常常使用的『按最好的行動』這一表達的真實意義」❸。

誠然，功利主義有各種各樣的種類，但這形形色色的功利主義的小心應用是能夠和絕對論者的重要的實踐智慧相結合的。假如我們正在考慮，什麼普遍原則是我們自己或他人應該採用的，這將導致我們尋求最好的行為，以儘可能公正地考慮所有團體的利益。初看起來，這一論證似乎會導致某種矛盾。不妨想像一下如下一個例子：一位病人得了不治之症，她若活著將十分痛苦，其丈夫也將不堪忍受；病人的醫生被告知，如果他給病人的丈夫一瓶毒藥，用以

---

❸　R. M. Hare, "Medical Ethics: Can the Moral Philosopher Help?", *Essays on Bioethics*, Oxford, Clarendon Press, 1993, p.10.

❸　Ibid., p.11.

毒死其妻子，他將獲得一大筆錢；醫生可以用這筆錢去買他一直想買而又無力購買的遊艇，好好享受一番。而且，若醫生開具一張死亡鑒定書，證明病人死於心臟梗塞，不會有任何人知道事情的真相。因此，這似乎是在論證，醫生有很好的功利主義理由提供毒藥。這給人一種印象，功利主義完全是不可反駁的信條。

但是，功利主義者完全可以說，這一論證過於表面化了。我們不僅要考慮相關團體在特定情況下最好的行為，而且要考慮對於整個社會最好的行為。如果醫生被教育這樣做，所有社會成員很可能被深深地傷害。只有醫生心中沒有這樣的念頭，人們的利益才會得到最好的保障。這聽起來有些像絕對論者說的話，但功利主義卻可以提供很好的理由：任何哪怕是想一想這件事情的醫生都是一位壞醫生、一個壞人，接受這樣的想法將對人們造成巨大的傷害；相反，一位好醫生是絕不會讓這樣的念頭存駐心中的。

赫爾認為，即使從功利主義觀點來看，我們也應該認同某些道德原則，任何阻撓我們接受這些原則的事情總是有害的；即使在某些罕見的特殊情況下，違背這些原則可能更有利一些，一位好醫生、好人也不會考慮做它。假如他考慮那樣做，他就是一位壞醫生、壞人，一個社會有這樣的醫生或人也會變得更壞。

然而，所有這一切還沒有回答如下的問題：哪些原則是醫生應該接受的好的原則？我們應該允許安樂死嗎？如果允許，在什麼情況下允許？為了解決這些問題，赫爾引入了道德思維的兩個層次：直覺層次和批判層次；當然，同時也引入了兩種道德原則：「自明的原則」和「批判性原則」。

赫爾指出，我們經常面臨的是兩種情況：一種情況是，我們在面對具體的特定問題時，考慮應該怎麼做；另一種情況是，在並不

面對現實的特定問題時，我們試圖決定醫生們應該遵循哪些原則，應該具有什麼樣的態度。在前一種情況下，我們必須立即作出決定；在後一種情況下，我們有充裕的時間搜集信息、反覆思考。因此，醫生們在前一種情況下，道德應該按照「自明的直覺」或直覺原則去做；而一旦情況允許，有足夠的時間和信息進行批判的思考，則應該努力選擇那些好的原則，並考慮具體情況下應採取的相應行動。

還有一種情況，即我們常常陷入道德衝突之中，或者有時人們被追問：我們應該具有什麼樣的直覺？我們應該認同什麼樣的義務？合理的道德教育內容應該是什麼？這個時候，道德直覺常常是蒼白無力的，訴求直覺是無法解決這些困難的，因為與之相比，直覺是同樣可疑的。因此，在道德思維的直覺層次上，人們是按照關於義務的直覺去做的；但是，特別是當上述問題出現時，我們就應該運用批判的道德思維對直覺原則（義務）加以考察，即根據其可能導致的好的或壞的結果（功利主義）進行選擇。

總之，一方面，當我們作出選擇時，我們不應該過多地關注那些少見的、不重複發生的特殊情況（實際的或假設的），而應該按照道德原則辦事。另一方面，如果真有一些特殊的理由，我們也不妨靈活地、謹慎地具體情況具體處理。這才是一種合理的、基本的功利主義的態度，也即康德主義的功利主義的態度。

5.5　赫爾功利主義的特點

赫爾並不是一位傳統的規範倫理學家，他對功利主義的討論與結論，是其後設倫理學在倫理學新的發展條件下，通過道德判斷的可普遍化而產生出來的。與其他功利主義相比較，赫爾的新功利主

義在如下幾個方面存在著明顯區別，這也是赫爾功利主義的鮮明特色：

　　首先，赫爾是從道德語言的邏輯分析出發，來論證其功利主義立場的。這可以從如下兩方面表現出來：一方面，他的新功利主義是以其後設倫理學之普遍規定主義為基礎的。特別是根據可普遍化原則，我們必須給每一個人的利益、欲望和意向以同等的分量，必須考慮處於相似道德情形中的人的要求，應該從每一個受到這一行為影響的人的地位出發來想像行為的後果，這直接體現著功利主義原則的基本要求。另一方面，我們甚至可以說，道德語言的邏輯分析是其功利主義思想闡發的基本方式。實際上，赫爾的功利主義思想也確實主要是在其著名的後設倫理學著作，如《自由與理性》、《道德思維》以及《道德語言》中加以闡述的。

　　其次，赫爾將其論述重點放在道德思維的兩種層次，即批判層次和直覺層次上。通過探討道德思維的批判層次和直覺層次，以及「批判性原則」和「自明的原則」，赫爾把行為功利主義和規則功利主義結合起來了。而且，赫爾還指出，在道德思維的批判層次上，康德主義和功利主義也是統一的。一方面，道德思維的批判層次依據的是具有「普遍規定性」的道德判斷，依據的是一些可普遍化的批判性原則，這充分體現了康德主義的實質；另一方面，道德思維的批判層次又必須考慮具體的事實情況（包括其他人的愛好、利益和意向等），考慮行為所可能帶來的後果，並通過可普遍化性原則，尊重和同等地對待他人的愛好、利益和意向等，從而實施合乎功利主義原則的行為。

　　最後，赫爾的功利主義理論既非純粹規範倫理學的，也非純粹後設倫理學的。他認為，一個完整的道德體系應該是形式與內容的

統一，它的形式必須具有可普遍化性的邏輯特徵和原則形式。這種可普遍化性只能從一種「邏輯事實」——即道德語言、語詞、概念等的邏輯特徵中推導出來，只能通過語言和語詞的規定性與可普遍化性的論據，才能使道德體系本身具有普遍的形式特徵，這就是康德曾經追求的，不過他的形式有所不同罷了。同時，一個完整的道德體系的內容必須依賴於經驗事實，具有實際的規定性特徵，只有這樣，才能使道德原則產生實際的作用，這是功利主義者所追求的真理。赫爾認為，建立這種道德體系的方法就是把上述兩個方面結合起來，構成一種新的功利主義。

在《道德思維》中，赫爾明確地指出：

> 總之，我們擁護的這種功利主義具有形式的因素（一種要求道德原則合理普遍化的重新系統化）和所提及的實質因素，它使我們的道德思維與現實世界聯繫起來。我們的功利理論的規範結果便是這兩種因素結合的結果，也就是說，它不只是一種規範倫理學理論，也不只是一種後設倫理學理論，而是兩者的聯姻。㊲

很顯然，在關於道德思維的理論研究過程中，赫爾已經深深感受到了後設倫理學的局限和困難。順應現代西方倫理學的發展趨勢，赫爾有意識地越出後設倫理學的領地，超越後設倫理學與規範倫理學的尖銳對峙，並以後設倫理學為基礎論證規範倫理學，試圖在兩者之間架設起一道橋梁。我們已經看到，赫爾的新功利主義就是這

㊲　R. M. Hare, *Moral Thinking: Its Levels, Methods and Point*, Oxford, Clarendon Press, and New York, Oxford University Press, 1981, p.5.

樣一種引人注目的嘗試。

　　稍後我們還會看到，赫爾以普遍規定主義為基礎的功利主義，或者說「康德主義的功利主義」，是其研究、解決具體道德問題的理論基礎。他關於一系列應用倫理學問題的探討，如「戰爭與和平」的問題、「權利、義務和正義」的問題、「安樂死」的問題、「墮胎」的問題、「素食」或「肉食」的問題等等，都是依據這種「康德主義的功利主義」思想進行分析與闡述的。

第六章 應用倫理學：方法與觀點

　　為人們的現實道德生活傳道解惑，是倫理學家的神聖職責與使命。站在後設倫理學家的陣營裡，赫爾難能可貴地聲稱，他一直懷著幫助解決實際道德問題的願望；而且更加難得的是，他也用自己的思想和行動，為應用倫理學問題的研究作出了重要貢獻。

6.1 應用倫理學研究的目的

　　自摩爾1903年發表《倫理學原理》以來，在幾乎整個20世紀上半葉，後設倫理學一直占據著學院倫理學之統治地位。尤其是在英國這塊後設倫理學的發源地，到20世紀30年代，已經很少有倫理學家去研究一些具體的實際道德問題了，至少大多數倫理學家都對具體的道德問題保持沉默。

　　後設倫理學的興起和發展，無疑極大地推動、深化了倫理學研究。它對「何以應該是道德的」的追問，它對道德語言的意義和用法的精微獨到的分析，它對道德判斷、道德原則之合理根據的求索，它對道德思維的邏輯規則以及具體道德方法的探討，都使倫理學研究獲益匪淺。我們確實應該已經發現，有些「倫理學家」儘管說了很多很多的話，寫了很多很多的書和文章，提出了很多很多的「觀

點」，但卻言而無物，言而無據，用赫爾的話說，不過是「空氣污染」，不過是「廢話」、「胡說」。而後設倫理學正是直指這些「學風」、「文風」和弊端的。這正如赫爾所指出的，分析倫理學的工作是極為重要的，它為道德論證提供一個堅實的基礎，使得好的道德論證和壞的區分開來；它使得道德觀點形成一個完整的理論，從而免得關於實踐倫理學問題的討論僅僅憑藉直覺來進行，而沒有理性和邏輯的支持，從而成為沒有價值的言論、甚至胡說八道。

　　可是，任何理論研究都有其自身的局限和盛衰規律。到了20世紀50-60年代，後設倫理學歷經直覺主義－情緒主義－規定主義幾個階段，經過摩爾、艾耶爾、史蒂文森、赫爾等人的努力，已經發展到了頂峰，其缺陷也開始日益充分地暴露出來。後設倫理學的語言與邏輯分析，已經使倫理學這樣一門具體科學變成了一種學院式的專門學問、專門「技術」。例如道德語言的「分析」，使得這門學科越來越繁瑣、甚至越來越類似於一種語言遊戲，圈外人幾乎是沒有希望讀得懂，用得上了。後設倫理學的邏輯與語言分析的目的，對於與人們的生活密切相關的規範倫理學來說，永遠都是間接的、有一定距離的。純粹的後設倫理學研究方式，並沒有涉入實際的道德問題，並不能給予人們的行為以實際的指導；而無論如何，道德是調節人與人之間的關係的，在現實生活中，任何人都不可能「中立」於一定的道德規範。正如後來的批評者弗蘭克納等人所指出的，儘管後設倫理學有助於概念清晰，明瞭事實，更好地研究規範倫理學，但倫理學主要是提供道德規範、以幫助我們解答什麼是正當的或應該做的理論，因此不涉及規範倫理學問題、不探討具體道德行為的「倫理學家」，總是一個無庸置疑的缺陷。事實也證明，正如沒有完全脫離內容的形式一樣，任何撇開歷史、現實問題的邏輯分

析，任何遠離道德現實的理論建構，都常常不可能獲得真正的科學結論。

特別是，20世紀中葉以來，人類正處於一個非常重要的轉折點上。一方面，隨著社會經濟的迅速發展，社會道德衝突日趨激烈，道德危機日益加劇。如人際關係緊張，權利利益問題突出，價值觀念衝突普遍化，等等。另一方面，一系列極為重要的道德問題正在拷問著人類的良知與良心，如公平與正義問題、戰爭與和平問題、生態與環境問題、人口爆炸及墮胎問題、高新科學技術（核武器、生殖技術、安樂死、試管嬰兒等）所引發的倫理問題，等等。這些尖銳的、不容迴避的問題，要求人們給予回答，並必須立即作出正確地抉擇與行動，否則可能帶來異常嚴重的後果。

這其中，尤其是現代生物技術、醫學技術的快速發展所引發的一系列問題，如安樂死是否道德？墮胎是否人道？試管嬰兒是否會影響人類至善的母子親情？等等，在世界上，尤其是對比較發達的西方產生了巨大的衝擊。人們甚至來不及反思自己所持有的倫理學理論、等不及選擇倫理學研究方法，就迫不及待地投入了廣泛而激烈的爭論之中。因此，如圖爾敏等人甚至認為，是醫學「挽救」了倫理學。

總之，後設倫理學的不足與缺陷引起了越來越多的哲學家、倫理學家的不滿甚至反感，而現實的道德問題又亟待人們去回答，於是，西方倫理學界終於又出現了向規範倫理學、應用倫理學回歸的傾向與趨勢。

當然，倫理學家們，包括赫爾自己要研究應用倫理學，也有其自身的實際理由，例如，他們都希望自己的理論更加大眾化、更能為一般人所接受。理論家是屬於社會的，他們沒有理由不關注社會，

不回答具體道德問題。況且，他們接受了公眾的錢，如果從研究中看不到什麼明顯有幫助的結論，也就將使公眾不滿意，他們也將因此失去很多。另外，一個更有力的理由在於實踐的呼聲：我們要尋找實際道德問題的答案，也許哲學會是有幫助的。赫爾表示，自從他投身道德哲學研究以來，他一直希望解決一些在二戰期間一直困擾著他的一些實際道德問題。他發現，如果哲學是一種可行的倫理學理論的話，確實會對人們解決這些問題有所幫助。這種幫助體現在，它首先能幫助人們把一些細枝末節——這些細枝末節可能生成一些大的混亂——闡釋清楚；更重要的，它通過澄清道德語言的意義、用法及其邏輯——如果人們做得十分好的話，來幫助人們解決實際道德問題❶。赫爾自信，他自己所創立的理論就是這樣一種可行的、有幫助的倫理學理論。

總的來看，赫爾作為一位分析倫理學家更為引人注目，但赫爾作為一位具有現實感的時代倫理學家，他很敏感地回應了倫理學發展的上述傾向與趨勢。他的普遍規定主義理論，被用來為功利主義作論證；在赫爾的《道德思維》中，我們已經看到，其道德批判思維引用的即為功利主義原則，他所得出的也是功利主義結論。也就是說，赫爾已經在試圖把後設倫理學與規範倫理學統一起來。至於應用倫理學問題，儘管赫爾在其學術生涯的早期，並未加以過多的研究與寫作，但赫爾卻從來沒有真正停止對之的思考，赫爾總是懷有幫助實踐倫理學問題的願望，早在1955年，他就曾發表過一本名叫《倫理學與政治》的論文集，其中主要討論了諸如當政府行為不道德時公民的義務等問題。後來，當赫爾對其理論更加自信時，他

---

❶ 參見 R. M. Hare, "Why Do Applied Ethics", *Essays in Ethical Theory*, Oxford, Clarendon Press, 1989, p.1.

寫作了更多的關於應用或實踐倫理學問題的論文和著作，這些論文
和著作後來都編入了《政治道德論文集》(1989)、《宗教和教育論文
集》(1992)、《生命倫理學論文集》(1993)等之中。

6.2　應用倫理學之研究方法

　　倫理學理論研究的目的在於指導人們的現實道德生活，以解決
人們所面臨的實際道德問題。但是，「理論是灰色的，而生活之樹
常青」。要把倫理學理論運用到實際中去，卻不是一件十分簡單的
事。赫爾在〈為什麼要應用倫理學〉(1986)一文中指出：「將任何有
用的理論應用到實踐中去都是不容易的，除非人們擁有可行的理論，
或者至少對理論動態有堅實而有條理的把握。」❷我們也確實常常看
到這樣一種情況，有一些哲學家、倫理學家在理論研究中是極其優
秀的，但一旦他們涉足實際問題時，卻往往做得並不怎麼成功。

　　不過，赫爾堅信，哲學家們是一定能找到適當的方法，將他們
的理論應用於實際、解決實際道德問題的。在應用倫理學研究中，
赫爾把這方面的工作視為自己最主要的任務；同時，這也是他的應
用倫理學思想中最有特色、最多貢獻的地方。

　　赫爾自信，他自己就尋找到了一種有效的應用倫理學理論於實
際的方法。在〈為什麼要應用倫理學〉一文中，他把自己的方式概
述如下：

　　　放棄對所有先前的道德信念的訴求；從實踐者們那裡弄清事
　　　實真相；通過適用於道德哲學家的理論方法（基本地，哲學

---

❷　Ibid., p.1.

邏輯或概念分析方法），設計一種產生關於道德問題的有效推
理的規則的可行的倫理學理論；然後，依據這些規則，從這
些事實中進行推導，試圖使實踐者們隨著這一推理，接受這
些結論。❸

　　這顯然是一種理論聯繫實際、或者說把倫理學基本理論與具體
的各行各業的道德實踐者的實踐相聯繫的方式。聯繫到赫爾在其他
著作中闡發的相關思想，這一方式大致可以分解為如下幾個步驟：

　　首先，放棄先入之見，努力把握事實真相。如前所述，赫爾認
為事實在道德討論中具有基礎性的作用。也正因為如此，為了把自
己的理論應用於解決實際道德爭端，赫爾參加了大量的討論具體問
題的工作會議、專家討論會，與來自各行各業、面臨各種具體道德
問題的人們（如醫生、精神病專家等）進行了探討。例如，赫爾曾
參加過威廉斯主持的關於淫穢出版物與電影審查的工作會議；參加
過瑪麗・沃諾克主持的關於人工受精與胚胎學的工作會議；在牛津
大學更是經常舉辦、參加各種研討班；……通過這些討論，以及接
觸實際，赫爾自覺受益匪淺，認為自己找到了把自己的理論應用於
實際的方式，同時也發現了在某些方面進一步改進自己的理論的需
要。

　　其次，在技術上，弄清人們所使用的道德概念的意義，使道德
問題真正變得清晰起來。這是赫爾所堅持認為的最重要的一個方面，
也是赫爾應用倫理學思想的特色所在。

　　在〈道德哲學家能有助於醫學倫理學嗎？〉一文中，赫爾指出：
「如果道德哲學家對醫學倫理學問題不能提供幫助，他應該關門歇

---

❸　Ibid., p.7.

業。」 ❹ 但是他們應該怎樣提供幫助呢？顯然，傳統的方式並沒有什麼效果，以至過去人們認為它毫無幫助。當然，我們也不必尋求什麼萬能的靈丹妙藥。赫爾認為，「對於真正的哲學家來說，這個世界上最激動人心的事情──也許是唯一激動人心的事情──是使一些重要問題真正變得清晰」❺。哲學家不能僅僅只是給那些為倫理學問題所困擾的「病人」一些「吞服的藥丸」，哲學本身就是「醫術」，它以一種醫學所不能起作用的方式來為「病人」提供幫助。

人們常常看到，通過從無庸置疑的前提推導出結論的過程，哲學常常試圖向人們證明一些什麼。我們不妨以墮胎為例。從謀殺總是錯誤的，故意殺害一個清白無辜的人是謀殺，胎兒是一個人，且是清白無辜的，我們可以得出結論：墮胎是謀殺，是錯誤的。然而，這一論證至少有兩點可能受到攻擊，一是「謀殺」這個概念。「謀殺」的一種定義是意指「錯誤的殺害」，在這一意義上「謀殺」必是錯誤的。但是，這一含義卻不是另一個前提：「故意殺害一個清白無辜的人是謀殺」中的「謀殺」的含義。由於「謀殺」在兩個前提中的含義不一致，因而這一推理就是無效的。二是「人」這個概念。「人」這一概念可能更為複雜。在一定意義上，胎兒毫無疑問是人；在另一種意義上，只有當胎兒出生後才是人。那麼，我們如何確定「殺害一個清白無辜的人」中的「人」是在哪一種意義上使用的呢？此外，「清白無辜的」、「故意的」這些詞也可能給我們帶來麻煩。可見，在討論、論證道德判斷時，弄清人們所使用的關鍵概念的意義和邏輯性質是十分重要的。

❹ R. M. Hare, "Medical Ethics: Can the Moral Philosopher Help?", *Essays on Bioethics*, Oxford University Press, 1993, p.1.

❺ Ibid., p.2.

　　從這一例子我們可以看到哲學家在解決這些問題的第一個重要貢獻。因為，如果不搞清問題中的關鍵概念，包括諸如「錯誤的」之類道德詞的意義和邏輯性質，我們就不可能討論道德問題。為了建立有效推理或論證的規則，使人們免犯錯誤，對道德問題給出恰當的回答，因此，道德哲學就像是一種研究問題中的關鍵概念的意義和邏輯性質的訓練。用這種方式，一旦人們之間的爭端徹底清楚了，問題就絕不會如開始時那麼複雜。哲學上的困難解決了，人們才得以直接討論實際道德問題。

　　再次，澄清了概念以後，把所有各種混雜在一起的問題區分開來，加以分別解決。赫爾認為，在關於墮胎之類的爭論中實際上有三類問題：如關於胎兒和母親的目前狀況，以及若不墮胎，胎兒和母親的未來如何等事實問題；關於如何使用「人」這個詞（概念）的問題；以及如何對待胎兒和人這樣一些價值問題。混淆了問題的類型，人們便總在圈子裡團團轉，而永遠不能真正抓住決定性的第三類問題。

　　　哲學家的第二個貢獻是將所有這些不同的問題區分開來，然後我們就會看到，事實問題可以通過經驗的方法加以解決；邏輯的和概念的問題可在必要時借助哲學—邏輯學家的幫助來確定所用詞語的意思是什麼，如果我們想要改變用詞的意義，我們想改成什麼樣子，可以用這種辦法來對它們進行分類。最後剩下的就是評價問題。當我們解決了其他問題之後，這類問題就可能比較容易回答了，因為最後我們能夠看清這些問題，並把它們與其他種類的問題區分開來。❻

❻　麥基編：《思想家——當代哲學的創造者們》，三聯書店1987年版，第

第四，通過對道德語言的邏輯研究，建立一種可行的倫理學理論。這是解決應用倫理學問題的前提。

要將倫理學理論應用於實際問題的研究，當然首先得有一個理論。不過，理論家們常常會提出各種各樣的理論，當這些不同的理論應用於實際問題時，就可能會出現分歧與爭端。人們到底應該聽信哪一種理論呢？赫爾認為，有一些理論家的理論對於實際問題是不大可能有什麼幫助的。這可能至少是由於兩個不同的理由。其一，有些理論家的理論是訴諸共同的道德信念或輿論之上的直覺主義理論。這種理論是以所謂共同的道德信念或輿論為前提的，由於在很多時候並不存在所謂共同的道德信念或輿論，例如，我們可以想一想人們關於墮胎的激烈爭論以及多種多樣的見解，就可以明白這一點，因此，這種理論顯然是靠不住的，我們需要的是把我們的論證建立在關於道德問題所使用的道德概念的理解之上。使一些哲學家們感到苦惱的第二個麻煩也可能導致同樣的結論，甚至還可能更糟。他們可能認為，根本沒有希望找到任何一種倫理學理論，從而對道德概念給予邏輯解釋，並產生道德推理的規則。也正因為此，我們所能做的一切就是從多元論理論庫中交換直覺；即便我們不能對這些直覺加以論證，也沒有理由停止這種交換。可是，在這種情況下，一旦指導人們行為的直覺出現衝突，哲學家們就不可能提供任何安慰與幫助。赫爾認為，這兩種理論都是應該摒棄的。

赫爾自信，他自己所創立的理論，即通過道德語言的邏輯研究，建立在道德概念及其邏輯性質的基礎之上的普遍規定主義，以及以之為基礎的康德主義和功利主義相結合的理論，就是一種可行的、有幫助的、最好的倫理學理論。

229–230頁。

　　第五，運用康德主義和功利主義相結合的這種「最好的」理論，我們在稍後的論述中將會看到，赫爾對一些現實的具體道德問題，如政治倫理學問題、教育倫理學問題、醫學倫理學問題、乃至英國的市政規劃、交通堵塞和環境污染等問題，進行了獨到的分析，提出了許多有價值的見解。

　　當然，赫爾也承認，上述程序也可能存在著一些問題。例如，開始時，實踐者們並不喜歡對他們進行道德說教，特別是假如你對某一問題所試圖證明的實際結論，恰巧是他們先存疑慮的，或者如果他們從先前所接受的道德哲學理論中，不可能得出同樣的道德結論，那麼調查與討論就會存在比較多的困難。而且，這一程序更大的缺陷還在於，它切斷了哲學家們與那些非常重要的有用信息——具有相關經驗的人的道德意見的信息——之間的聯繫。例如，為了理解亞里士多德關於美德的思想，我們不僅要以邏輯方式對之加以考查，而且要根據人們對之是怎麼說的加以考察。分析、了解實踐者們在日常習慣中是如何使用一些道德概念的，他們有一些什麼樣的意見，無疑可以使我們少犯錯誤。不過，這並不等於訴諸人們的信念，甚至「道德上的大多數」也並不代表最終的道德結論。就像我們不能說，除了一些怪人和佛教徒，每個人都認為吃肉是對的，所以它就必定是對的。我們真正要考察的是人們的意見，即如果我們關於道德詞的用法和道德推理的規則的理論是正確的，這些意見是否是我們希望他們持有的意見。

　　考察的方法類似於波普爾的證偽法：通過觀察一個倫理學理論是否可以導出一個可被證偽的預言來加以檢驗。這裡的預言是依據一系列關於人們的偏愛、事實信念，以及道德詞的意義和用法的邏輯，而導出的人們的意見。人們的意見是許多因素共同作用的結果，

其中有些是理性的，有些是非理性的，有些因素可能會把人們導入歧途。特別值得注意的是，人們所使用的道德詞的用法和意義、以及推導規則也是其中的因素之一。

所有這些假設演繹程序還面臨著一些共同的困難。其一，我們把預言建立在很多假定之上，每次我們都只能檢驗其中的一個假定。當我們對之加以檢驗時，我們可能會以其他尚待檢驗的假定為前提。其二，關於實質上的道德意見的假定，以及關於道德概念的意義、用法及邏輯規則的假定是不同的。可在實際檢驗過程中，我們卻很難將之區分開來。

此外，我們還應注意的是，人們的道德意見往往只是對一個可行的倫理學理論加以檢驗，而不是對「道德真理」(moral truth)加以檢驗。因此，如果我們發現人們所持有的道德意見與我們根據某一理論導出的不同，這本身並不一定是對這一理論的反駁。不過，這可能導致一個問題，即在他們的思考範圍內，是否有其他的因素導致他們得出這些意見。如果僅僅只是由於他們據以形成道德意見的事實有誤，那麼，當他們獲得正確的事實時，他們就將修正他們的意見。但是，人們也可能為根深蒂固的偏見、一時的疏忽、混亂的思維所左右，從而得出錯誤的結論。當然，赫爾樂觀地認為，這樣的人並不構成「道德上的大多數」，即使現在也是如此。

為了避免以上的缺陷，赫爾認為，當我們同堅持不同道德原則的具體的實踐者們討論道德問題時，我們應該採取如下方式：

首先，從道德實踐者們那裡找出他們所知道的儘可能多的生成道德問題的事實。然後，以一種完全開放的方式，同他們就這些道德問題展開討論，試圖弄清他們在想些什麼，他們

給出了一些什麼理由。根據我的經驗，如果這樣做我們能學
到許多東西。❼

──赫爾指出，也許實踐者們不是道德哲學家，但在他們的工
作過程中，他們一直在盡力解決問題，儘管他們不能給其所使用的
道德詞的用法以一個哲學解釋，但他們確實懂得如何使用這些詞。
因此，我們可以合理地期望，他們是能在一定程度上超越偏見與混
亂，從而理性地思考這些問題的。赫爾結合自己的親身體會談到，
至少他在一些工作會議上接觸的一些醫生，在這些方面是做得很出
色的。

得到了我們的同事們的意見、以及他們為之給出的理由以後，
然後我們就能問，以他們所使用的概念的邏輯為基礎，在何
種程度上，一個有效的推理過程會產生那些意見。如果這些
意見有分歧，實際上他們也會產生分歧，那麼我們就可以進
一步追問，這樣一個推理過程將會支持哪些意見，反對哪些
意見。到這個時候，我們就達到了這樣一個階段，可以向非
哲學家們解釋這個推理了，因為在這個過程中，他們已經學
到了一些哲學的東西，就如同哲學家也從醫學中學到了某些
東西一樣。理想狀況下，因為理由已經變得清楚了，大家的
意見這時就會開始融合起來，你甚至能夠提供一份一致意見
的報告了。❽

---

❼ R. M. Hare, "Why Do Applied Ethics", *Essays in Ethical Theory*,
Oxford, Clarendon Press, 1989, p.12.

❽ Ibid., pp.12–13.

概而言之，倫理學理論直接應用於解決實際道德爭端，可以在兩個方面受益：第一，通過直接面對實際問題，可以暴露直覺主義者們（不論他們自己是否這樣稱呼）形形色色的主張，他們認為，訴諸（共同的）道德信念或輿論可以解決一切問題；第二，通過考察人們在不受根深蒂固的偏見、一時的疏忽、混亂的思維影響的情況下得出的實際結論，檢驗關於道德詞的意義和道德論證的規則的倫理學理論，如果它們與那些規則相符合，就能得到證實。通過反反覆覆的深入實際、進一步檢驗，這樣，我們就可以建立一種能應用於新的實際道德問題的理論。

6.3 權利、義務和正義

在應用倫理學領域中，政治倫理學是赫爾研究的核心問題之一。以普遍規定主義為基礎，赫爾對人們普遍關心的政治「權利」、「義務」以及「正義」等問題進行了討論。

6.3.1 權利的論證

在現代政治倫理學中，「權利」(rights)是人們關注的焦點之一。然而，如何對權利加以論證呢？

直覺主義倫理學家們認為，權利問題是無需論證的，僅憑直覺就可以作出判斷。但赫爾主張，權利並不是自明的，而是需要論證的。例如，羅爾斯的直覺主義正義論雖然正確地指出了，在一個具體境況中，我們總是要面臨如下問題：應該享有什麼樣的權利？哪些行為會造成對某人權利的侵犯？追問這些問題必然要求助於更一般的道德原則，這些原則是我們在具體境況中確定權利的依據，即

羅爾斯所謂的「正義原則」。 可是，這些基本原則又是怎樣、以及依據什麼被挑選出來的呢？ 羅爾斯設想人有一種「初始狀態」(original position)。在這種狀態下，由於「無知之幕」的遮蔽，人們對自己在這個世界上所處的特定地位、擁有的特殊利益和需要一無所知，因而就選擇了平等地對待所有人利益要求的正義原則。將基本道德原則的確定訴諸於處於「初始狀態」的人的直覺，這種非理性的論證是不充分的。羅爾斯之所以如此，之所以「滿足於將他的基本論點建立在他所謂的道德直覺上，是為了避免成為一個功利主義者的命運──這種情況在他看來是非常糟糕的」。但實際上，「如果他將（理性）方法堅持到底，而不是訴諸道德直覺的話，他的方法將引導他得出同功利主義相一致的結論」❾。而且，赫爾認為，當面臨道德爭端或衝突時，直覺將毫無幫助，因為引起爭議或衝突的恰恰是雙方所持有的直覺原則；而應該挑選哪一個原則作為行為的指導和依據，卻是直覺本身不能加以回答的，而必須訴諸於理性的方式。

根據道德思維的兩種層次，即直覺層次和批判層次的理論，赫爾指出，只有從直覺層次上升到批判層次，將理性主義方法貫徹到底，訴諸他所謂的不再產生歧義的「形式性權利」(formal right)，才能真正有效地解決各種具體境況中道德原則之間的衝突問題。

在赫爾的政治倫理學思想中，「形式性權利」是一個關鍵性概念。「存在著這樣一種人人都會贊同的純粹形式上的權利，即人人都有權得到同等的關心和尊重」❿。這一權利來自於道德語言形式

❾ R. M. Hare, "Arguing about Right", *Essays on Political Morality*, Oxford, Clarendon Press, 1989, p.107.

❿ Ibid., p.110.

上的特徵。任何道德命令都具有可普遍化性的形式規定，即當人們提出一個道德原則時，它就是被希望能夠為大家所共同遵循的。如果承認這一事實，那麼，當我們要求某人應該如何去做時，也就暗示了任何人（包括自己）處於同樣的情況下，也應該這樣做。這實際上已暗含著必須對人一視同仁的要求，即無偏私地對待每一個人，將所有人的愛好、意向、利益視為同等重要。「利益平等」的權利之所以是純粹形式上的，它是相對於「實質性權利」而言的。形式性權利所要確立的，只是每個人相同的利益、要求、愛好應該得到同等尊重的原則，而不因個人生理、社會屬性的不同而給予區別對待；而並沒有包含任何諸如人們有權做什麼、有權得到什麼的具體內容。實質性權利都有某種具體的內容，如平等地擁有財富、權力、地位等等的權利。實質性權利並非自明的、普遍適用的原則，還需要結合具體情況進行考察，而形式性權利建立在道德命令可普遍化性的基礎之上，它適用於一切情況，是我們在一切情況下作出道德判斷的最終依據。

　　在說明了「形式性權利」之後，赫爾進一步提出了根據形式性權利說明實質性權利、並據以在各種直覺原則之間進行選擇的方法。這一方法首先是要遵循「增進大多數人最大利益」的功利主義原則。「利益平等主義」(interest-egalitarianism)還帶來了一個更積極的後果，即應該努力確保每個人相同的愛好、利益等得到同等地滿足。而人的各種愛好、需要之間又有強度上的差異，因此，對之的重視程度也應有不同。由此可知，我們僅僅只能依據各種需要的不同強度來給予其不同程度的重視，而不管它們是誰的需要；或者，我們將偏愛強度更大的需要而不是偏愛哪一個（些）人。從「利益平等主義」出發就得出了這樣一個普遍的道德依據：使大多數人的利益、

需要得到最大程度的滿足與實現。其次，這一方法還要遵循「可接受性」原則。赫爾認為，無論是一般道德原則的選擇，還是實質性權利的確定，都應當遵循「可接受性」原則。「利益平等」原則要求視他人與我相同的利益、需要同等重要，這要求我們採取一種換位思維的態度，設身處地地考慮某一行為規定是否是可以被接受的。例如，假設有「黑人無權與白人同乘一輛車」的規定，因為黑人的膚色是黑色的。但根據「利益平等」原則的要求，白人就不能不設想他處於黑人的位置時也要服從這一規定，這明顯是違背他的意願而不能被接受的。按照道德命令的「可接受性」原則，這個規定至少在道德意義上就是不合理的。因此，任何實質性權利還要根據它們的實際可接受性而被挑選出來。

　　將滿足利益需要的考慮納入進來，是實用主義倫理學最基本的思想。其結論是，「如果某人喜歡做某事，而又沒有一個他不應該這樣去做的理由，他就應當被允許（有權利）按他自己的意願去做」❶。這個「不應當如此做」的理由僅是：他的這種愛好或需要同別人相反的愛好和需要相衝突，並且在強度上是較弱的；或者他無法接受別人具有與他同樣的愛好。事實上，當所有那些反功利主義者在解決實際道德問題時，他們都傾向於像功利主義者那樣去論證和說理。赫爾認為這一切都支持了他的論點：權利是需要確證的。而對於權利的論證來說，功利主義的方法或建立在「利益平等」原則上的方法是唯一有效地推證權利的方法。直覺原則的意義是很有限的，只是在直覺思維層次上才能給人的行為提供指導；一旦我們超越直覺層次而進入到批判層次，即當我們進一步追問在相互衝突的直覺原則中如何選擇時，直覺就不起作用了，而只能運用功利主

---

❶　Ibid., p.119.

義的理性推證。

赫爾進一步討論了自由和平等這兩種權利的論證。大多數人認為自由和平等是不證自明的人權。由於每個人都希望能夠做他自己想做的事情，所以都必然想要自由和贊成自由。既然自由是我應有的權利，根據道德命令的可普遍化特性，它也一樣應是所有人的權利。同樣，人們也認為平等權利是明白無疑的。但事實上，自由和平等的權利是如此地不明確，「它們往往不能告訴我們在實際情況下該如何去做」。這是因為，「不僅自由與平等這兩種權利之間存在著矛盾，就是在各個人的自由之間及不同方面的平等之間也存在著矛盾」❷。比如，一個人做某事的自由往往會同別人做另一件事的自由相衝突；人們在某一方面的平等也許會妨礙他們在另一些方面具有平等的權利，如在財富的平等與權力的平等之間就存在著嚴重的衝突。這些矛盾的存在，迫使我們重新檢討我們據以說明自由和平等權利的推論過程。

首先是不能夠把任何道德確信僅僅建立在道德直覺上。直覺不能夠解決道德衝突，並且削弱我們論證的說服力。只有使用理性推論的方法，才能給出道德信念的可靠理由。其次必須說明任何實質性道德原則所適用的具體條件。在這個條件的範圍內，我們應當堅持這一道德信條，但也承認它並非在任何條件下都是適用的。這就是說，「我們不僅需要清楚地表明自由和平等總的說來是好的東西，而且還要說明它們為什麼是好的東西；更重要的是，在什麼環境下什麼自由和平等才是好的東西」❸。即要考慮到自由得以運用和平

---

❷ R. M. Hare, "Liberty and Equality: How Politics Masquerades as Philosophy", *Essays on Political Morality*, Oxford, Clarendon Press, 1989, p.122.

等得以享有的具體條件。最後，赫爾再次強調了在討論任何具體道德問題之前，必須確定一個合理的道德推理方法。這個方法就是：道德語言可普遍化的邏輯特性決定了普遍適用的利益平等原則和最大程度實現大多數人利益的原則，這是我們進行一切道德判斷的最終根據。當我們依據這種邏輯上的規定或形式性要求行動時，就可以判斷出在一個具體境況中哪些道德命令、權利是合理的、可接受的，而哪些是不合理的、不可接受的。首先可以確定的是形式上的自由和平等權利。所謂形式性平等就是人人相同的利益有權利得到同等的關心與尊重。所謂形式性自由即每個人都有權利作為選擇自己的愛好、以及確立道德命令的裁決者。在由形式性權利進一步推出更具實質性的平等權和自由權時，即決定在一個具體環境中什麼樣的平等和自由才是可取的時候，由於我們不可能真正很清楚地預見到我們行為的後果，因此還需要增加一條「最大程度的實際可接受性」原則。

6.3.2　政治義務：對法律的遵守或反叛

政治義務只是廣義的道德義務之一種，而不是與道德義務相並列的另一種義務。在1976年發表的〈政治義務〉一文中，以及在後來發表的〈造反〉一文中，赫爾對一位公民所應承擔的政治義務，以及何時可以反抗這種義務，進行了詳細的說明與論證。

赫爾強調，政治義務是次一級的特殊道德義務，它必須符合道德的要求。堅持這一點就杜絕了把政治義務置於道德之上的觀點，並避免了「在『政治義務』名義下作出各種不道德的行為」❶。這

❸　Ibid., p.125.

❶　R. M. Hare, "Political Obligation", *Essays on Political Morality*,

種情況在實際生活中經常可以見到。按照通常的觀點，政治義務包含多方面的內容，比如遵守法律、維護法律和改進法律的義務，參與政治活動的義務，以及履行作為一個公民的各種職責的義務等。赫爾著重討論了「守法」作為一個道德義務的合理性，他首先區分了「遵守法律的義務」(obligation to obey the laws) 同「法定義務」(legal obligation)的不同含義。「法定義務」是法律內容自身向人們提出的義務要求，而不是從道德意義上作出的考慮。例如，在某一國家法律要求人們有服兵役的義務，那麼這就是一個法律所規定的必須履行的義務，而不去考慮它是否符合道德要求。而「遵守法律」卻是一個道德義務，它只要具有道德意義上的理由就是普遍適用的，而不管這一義務是否是法律本身所要求的內容。

　　運用其康德主義與功利主義相結合的方法，赫爾對「遵守法律」這一政治義務的道德合理性進行了論證。他指出，「遵守法律」要成為一個道德義務，必須滿足如下兩個條件：一是法律的存在本身是合理的、道德的；二是在法律存在的前提下，只有遵守法律才符合道德要求。法律存在的合理性也只能按照效果原則加以說明，比如調節財富分配的法律。儘管各種法律體系之間也存在著差異，有較好的法律與較壞的法律之分，但幾乎所有有法律存在的狀況比完全沒有法律的狀況要好。不管是哪種調節財富的法律體系，都比完全沒有這種法律存在能更好地增進大多數人利益，「無政府狀態很少能夠真正地有利於人民」。赫爾舉了一個例子來說明這一觀點。設想有一百個人流落到一個島上，其中一些人，包括我自己擁有充足的、甚至還有多餘的食物。但另一些人卻食不裹腹，忍飢挨餓。先看一種可能的情況：如果富足者們把多餘的食物分些給那些挨餓

Oxford, Clarendon Press, 1989, p.9.

的人，就將對島上的所有人產生最大的利益，或者說能最充分地發揮食物的效用。但在不存在法律強制的情況下，即使我願意拿出自己的食物，我也不能保證我的這種仁慈行為能夠為別的富足者所效仿。於是我就可能會運用領導權，通過召開島務會議並召募自願警察，建立起一套法律制度，來強制地對食物進行重新分配。當然也存在著其他產生最大利益的可能，比如給多勞者以更多的食物，從而刺激人們的生產積極性，最大可能地增加食物的產量、滿足人們的需要等。而這一切都有賴於建立起一套法律制度，迫使每個人必須採取符合一定規則的行為，以確保產生最大利益的可能性變為現實。

而法律一旦出現，「這一事實就改變了我們提出道德問題的條件」。比如，當衛生法沒有實施以前，我們也有保持衛生的道德義務，因為不講衛生會造成不僅對自己也對他人身體健康的危害，但是，一旦實施了衛生法以後，這種道德義務會變得更加重大。這是因為，在沒有衛生法以前，人們可能會由於對這一義務漠不關心而存在普遍的不講衛生的狀況，那麼我一個人是否保持衛生對大家的利益就影響不大。但是，當實施了衛生法以後，大多數人都不得不遵守衛生法的規定而保持衛生，我之是否衛生就關係重大了，會對大家的利益造成極大的影響。比如，由於我沒有遵守衛生法的規定而染上了傳染病，那麼我就可能將疾病傳染給別的健康人，以致更多人都染上這種疾病，從而對大家的身體健康造成危害。因此，「應當遵守法律」的第一個理由就是：一旦一個道德義務作為一套法律而出現，它的道德意義就會變得更加重大，是否守法、是否承擔起這一義務就將比沒有法律的時候對公眾的利益造成更大影響。同樣的考慮也適用於有關財產的法律。如果不存在財產，也就無所謂偷

盜，偷盜僅僅是相對於財產而言的。而如果不存在一個關於擁有權的法律——至少是習慣而成的法規，也就不存在財產一說。因此，如果承認「不要偷盜」是一個道德義務的話，那麼首先是由於有一個關於財產規定的法律存在。

　　那麼，就一般的情況而言，在法律存在的前提下，是否總是存在不要違法的道德義務？或者說，違法是否總是會造成對公眾利益的損害？有人會辯解道，小偷的行為除了對被盜人造成了傷害外，並沒有損害其他人的利益；況且，如果被偷的人很富裕而小偷很窮，那麼小偷的行為不是就更大地發揮了財富的作用、更大地增進了大眾利益麼？但是，這裡卻存在著一個嚴重的疏漏，即忽視了由於偷盜的存在而可能帶來的各種負面效應。比如為了防範小偷，國家和公眾不得不花費更多的金錢來採取防範措施，而且社會上還將日益普遍地增加不信任感，這些負效應所造成的損害都遠遠超過偷盜行為帶來的那一點點利益的增加。另一方面，「如果不去採取各種防範措施的話，偷盜行為就會變得如此之普遍，以至於導致整個財產制度的崩潰」**⑮**。另一個可能的辯解是，小偷知道不會有很多人效仿他的行為，因為人們害怕會受到懲罰；因此偷盜不可能變得如此之普及，以致使整個財產法瓦解。對此赫爾提出了如下反駁：問題是人人都有不被人占便宜的相同願望，當有人可以任意拿取別人的東西、而他自己也想拿卻沒有那樣做的時候，他實際上就被占了便宜，就因這種願望遭到挫折而痛苦。因此偷盜的行為不僅損害了被盜人的利益，也傷害了所有的人；如果法律允許的話，每個人都會想任意地拿取別人的財富，但由於這是不合法的，他們沒有那樣做；但是，小偷卻這樣做了，它實際上是占了所有人的便宜，損害了所

---

⑮　Ibid., p.16.

有守法者的利益，並給他們帶來痛苦。這種對多數人利益的損害已足以使我們譴責偷盜行為是不道德的，而不管它給小偷自己帶來了多少好處。

以上就是赫爾為「遵守法律」的要求作為一個道德義務而進行的論證。這些理由可以歸納為四點：⑴在法律存在的情況下，一個人違法就將比在沒有法律的情況下更嚴重地損害公眾的利益；⑵在法律存在的情況下，違法會帶來一系列的負面效應而危及公眾利益；⑶任何違法行為都有一種示範作用，都會鼓勵更多的人去做違法的事情，從而最終導致整個法律名存實亡的狀態，這種狀態顯然是不利於實現增進大多數人的最大利益的目的的；⑷在法律存在的情況下，一個人違法就是占了所有守法者的便宜，就是侵犯了大多數人的利益。除了這些理由外，赫爾認為還可以列出一些更特殊的理由，但這四條是最基本的。

「遵守法律」作為一種道德義務，不僅適用於每一個人，即它具有可普遍化特點；而且也適用於一般情況，即在大多數情況下都應當被遵循。赫爾強調，就一般情況而言，守法的義務是合理的、道德的，這個觀念需要反反覆覆地灌輸給每一個人。

但是，既然存在一般，也就有例外，在某些例外的特殊情況下，違法的行為或針對法律而造反的行為卻是正當的或合理的。也就是說，遵守法律、維護法律的權威作為一個公民的道德義務也是有限度的。在某些特定的情況下，我們恰恰應該打破現有的法律制度。甚至可以這樣說，在某些情況下，當法律是一些壞的法律，為了消除它們壞的作用，衝破這些法律就已經變成公民的義務。而「哲學工作的任務之一就在於努力去清楚地說明，在什麼情況下造反的行為才是正確合理的」❶。

　　在「違法」一詞下，赫爾又具體區分了「造反」(rebel)與「犯罪」(criminal)兩個概念。一種區分是，犯罪往往是指為了一己之私利或相當狹小範圍的人（比如罪犯的家庭）的利益去違反法律，而造反則具有某種利它主義的政治目的。這個目的不必是全體人民的利益，也可能是社會上某一個小群體的利益。另一種區分是，造反者通常的目的就是要改變某一法律制度及其實行手段，而罪犯犯法往往不是為了改造法律，相反，只有在法律存在的情況下他才能夠獲利。比如，如果沒有一條反對任意拿取別人的財物的法律，也就沒有偷盜行為給小偷帶來的好處，因為人人都可以這樣做。因此，赫爾將他要討論的情況嚴格限定在「造反」一詞的意義上，他要說明的是在什麼情況下造反才是有理的、符合道德的。

　　赫爾指出，僅僅只有在某些特殊的、例外的情況下，造反才是有理的。而就一般情況來看，遵守法律、維護法律是一個可普遍化的道德要求，因為由政府通過法律的制定和執行帶來的秩序與穩定是極其重要而必須的。它是我們獲得一定的安全與公正的保證（儘管還不是最理想的狀態，但總比一點公正都沒有要好）。因此，我們不應該為一些相對次要的原因而破壞法律，事實上許多違法的理由都遠遠不及維護法律的理由更充分，除非確實有這樣一個足夠強大的理由，說明打破現有法律帶來的利益會超過維護法律而產生的利益。

　　赫爾認為，有理的、合乎道德的造反，必須同時滿足如下兩個條件：一是「一種更美好的社會狀態只能通過打破法律來達到，而不可能通過合法手段去取得」❶。這種情況通常出現在極其腐敗的

---

❶　R. M. Hare, "Rebellion", *Essays on Political Morality*, Oxford, Clarendon Press, 1989, p.21.

專制國家，它的立法機構和司法機器都操縱在極少數人的手中。在這樣的國家，受到沉重壓迫的窮人如果希望建立一個好一些的政府，他們除了造反之外就沒有別的出路。第二個需要滿足的條件是，「現存社會的狀況必須是糟糕透頂的」⑱。對現狀的判斷，可以通過一種比較方法來獲得：當現存政權造成的罪惡大於在造反中和造反後可能引起的罪惡時，造反就是正確的。

最後，赫爾還具體分析了美國的情況。在赫爾看來，美國是唯一一個既堅持民主政治又保持了社會穩定的大國。民主政治是迄今最好的方式，既確保了各種自由，又保證了效率。儘管美國社會今天也存在著這樣那樣的問題，但顯然還沒有達到應當破除美國法律的那兩個條件。首先我們追求的目標可以通過合法的途徑，依靠耐心和政治技巧去獲得。首要的事情是弄清楚我們的政治理想是什麼，其次要能更好地了解現存政治體制的運行方式，從而使其更好地為我們的目的服務。如果有更多從事政治的人決心這樣去做，就沒有必要採取非法的活動，那樣只會弊大於利。同樣，也不存在第二個條件。在美國進行非法的暴力活動極有可能導致公眾要求增加警力以實行更嚴厲的統治，而不是像左派所希望的那樣會有更多的民主、自由。這種充滿暴力的狀況對任何人都沒有好處。總之，「美國現存的社會制度雖然遠非理想，但比起革命和無政府狀態而言，就是對那些最不幸的人也可以算是較好的。如果回復到無政府主義或法西斯主義的狀況，近幾十年所取得的進步都將毀於一旦」⑲。

---

⑰　Ibid., p.25.

⑱　Ibid., p.26.

⑲　Ibid., p.33.

6.3.3　正義與公平問題的沉思

赫爾認為，正義和公平問題是20世紀中葉以來非常熱門、非常重要的、道德哲學家們所難以迴避的一個問題。「我們的社會也許會因為缺少一種關於它的哲學的理解而陷入崩潰」[20]。而哲學家們的工作對解決這一問題具有重要作用，赫爾說：「我的確認為，如果人們聽聽哲學家們的話，哲學家們就能有助於解決這些問題」[21]。

赫爾指出，「倫理學理論應該能夠運用於實踐，而其中許多最重要的方面都涉及到了正義問題」[22]。在後設倫理學或批判的道德思維層次上，首先要確立的是「形式性正義」(formal justice)。「形式性正義」是所有道德準則的共同特徵，或者說是「道德原則可普遍化性的形式要求的另一個稱呼而已」[23]。根據這種形式要求，可以推導出關於道德的形式性原則。諸如在道德意義上不允許歧視任何人，每個人的相同的利益、需要有同等的重要性等。「形式性正義」就是指我們應當遵循這些最基本的道德原則來進行道德判斷和行動。當然，這種遵循本身並不足以確定在某些更具實質性意義上的正義原則。問題在於，我們怎樣能夠從形式性正義而得出某一具體條件下的實質性正義？

這個問題之所以提出，在於存在著各種實質意義上的正義，它

---

[20]　麥基編：《思想家——當代哲學的創造者們》，三聯書店1987年版，第238頁。

[21]　同上，第238頁。

[22]　R. M. Hare, "Justice and Equality", *Essays on Political Morality*, Oxford, Clarendon Press, 1989, p.182.

[23]　Ibid., p.183.

們的內容不能僅靠直接訴諸於道德觀念的形式特徵來確定，但能夠同其他前提或假設結合起來，間接地訴諸於這種形式特徵。在現實中有許多類型的實質性正義，但「企圖訴諸於通常對正義一詞的用法來解決哲學上的爭論是不可能的，因為這些通常的用法本身就是過去的哲學理論的產物」❷。關於一個行為不正義的判斷有時相當容易被另外的道德上的考慮所推翻，許多實質性的正義原則幾乎都是可超越的。當然這不意味著承認任何形式的一般原則都具有可超越性，在批判的思維層次上，或在後設倫理學層次上，形式性正義就是不可超越的。因此，正義的神聖性應當得以捍衛。按照亞里士多德的看法，應該對這些實質性原則給出特定的規定，即可接受的具體條件；從而使其滿足在批判層次上的形式性原則的要求，以使這些原則得以充分具體化，從而覆蓋所有的特殊情況。

　　赫爾具體討論了財富分配中的正義和公平問題。這是一個仁者見仁、智者見智的「老」問題，例如礦工們總是說，他們幹著令人討厭的工作卻沒有拿到更多的工資；領養老金的老人認為，如果自己因為燃料漲價而被凍死，這不公平；……赫爾覺得在這一問題上，他跟羅爾斯有一個共同的出發點，即他們都意識到，要解決具體情況下的公正與不公正的問題，必須首先確立一個挑選正義原則的方法。

　　　依我看，人們首先應該這樣問：「何種正義原則、社會產品公平分配原則被社會接受後會對全社會產生最好的結果？」如果我們能找到一套為社會普遍接受、並能以對全社會最好的方式來分配產品的公平分配原則，那我們就擺脫了麻煩。❷

---

❷　Ibid., p.184.

　　羅爾斯的觀點是：在受到其影響的所有人中，那些可以接受的
正義原則必須要能公平地分配由此而帶來的好或壞的結果。赫爾基
本上同意這一說法，並進一步指出，「這種公正性是由道德命令的
可普遍化要求所保證的」❷。而羅爾斯的錯誤在於，他把注意力集
中在那些沒有加以任何批判的、直覺的權利和公平概念上，他沒有
對分配中的正義原則進行嚴格的論證，他的推理中摻和了太多的直
覺，以至於他得出的結論是還沒有經過確證的。

　　赫爾指出，關於平均分配財富的原則是否正義，可以通過詢問
在形式上的正義原則是否要求平均分配來給予很好的說明。而一旦
這樣詢問，就會發現平均分配財富的要求並非總是有理的。設想在
一個小鎮上，一開始人們擁有相同的財富。然後從鎮上的每一個人
那兒分別取走一美元，並且這一美元的購買力之小以至於人們幾乎
都不在意它，因此每個人所受到的利益損失微乎其微。但是，當我
們把這些積累起來的一大筆錢給予某個人時，他就能夠到某地去過
一個假期，這帶給他的巨大快樂使其獲得的利益等於每個人極小損
失的總量。有人會認為這是不公正的，因為它打破了財富的平均分
配。但事實上，它卻符合平等地對待所有人相同利益需要的原則，
將對每個人造成的同等獲利或損失看作是一樣的重要或不重要。當
然，這裡還需要補充一條決定誰能擁有這筆巨款的原則。但無論如
何，不平等的分配並非就是不正義的。只有將形式性正義同經驗事
實結合起來，才可能對具體行為作出是否正義的判斷。

---

❷　麥基編：《思想家——當代哲學的創造者們》，三聯書店1987年版，第
　　238頁。

❷　R. M. Hare, "Justice and Equality", *Essays on Political Morality*,
　　Oxford, Clarendon Press, 1989, p.189.

　　這裡涉及到的一個經驗事實是,「遞減的邊際效用」(diminishing marginal utility)規律。一般情況下，如果從富人那裡取走金錢和財物分給貧苦的人，（雖然很難做到絕對平均分配）財富的總效用就會增加，那麼這就是合乎正義的。其理由就在於，比起富人從其被拿走的東西中所損失的利益，窮人將從他被給予的同等的東西中獲得更大的效用，一美元對於一個窮人的意義遠遠大於對一個百萬富翁的意義。可見，邊際效用規律為向富人不斷徵稅和「相對平均主義政策提供了理由」 ❷ 。

　　但是，同樣根據邊際效用的遞減規律，對於平均主義又有一些嚴格的經驗限制。因為，強硬的稅收政策也許會導致對生產積極性的打擊，從而減少被分配財富的總量，增加的稅收過重過猛也許會引起徵稅對象的強烈反感，以至於其整個階層從對社會的有利因素變成不利的或危險的因素；或者，即使這種情況不會發生，這些受到打擊的人也可能失去進取開拓的熱情，或者也可能會移居海外。當平均主義措施帶來了這種結果的時候,它就不再是符合正義的了。這完全是一個經驗事實的問題。因此，「最好的原則是那些能夠產生最大效用的原則，即它們的採用能夠最大程度地增進所有人的利益」 ❷ 。

6.4　關於教育問題的思考

　　教育倫理學是赫爾應用倫理學關注的又一個重要方面。在〈語言和道德教育〉(1973)、〈道德教育中的柏拉圖主義〉(1974)、〈作為

---

❷　Ibid., p.195.

❷　Ibid., p.195.

教育理想的自主權〉(1975) 等論文，以及《道德語言》中，赫爾對
如何教育我們的孩子等問題進行了討論。

　　在赫爾看來，道德判斷、道德原則具有規定或命令的性質，它
對人們的行為具有指導作用。甚至在有些時候，包括在日常生活中
的許多時候，人們並沒有時間來仔細思考應該怎樣做，而只聽憑「自
明的」的道德直覺、道德原則的驅使。因此，教育人們、特別是兒
童接受、認同什麼樣的道德原則、道德信念，這對於他們今後的行
為選擇是十分重要的。赫爾指出：

> 「我應該怎樣教育自己的孩子？」這一問題，……自古以來只
> 有少數哲學家曾經予以重視。一個兒童所受的道德教育對他
> 所產生的結果，大部分會保持下去，而不被日後的生活所影
> 響。如果兒童接受了一種穩定的教育，無論這些原則是善還
> 是惡，在他以後的生活中若想放棄這些原則都是極為困難的
> ——但並非全無可能。這些原則對他來說具有客觀的道德法
> 的力量，他的行為似乎給直覺主義的道德理論提供了許多證
> 據。㉙

　　雖然人們的道德意志是自由的，自主地進行教育是我們的理
想；雖然任何人都不能代替我們作出決定性選擇，我們也不能學會
怎樣作出最終的決定性選擇；但是，道德原則卻是可以學習的。一
位父親無法代替兒子作出決定，但卻可以通過言傳身教，使他牢記
父親的諄諄教誨，時時仿效父親所信奉、遵循的道德原則。當然，

㉙　R. M. Hare, *The Language of Morals*, Oxford, Clarendon Press, 1952,
　　p.74.

一位父親在給兒子奠定一個堅實的道德原則基礎的同時，也應該給兒子以充分的自由，以對這些原則根據實際情況進行修正、發展或徹底摒棄，從而作出自己的道德決斷。

> 從小時候起，我們就接受了那些基本的道德教誨，我們總是別人怎麼說，就怎麼做。如果我們按照別人說的去做，產生的總體效果總讓我們覺得，如果我們事先知道，我們就不會選擇這樣的行為，那麼我們就應尋求更好的忠告。如果我們接受了結果證明是好的忠告，一般來說，我們就會繼續遵從這種勸告，並接受那些在過去向我們提出這種忠告的人的原則。這發生在每一個有良好教養的兒童身上。科學家不會去重寫教科書，他把上面的內容視為當然的，而只是去堅持自己特定的研究。所以幸運的兒童從整體上接受長輩的原則，而在一些細節上加以調整，通過他自己的決定去隨時適應他自己的環境。這就是一種良好的社會道德能保持穩定，同時又要根據變化的環境加以調整的理由。❸

不過，有許多社會因素可能使這種狀況發生變化。例如，假設有某一代人——姑且稱之為第一代——接受了從父輩傳下來的固定不變的原則。假定這些原則在他們的頭腦中根深蒂固，成為他們的第二天性，以至於一般來說，他們總是不加思索地按原則行事，他們通過思考來作出決定的能力就會逐漸衰退。也許他們所處的時代狀況與這些原則產生時的社會狀況大致相同，他們雖然總是按照原則辦事，也不會產生壞的情況。但他們的兒子，即第二代人成長起

---

❸　Ibid., pp.71–72.

來的時候，會發現周圍環境已經變化了（例如，由於一場持久的戰爭或者工業革命）， 他們從小接受的那些原則不再適合了。而在他們所受的教育中，強調得最多的卻總是要遵守道德原則，而沒有教育他們根據具體情況作出選擇和決定，所以他們的道德就會成為沒有根基的，也會是不穩定的。他們只要按照固定的原則去做，其結果將經常是對自己的決定感到懊悔。第二代人中的大多數以及或許更多的第三代將不知道保持哪些原則，拒絕哪些原則；但他們在日復一日的生活中懂得了越來越多的東西——這不是一件壞事，因為它訓練了他們作出決定的力量，但處在這樣一種狀態中畢竟是痛苦的和危險的，他們中的一些人成為反叛者，他們廣泛、公開地宣稱，許多乃至所有舊道德都是毫無價值的、應該拋棄的。有些反叛者提倡和宣揚他們自己的新原則，而且在生活中忠實地履行這些原則，他們的這種道德實踐一方面可能對人類極有價值（他們會因此成為名垂千古的道德先師）， 另一方面也可能給他們及其追隨者帶來災禍。要完成這一過程往往需要幾代人的努力。當人們普遍學習如何為自己確定生活所應遵循的原則，特別是確定用什麼原則教育自己的子女的時候，道德才重又獲得活力。

前面已經提到這樣的問題：「我應該怎樣教育自己的孩子?」這個問題是十分重要的。一個兒童所接受的道德教育、以及通過這種教育所接受的道德原則，對他具有非常重要的意義。但是，如果我們接受的教育是完善的，那麼我們就會達到行為上的自主自律，我們就會逐漸懷疑和拒絕這些舊有的原則。正是這種原則使人類的道德系統發生變化，這是人和其他動物不同的地方。例如螞蟻，它的道德系統就不會發生變化。因此，即使對「在這樣或那樣的條件下，我應該做什麼」的問題，我可以根據自己在受教育中得來的直覺而

毫不含糊地作出回答，但在「我怎樣教育我的子女」這個問題上，
卻很可能會猶豫不決。

　　我應「嚴格」按我所受到的教育去教育自己的子女，以便讓他
們具有和我一樣的道德直覺嗎？或者外界條件變化了，父輩的道德
品質對於子女就不會有幫助了嗎？赫爾指出，也許我打算努力把子
女教育得和自己一樣，但這很可能會失敗；也許新的環境對他們的
影響實在太強了，迫使他們逐步拋棄了我的原則；或者，我可能對
這個奇異的新世界變得這樣困惑，雖然我們仍然憑藉習慣的力量遵
守我過去學到的舊有原則行事，但我卻不知道應該將什麼原則傳授
給我的子女。對於所有這些問題，都必須作出決定。只有最墨守成
規的父親，才會不假思索地、即使徹底失敗也要完全按照自己所受
的教育去教育子女。

　　當我們思考父母容易遇到的道德兩難境地時，就會明白許多在
倫理學中難於理解的東西。我們已經注意到，雖然原則最終必須依
賴原則的決定，而且這樣的決定是教不會的，但是原則卻可以被教
會。父母無權替自己的子女作這樣的原則決定。子女在今後的生活
中會自己作出決定，並使道德語言具有特定的形式。父母具有的唯
一辦法是通過道德教育，即通過示範和教訓來教導原則，同時使用
懲罰和其他時興的心理學的方法。有些父母對於是否應使用這些方
法、使用到什麼程度等問題不加考察。他們充分地使用它們，結果
使他們的子女養成了很好的直覺，能夠奉公守法，但卻不善於靈活
處世。而另一些父母則缺乏自信，他們不能充分相信他們思考的東
西，也不自信能傳授給子女一種固定的生活方式，他們的孩子可能
成長為機會主義者。他們能夠作出很好的個人決定，但卻沒有接受
一種穩定的原則體系。這種原則體系是每一代人留給後人最寶貴的

遺產。因為，雖然原則最終建立在原則的決定上，但這種建設是幾代人的工作。那些奠基者是非常值得同情的，除非他們是天才，否則不可能獲得許多重要的結論，就像一個沒受過教育的孩子，如果把他放到荒島上，或即使放到實驗室裡，他是不會做出什麼科學發現的。

　　處於兩種極端的教育方針之間的二難困境，很明顯是一種虛假的困境。為什麼這麼說呢？我們應回憶一下前面講過的關於決定和原則之間的動態關係。這很像學習駕駛汽車，如果只向一個人灌輸複雜的固定不變的原則，而使他沒有機會作出獨立的決定，這種做法是愚蠢的；而走入另一極端，讓一個人完全自己去摸索怎樣駕駛，也同樣是錯誤的。如果我們是明智的，我們應該做的是，既給他一個牢固的原則的基礎，同時又給他對這一原則所涉及的事情作出決定的機會，並對這些原則加以更改、改善、調整，以適應變化了的情況，甚至如果它們完全不適應新的環境條件時，就徹底摒棄它們。僅僅只是教導原則，而不給學習者根據原則自己作出決定的機會，就好比只念書本而不進實驗室一樣；反之，如果放任自己的子女或一個駕駛學校的學生隨心所欲地去做，就好比把一個孩子放在實驗室裡並對他說：「你自己去擺弄吧。」那麼這孩子也許玩得很高興，也許會弄傷了自己，但不可能學會什麼科學知識。

　　赫爾還討論了這一問題上的「客觀主義者」和「主觀主義者」之爭。前者強調父輩傳下的固定原則，後者重視兒子必須去作出新決定。客觀主義者說：「當然，你知道自己應該去做什麼，看看你的良心告訴了你什麼？看看你作出的判斷是否和絕大多數人的良心相符合。」他能夠這樣說，因為我們的良心是某些原則的產物，這些原則是由我們以前所受的教育深深根植於心中的。在一個社會中，

這些原則在個人之間沒有很大的差異。在另一方面，主觀主義者說：「但是無疑，在緊要關頭的時候——當我已在傾聽別人說什麼，並給自己的直覺，即我們所受的教育的積澱以應有的重視的時候——我最終必須自己作出我應當做什麼的決定。否定這一點的人就是因襲主義者，因為共同的道德觀念和我自己的直覺都是傳統的積澱，並且——除去這樣的事實，即世界上存在許多不同的傳統——如果沒有人去做我現在覺得應該去做的事即作出決定，傳統也就不會產生。如果我拒絕作出自己的決定，只是簡單摹仿父輩們的行為，那只表明我是比他們次要的人；因為，既然他們已經開創了事業，而我則只是坐享其成。」

總之，在認識中，學習使用「應該」之類道德語句（判斷），就是憑藉我們根據自己的決定所接受和制訂的原則體系或標準去證實這些語句。而道德上的成熟就在於根據具體的道德情形，學會作出以「應該」判斷表達的原則的決定，以調和兩種明顯衝突的觀點，實現道德上的進步。道德教育的目標也就在如此。

6.5　生命倫理學的二個問題

20世紀60–70年代以來，隨著現代生物技術、醫學技術的進步，醫學的發展面臨著許多前所未有的新難題，並對傳統的倫理觀念提出了許多新的衝擊和挑戰，這促使倫理學家們紛紛對之展開研究，並導致了「生命倫理學」這門學科的產生。從70年代以來，赫爾也十分關注生命倫理學問題，寫作了大量的生命倫理學論文，如〈道德哲學家能有助於醫學倫理學嗎?〉、〈精神病倫理學的哲學基礎〉、〈行為控制的道德問題〉、〈墮胎與黃金律〉、〈墮胎的康德主義方

法〉、〈畸形兒童：醫生和父母的道德兩難〉、〈健康保險政策：一些選擇〉等（這些論文後來都收入了1993年出版的《生命倫理學論文集》中），　對生命倫理學的某些問題進行了一些重要探索。這裡我們就對赫爾在這方面的重要思想作一簡介，當然，前面曾經討論過的一些問題，如醫學倫理學之研究方法問題等，就不多費筆墨了。

6.5.1　關於墮胎的倫理學思考

自 20 世紀中葉以來，關於墮胎是否道德的問題在西方引起了廣泛而激烈的爭論。赫爾在〈畸形兒童：醫生和父母的道德兩難〉(1973)、〈墮胎與黃金律〉(1975)、〈墮胎的康德主義方法〉(1988)等論文中，也對這一問題進行了系統討論。

如同對待其他實際問題一樣，赫爾認為，只有下決心搞清了消德哲學的基礎問題，我們才能真正討論、解決諸如「墮胎」之類問題。在這一問題上，目前流行的兩種論證方法是無所助益的：一種是依據胎兒或母親的「權利」來加以討論；另一種則把對「胎兒是人嗎？」的回答視為解決問題的關鍵，這種討論占了這方面研究的一大部分。

赫爾指出：前者的「權利」是建立在直覺主義之未加定義的基礎之上的，不同的人對於「權利」完全可能有不同的解釋，如在法律上，它與立法、與「合法的」或「不合法的」相聯繫，在道德上，它與「正確」、「錯誤」、「應該」相聯繫；當一位母親說她有權對胎兒做她應該做的事時，這裡的「權利」概念往往是不清楚的。而且，關於權利方面的各種道德原則必將引發衝突，例如關於謀殺和自由方面的原則就是如此。如果禁止墮胎，則可能侵害了母親的自由權；如果允許墮胎，則又似乎在允許謀殺。因此，對於原則，我們必須

更加審慎地思考。我們必須集中討論在特定情況下，對胎兒或母親應該或不應該做什麼。通過更明確地闡述原則，通過應用於一些具體情況，看看有無不引發衝突的情形。例如，如果確認胎兒在某種意義上不是人，那麼墮胎不是謀殺，因而這時我們就能堅持自由墮胎的原則，而又不會犯謀殺罪。

而後者的關鍵在於胎兒是否是「人」：只要這一問題清楚了，根據一些已有的道德原則，如殺害無辜的人是謀殺、是錯誤的，我們就可以得出答案。然而，如何確定胎兒是否是「人」呢？根據什麼確定他是否是「人」呢？這都是十分困難的問題。誠然，我們知道，對於胎兒是否是人的問題，有些事實是清楚的，例如我們很容易確定一位婦女體內的某個「存在物」是否是胎兒，但也有些事實並不確定，如胎兒何時有初步的意識？何時有痛覺？因此，儘管我們知道胎兒有變成成年人的潛在可能性，但確切地把握這一點也不是很容易的。另一方面，在某種程度上，「人」這一概念也不是很清楚的，「人」有多種意義，如說一輛車可坐6個人，那麼1位孕婦加上 5 位成人是允許的；而如果說胎兒也是一個人的話，那麼他也應該算 1 位。這裡首先又得確定胎兒是否有「權利」稱之為人，於是這又回到了前一個問題，即關於「權利」的問題。

此外，即使肯定了胎兒是人，我們也不過把胎兒歸入了「人」這一類之中，而對於墮胎是否道德並沒有給出回答。在是否道德的問題上，「人」這一概念並不起作用。

總之，赫爾認為，這兩種研究方式，特別是關於「胎兒是人嗎?」這種流行的追問，使研究走入了一條死胡同。這種討論不過是無休無止地浪費時間，我們應該避開它。赫爾建議，我們不妨忘了「人」這個詞，而去主要討論不應該墮胎的理由。例如，如果墮

胎時，胎兒感覺到很痛苦，那就是一個反對墮胎的理由。

　　在墮胎主義者和反墮胎主義者之間，赫爾並沒有鮮明的立場。赫爾的某些論證，可能是為墮胎主義者所歡迎的，而另一些論證則可能為反墮胎主義者欣賞。赫爾說：

> 我必須宣布，我沒有任何個人企圖——我既不是激烈的墮胎主義者，也不是激烈的反墮胎主義者。——我只不過強烈地想要抓住事情的根本。⑪

　　那麼，如何去抓住事情的根本呢？赫爾認為，以其普遍規定主義及其所擴展出來的道德黃金律（己所欲，施於人；己所不欲，勿施於人）為基礎，特別是以康德主義的功利主義為指導，我們就可以達到這一目的。

　　按照以普遍規定主義為基礎的康德主義的功利主義，按照「己所欲，施於人」的道德黃金律，人們應該同等地對待相同或相似情況下的一切事情。如果一個人對於自己的出生很高興的話，那麼，他也應該贊成不要中斷任何胎兒的妊娠；但如果一個人對於自己的出生不高興的話，他仍有理由贊成不對那些為其出生而高興的人實施墮胎。當然，這裡有一個唯一的或主要的前提，即如果沒有人為中斷的話，懷孕期很可能將以胎兒之出身和長大成人而結束；如果我們知道一個胎兒確定無疑將會小產，對之實施墮胎是不會有什麼道德問題的。

　　赫爾的這種理論要求既要考慮現實的情況，也要考慮假定的過

---

⑪　R. M. Hare, "Abortion and the Golden Rule", *Essays on Bioethics*, Oxford, Clarendon Press, 1993, p.152.

去和未來的情況。假設說，一個人對於自己的母親是否應該墮胎(這一胎兒就是後來的他自己)的問題，如果他當時能發表意見，那麼他會說些什麼呢？赫爾堅信，人都有要求生存的意向和願望，生存之於「我」都是有價值的；人也都不希望被殺，不想生活在被殺的恐懼之中；因而赫爾確信人們不會說：「繼續墮胎吧，對我自己也一樣。」特別是現在正常地、幸福地生活著的人們，一定會告訴他母親，她不應該墮胎，應該把孩子生下來。既然自己的母親墮胎是錯誤的，那麼所有母親墮胎都是錯誤的。如果一個人認為自己的母親不應該墮胎，而又認為其他的母親應該墮胎，那他就是一個不道德的利己主義者。

一般而言，從道德黃金律可以得出如下結論：如果沒有充足的使之失效的理由的話，不應該墮胎的原則是能成立的，墮胎直觀上和整體上看是錯誤的。不過，它錯誤的依據主要在於取消了一個「人」的生存，而不在於取消了一個胎兒的生存。既然如此，在很多情況下，我們也就不難發現有一些使之失效的理由，或者說發現一些特例。這就如同「全面禁止殺人」之類原則，常常也得有「自衛時殺人是允許的」之類特例。例如，如果一個胎兒存在嚴重生理缺陷，生下來極有可能是一個畸形兒，而其母親又很可能還能正常生育，考慮涉及到的多方利益，如胎兒的利益、母親的利益、其家庭成員的利益、醫生護士的利益、以及社會其他人的利益、甚至下一個孩子的利益，根據對這些方面價值的預測的功利估算，如果總體上墮胎是更有利的，那麼，墮胎就是有理由的。再例如，如果中止某一次妊娠是另一次更好的開始(其結果可能是一個健康的幸福的孩子)，那麼，也確實不必花太多口舌就能證明它是正當的；不過由於種種原因，說下一次可能懷的孩子比目前的好，這種概率是很低

的，因為諸如父母離異、一方或雙方去世、不想再生孩子的心理等等，都可能使得今後可能不再生孩子。——這裡赫爾引入了「可能性原則」(potentiality principle)的概念，設想了諸如母親中斷妊娠，而將來再生一個孩子的可能性。從赫爾的道德理論來看，他不僅要考慮目前的現實情形，也要考慮將來的、假設的情形，因此，這一「可能性原則」的概念是十分重要的。

很多人都反對對已經懷上的胎兒實施墮胎，但卻很少有人對未來將懷的孩子之道德發表什麼意見。赫爾從「可能性原則」出發，認為作出這種區分是錯誤的。赫爾堅決反對那種根深蒂固的、為人們毫無疑義地接受的假定：通過阻止其存在，人們就不會傷害他們。赫爾認為，上述區分的基礎是胎兒已經作為單個的生命實體存在，而未來可能的孩子也許還只是沒有結合的卵子和精子，只是一種可能的存在。但這種區分並沒有徹底地貫徹普遍規定主義及道德黃金律，沒有將上述二者同樣地對待。赫爾認為，如果一個人對自己的出生感到高興，那麼，聯繫道德黃金律，他就不僅有義務不墮胎，而且有義務不節育。也就是說，不僅對於已經懷上的胎兒，而且對於未來將懷的孩子，都應該同等地對待，都應該為他們的出生感到高興。

顯然，上述論證在一定程度上把避孕和墮胎的道德問題聯繫起來了。有些極端主義者對此認為，避孕如同墮胎一樣是罪惡的；另一些極端主義者認為，墮胎是另一種形式的避孕。但赫爾指出，避孕和墮胎之間還是有區別的。首先，如果允許，胎兒很有可能出生並長大成人，而單純性交的這種概率就小得多；其次，如果生育孩子是一般性的義務，那麼墮胎則意味著沒有完成這一義務，但至於你不想現在要孩子而實施避孕，則是完全可以等一等的；再次，懷

孕把父母和子宮中的孩子聯繫起來了,墮胎可能會對他們造成傷害,而僅僅避孕節育則顯然不會。因此，這些差異足可以說明避孕和墮胎之間是存在一定的道德上的區別的。

在〈墮胎的康德主義方法〉一文中，赫爾最後還指出：在決定是否允許墮胎的問題上，實質上是要處理好所有相關者的利益的問題，特別是母親的利益的問題。最好的方法必須考慮許許多多方面的相關因素。現在世界上有很多國家在實踐中是處理得很好的，他們對各方面的利益都考慮得很合理而公正。

6.5.2　健康保險政策的選擇

在1989年發表的〈健康保險政策：一些選擇〉一文中，赫爾運用康德主義和功利主義相結合的理論，從關於分配的公正性的一些討論出發，論述了應該制定什麼樣的健康保險政策等問題。

赫爾認為，按照康德主義的功利主義觀點，我們能夠對利益分配之平等的適當程度加以論證。首先，減少多數錢物的邊際效用，如果超過一定限度的話，就會造成如下一種情況：剝奪一個窮人和富人同樣多的錢物，對窮人的傷害會大得多。通過累進稅制一定程度地重新分配錢物過去常常被證明是合理的，而包括美國在內的大多數國家也事實上是這樣做的。尋求適度平等的康德主義的功利主義的第二個理由在於妒忌的失效。如果人們認為其他人毫不費力就能掙得巨額財富，人們就會產生妒忌；而妒忌是社會的膿瘡，它可能導致社會的不滿和不安定，甚至引起極端的造反事件。

赫爾從其意志自由理論出發，認為應該增加人們在購買健康保險問題上的「自主權」(autonomy)，即讓人們在影響人們未來的事情上自由地作出自己的決定。但這種自主權不是價值上獨立於功利

的，因為，第一，人們常常把「自主權」視為目的，為了自己的緣故而需要「自主權」；第二，如果你聽任某人自由地作出自己的選擇，他將常常──儘管並非總是──比其他人替他作出選擇更加明智。然而，有些哲學家把自主權看作是獨立於功利、獨立於推進人們的目的與利益的價值。他們論證說，存在這樣一些情況：比起讓某個人自己作出決定，干涉他的自主權、替他作出選擇可能會做得更好。例如，在醫生和病人之間，常常醫生替病人作出選擇和決定就更明智。這在一定範圍內闡明了個人與訴諸家長式權威之間關係的問題。在赫爾看來，這卻是不對的。首先，在多數情況下，多數人都願意自主地作出決定。很少有這樣的情況，有些病人急迫地想讓醫生決定什麼是最好的，強迫他們自主地作出決定將是殘酷的。其次，在絕大多數情況下，對病人來說，要求自主權的目的在於作出的決定是最好的。對於有能力的病人，如果醫生告訴其病情真相後，病人有最後的決定權，這對病人來說可能是最好的。對於沒有能力的病人，既應該考慮尊重其自主權的一般原則，也應該考慮其特殊情況靈活處理。赫爾相信，除少數哲學家外，任何人都不會認為自主權是一個壓倒一切的價值。總之，應該有一個尊重病人自主權的原則，真正地尊重病人的自主權力，並且要強制地執行。如果一個醫生沒有很充分的理由違背了它，他將感覺到自己犯了罪。但是，也確實沒有必要將所有的好醫生實際上都喜歡的自主權本身，視為神聖不可侵犯的獨立的價值。正確的做法是，在作出選擇和決定時，把對「自主權」之原則的尊重和實際的功利效果結合起來。

　　「自主權」的價值問題是否能用來支持關於健康保險的政策呢？很明顯，這裡的問題不是病人的自主權和他們的醫生的關係問題，而是個體公民的自主權和他們的國家的關係問題。赫爾認為，

目前「食品」分配的例子給我們提供了一個很好的思考路徑。實際上，長期以來食品的匱乏都是一個問題。自從18世紀始，大多數國家，至少包括大多數西方國家已經意識到一種責任，即不能讓其國民活活餓死。現在，許多國家為窮人們做了很多事情，當然，他們是否做得足夠了還是一個有爭議的政治問題。

健康保險和食物的福利性分配存在著某種相似性。我們知道，嚴重的飢餓、營養不良和疾病都是人類曾經遭受的巨大的災難，飢餓、營養不良常常引起疾病的流行，這三者常常對人們構成極大的威脅，甚至經常導致人的死亡。因此，為了消滅或者至少減少災難，我們有很多事情要做，有時甚至可以忽視許多其他的利益。健康保險政策和預防飢餓、過分營養不良的理由是相同的，一個有同情心的社會，不會僅僅因為國民貧窮而讓他們忍受飢餓、或死於可醫治好的疾病。

但是，這還僅僅接觸到主要問題的邊緣：所有文明的國家和所有文明的哲學家，都可能同意為很貧窮的人提供醫療保險和預防性藥物的規定。通過比較、評論英國和美國的健康保險系統，赫爾進一步闡明了自己對之的觀點。

美國和英國的健康保險系統之間存在一些重要的差別。美國的健康保險系統基本上是一個私有的系統，在這裡投保人的費用或者是他們自己支付的，或者是他們的雇主支付的；對於那些沒有工作的窮人或年老的撫恤金領取者，則通過稅收來籌措資金（當然不是很充裕）。總之，美國的健康保險系統是一個富人喜歡的系統（而即使是富人也不是很滿意）。相反，英國的健康保險系統主要靠稅收來籌集資金，在這一保險系統內的任何人都能得到所有的待遇。除了要支付少量的藥材費和相對多一些的看牙醫和配眼鏡的費用

外，其他醫療都是免費的。不過，在這一健康保險系統中，超過一定的年齡，實際上不能做諸如腎透視之類檢查治療；在某些被認為是非緊急的情況下，如髖關節復位，儘管可以得到免費治療，但常常須等待很長時間；對於這種情況，許多英國人也像美國人一樣，私人自己投保或者是他們的雇主給他們投保，當然這種保險費用比美國少得多，因為大多數保險已經通過健康服務免費獲得了。

近來，由於保險費用的上漲，美、英兩國的健康保險都面臨著危機。費用上漲有許多原因，這些原因在兩個國家都存在，但程度不盡相同。一是昂貴的新技術的開發；二是人口年齡分布的變化，隨著老年化社會的到來，越來越多的老年人需要得到醫療關懷；三是通貨膨脹；四是醫療事故的裁決和保險費用逐步升級（這對美國的影響比英國大）。 在英國還有另一個重要的因素，即人們的期望值的升高。所有這些因素意味著，相對人們所需要的健康服務來說，錢已經是遠遠不夠了。

兩個國家都面臨著同樣的問題，尋求的解決方案也開始互相接近。在英國，幾乎所有人都喜歡健康服務，健康服務也是比較令人滿意的。但近來因為費用逐步上漲，英國的保險系統也存在危險。保守黨政府已經倡導改革，在這種改革中，私人醫療將擔當主角，以在國家內部進行競爭。沒有人知道改革會向何處去，但看來將不會完全沿用舊制。在美國，診斷的相關組織按照病人的狀況將他們分類，按病人的不同狀況的標準價格比例支付治療費用；健康維護組織則更像是一個較小的健康服務的私人版本：保了險的病人有一個固定的普通的家庭醫生，通過避免不必要的治療安排，這種辦法也許可以縮減一些費用。不過，兩個國家都尚未找到最終的、合理的解決方案。

　　赫爾認為，從康德主義的功利主義的觀點來看，我們是可以找到一種解決方法的。如果每個人健康保險的標準上升到一個公平的水平上，如建立適用於一切人的最低限度的公眾健康服務，再加上某些人所願意並支付得起的特別保險，如要求私人床位、昂貴的心臟移植等，就可以比較合理地解決問題。赫爾猜測，英美兩個國家最終將會有一個統一的健康保險系統，這個系統將既充分考慮進入健康保險的每一個人的正常的需要、以及應付所有普通的突發事件的需要，同時也將為支付了特別保險費用的人提供特別的服務，如利用那些昂貴的新技術手段為其治病。

　　赫爾的應用倫理學思想是十分豐富的，涉及的問題也很多。除了我們上面所闡述、剖析的這些方面以外，他還對許多其他應用倫理問題，如戰爭與和平問題、環境規劃問題、動物保護（素食主義）問題、宗教與倫理學的關係問題等，在其普遍規定主義，以及「康德主義的功利主義」基礎上，進行過比較深入的研究。限於篇幅，同時也由於有些在第一章中已經作過簡要地介紹，這裡我們就不逐一地加以討論了。

第七章　赫爾思想的總體評價

20 世紀現代西方倫理學的發展確實是十分輝煌而引人注目的，它有許多重要而影響深遠的成就，也造就了數位名垂青史的世界級大師。規定主義的創立者赫爾當然也是其中重要的一位。

7.1　規定主義與相關理論之關係

眾所周知，赫爾是一位引起了廣泛注意、也引起了很多批評與非難的倫理學家；同時，他又是一位決不屈從、不懈辯護與抗爭的鬥士。在幾十年的漫長學術生涯中，他不僅系統地闡述了自己的倫理學思想，也對很多相關倫理學流派進行了全面的分析與批判。他的思想正是在對這些相關倫理學流派的繼承、分析與批判中，也在對來自這些方面的批評進行反擊與辯護的過程中，才得以創立、並系統地加以闡述的。

1997 年，78 歲高齡的赫爾還出版了一本這方面的專門性著作——《清理倫理學》。在這本著作中，他將倫理學理論分為描述主義（廣義）和非描述主義兩大類❶，並對之進行了比較全面的分析與

---

❶ 描述主義（廣義）主要包括自然主義和直覺主義；非描述主義則包括情緒主義和理性主義的非描述主義（這主要是指赫爾自己的普遍規定

批判。這裡，參考赫爾以前著作所闡發的思想，我們就對之作一扼要地評述。

7.1.1　與直覺主義者摩爾的關係

在現代倫理學史上，摩爾是一位舉足輕重的關鍵性人物：他既是後設倫理學的先驅者和創始人，也是直覺主義倫理學的奠基者。在西方倫理學史上，他的思想發動了一場「哥白尼式的革命」， 20世紀以來的英美哲學家、倫理學家很少有不受他的影響的。赫爾自然也是如此。

綜合來看，摩爾對赫爾的影響可從如下一些方面體現出來：首先，如前所述，摩爾開創了後設倫理學之先河，赫爾是語言分析學派的主要代表人物之一，他的這種研究旨趣、風格，顯然與摩爾是一脈相承的。其次，對於摩爾以「自然主義謬誤」反對傳統倫理學，特別是自然主義倫理學，赫爾是深表贊同的。赫爾也堅持道德語言的非描述性，反對自然主義將事實和價值相混淆，從而對自然主義提出了種種批判。對於20世紀出現的新自然主義（描述主義）思潮，他也與之進行了長期的論戰。再次，在一定意義上，赫爾也贊同直覺在道德哲學中的作用。他指出，「直覺是很重要的，……它們的重要在於，對於大部分道德難題，我們沒時間去思考，而有時思考是危險的，正如哈姆雷特所發現的那樣」❷。在《道德思維》中，他還提出了道德思維的直覺層次，深入分析、剖析了其在倫理學中

主義，也許還包括其他的什麼）。　參見R. M. Hare, *Sorting out Ethics*, Oxford, Clarendon Press, 1997, p.42.

❷　麥基編：《思想家——當代哲學的創造者們》，三聯書店1987年版，第227頁。

的作用。第四，摩爾認為，倫理學是關於評價、鑒別行為好壞的理論，科學事實能夠告訴我們實際上人們是如何採取行動的，但卻不能真正解決「什麼是善」和「我應該做什麼」之類問題。摩爾以其「自然主義謬誤」、「善不可定義」以及「摩爾的開放問題論證」等，進一步補充與發展了休謨關於事實與價值關係問題相區分的思想。自摩爾始，西方倫理學逐漸轉向在將事實與價值、道德與科學知識絕對對立的前提下討論問題。這一事實與價值相區分的前提也是赫爾思想的邏輯基礎。他甚至比摩爾走得更遠：他認為從事實前提中是絕對推不出價值或道德結論的。

　　同時，作為一位語言分析倫理學家，赫爾也對摩爾的直覺主義等思想進行了清理與批判。

　　首先，赫爾指出，摩爾等直覺主義者仍如同自然主義者一樣，默認了一種關於道德語言的指示理論，即它確信道德語言的意義在於指稱或指示某種被稱為「善（惡）」的對象或屬性。在這種意義上，它可被劃歸「描述主義」倫理學一類。當然，這種被稱為「善（惡）」的對象或屬性是非自然的、非經驗的，是不能加以定義的，是不能加以證明的，它只能通過人們的「自明的」直覺加以把握。眾所周知，這種理性難以把握的、神秘莫測的「直覺」，卻也很難讓人信服，直覺主義引起的疑問或批評也不比自然主義少。而且，摩爾等直覺主義者對直覺的理解是不正確的。直覺主義者將直覺理解為人先天固有的神秘能力，能判別是非、善惡，能解決一切道德問題。赫爾認為，直覺主義把道德現象有本質和人對之的心理感受混淆在一起了。顯而易見，要是從童年時我們就受到遵從一定原則的教育，那麼，違背這些原則的思想對我們來說就是不能忍受的。「實用的原則，如果它們相當早以前就被接受了，並且沒有受到懷

疑，那麼，它們就獲得了直覺的效力。」❸ 道德直覺並不是一種特殊的超個人的認識能力，而是從兒時起教育和經驗的結果。赫爾還指出，摩爾的直覺理論最重要的缺點是它取消了行為的選擇問題，而這對道德來說，卻是十分重要的。此外，赫爾還認為，摩爾關於「善」或基本道德原則是「自明的」論點也是錯誤的。他曾這樣加以駁斥：(1)假如把「自明的」含義解釋為：否定自明就會自相矛盾，那麼，道德原則就不可能是自明的，因為這些原則意味著應該做某事，而不做另一件事。也即一個自明陳述是這樣一種分析性陳述：只要某人曲解這一陳述的真實含義，他就會加以拒斥。可是，一個人不贊同某些道德原則，實際上是由於他理解了這些原則的真實含義。(2)假如將「自明的」釋義為：不可能從心理上拒斥這些原則，也是站不住腳的。因為某些對我來說是心理上無法否認的原則，對他人則可能完全無法認同。(3)在某些語境中，也許有人認為「自明的」意指「拒斥它是不合乎理性的」，可這已經偷換了概念。可見，如果說一般道德原則的主要職能是調節我們的行為的話，那麼，一般的道德原則就不可能是自明的。

　　其次，赫爾認為，摩爾有時將「善」的不可分析性、不可定義性，如「善就是善」，不是別的東西等，說得太過分了，以至於任何東西都因此之故，而不能被定義。

　　在《道德語言》之〈自然主義〉一章中，赫爾指出，每一定義都在一種意義上是分析的，而在另一種意義上是綜合的。例如，「幼犬就是未成年的狗」是一個關於「幼犬」的定義。這一定義可以表達為：「『如果任何東西是幼犬，則它是一條未成年的狗，反之亦然。』

---

❸　R. M. Hare, *The Language of Morals*, Oxford, Clarendon Press, 1952, p.165.

這一語句是分析的。」這一定義中的一部分：「如果任何東西是幼犬，則它是一條未成年的狗，反之亦然。」是分析的；而整個語句：「『如果任何東西是幼犬，則它是一條未成年的狗，反之亦然。』這一語句是分析的。」　則是綜合的。也正由於定義在一定意義上是綜合的，因此，儘管「如果任何東西是幼犬，則它是一條未成年的狗，反之亦然。」是分析的，它也並不等於說「幼犬就是幼犬」。可見，一定義是分析的，它既有別於「幼犬就是幼犬」這種分析語句，也有別於「幼犬很可愛」這種綜合語句。

　　赫爾認為，否定道德術語——例如「善」——可以用自然主義性質來定義，並不等於否定任何定義的可能性。赫爾同意摩爾的立場，反對自然主義，但他卻是基於其規定主義觀點，認為道德語言的意義和功能在於命令或規定，如果用沒有包含這些含義（命令或規定）的另一些術語來加以定義，是不恰當的。善是許多不同事物、現象和行動的共同特徵，它的一般意義在於被稱為「善（好）」的東西，會成為贊賞、建議的對象。只是這種贊賞或建議並不是在下定義罷了。

　　再次，赫爾認為，儘管大多數直覺主義者的主要動機是避免相對主義(relativism)，然而由於人們的直覺很難普遍化，他們仍然不可避免地陷入了相對主義的泥坑。

　　最後，赫爾也並不贊同摩爾等直覺主義者企圖溝通事實與價值的如下觀點：基本的價值（倫理）判斷都是通過直覺而不證自明地察知的，通過直覺完全可以建立事實與價值之間的聯繫。赫爾認為，事實與價值（道德）在邏輯上是有嚴格區別的，價值（道德）判斷不可能從事實判斷中推導出來，從而在事實與價值之間掘了一道鴻溝。

7.1.2　對情緒主義的批判和超越

　　赫爾走上學術道路之時，正是情緒主義如日中天的時代。他的思想，特別是其規定主義倫理學，與情緒主義有著深刻的理論淵源。一方面，他是在情緒主義，特別是在艾耶爾的影響和熏陶下開始其倫理學研究的；另一方面，也是在批判艾耶爾、史蒂文森等情緒主義者的基礎上，他才提出了其規定主義倫理學學說。

　　當赫爾的第一部著作《道德語言》出版以後，赫爾曾被很多人誤認為是情緒主義者，甚至直到今天，仍然有些人對他們不加區分。在《赫爾及其批評者：道德思維論文集》(1988) 中，赫爾在答一些批評者時，曾經明確指出他與情緒主義的關係：

　　　　在反對描述主義這一點上，我確實曾經跟隨過情緒主義者。但我從來就不是一個情緒主義者，儘管人們經常這樣稱呼我。確實，我是從試圖反駁情緒主義者而開始我的道德哲學生涯的，我不能接受他們的非理性主義。但是，與大多數他們的反對者不一樣，我認為，不是非描述主義，而是非理性主義是錯誤的。所以，我的主要工作是發現一種理性的非描述主義，這導致我立足於命令句——最簡單的規定形式——來設立我的理論，儘管它不是描述，但卻最容易受到邏輯的約束。❹

　　確實，不容否認的是，赫爾的規定主義思想與情緒主義在不少

---

❹　D. Seanor and N. Fotion, *Hare and Critics: Essays on Moral Thinking*, Oxford University Press, 1988, p.210.

方面存在相同或類似之處。首先，赫爾的規定主義和情緒主義一樣，都是後設倫理學的重要學術成就，都是後設倫理學發展的重要歷史階段。他們都強調對道德語言的研究，都注重倫理學研究方法的探討，認為只有弄清了道德語言的性質、意義和功能，只有找到了倫理學研究的適當方法，倫理學研究才是有意義的、有價值的，否則，倫理學研究將不過是「胡說」、「廢話」（情緒主義者），或者是「胡說八道」、「糊裡糊塗」（赫爾）的。其次，赫爾的規定主義和情緒主義都屬於非描述主義或非認識主義，在他們看來，價值判斷是一種非認識的或非描述性的判斷，其基本性質是非描述的、並非純客觀的。他們都否認道德現象的客觀存在，否認道德判斷是對於客觀道德現象的認識，認為道德語言、道德判斷不過是主體的情緒，態度、命令、要求等的表達。再次，赫爾的規定主義和情緒主義都認為，道德語言對人的行為具有某種作用。當然，赫爾也反對情緒主義那種極端的觀點——即把倫理判斷看作僅僅是發洩、喚起人們的情緒，他甚至反對史蒂文森的觀點：倫理判斷在於影響人們的態度，而主張用一種理性的方式來理解道德判斷，認為道德判斷的功能主要在於命令或規定，它對人的行為具有指導作用。

　　赫爾的規定主義同情緒主義既具有某種聯繫，但同時又有本質的區別。赫爾認為，情緒主義的根本問題或缺陷——正如不少批評家所指出的——在於對待價值或道德問題過分情緒化、過分非理性化。赫爾對情緒主義的批評、他所提出的規定主義倫理學主張，都顯然比情緒主義更加理性化得多。他站在非描述主義的立場上，試圖克服非描述主義帶來的非理性主義，通過揭示道德語言的邏輯屬性，建立一種理性的推理理論，所以赫爾又自稱自己的理論是理性主義的非描述主義。

　　具體來看，這主要可從如下幾方面表現出來：首先，在道德語言的性質和意義問題上，赫爾的規定主義並不認為價值或道德判斷僅僅是情緒或態度的發洩、表達，它還有更多的意義，即規定、指示、命令等等。其次，情緒主義者和赫爾都從功能的角度考慮價值或道德判斷的性質，但是，情緒主義者把價值或道德判斷發生作用的過程，看作是一種刺激反應的心理過程，而在赫爾看來，價值或道德判斷對於他人或自己的作用過程，是一個理性的過程，即建議、推薦、指導的過程。如果說在情緒主義者那裡價值或道德判斷是一種影響情緒或態度的刺激物，那麼，赫爾則將之視為行為的原則或根據。再次，赫爾的規定主義否認價值或道德判斷是純粹相對的，肯定了價值或道德判斷的普遍有效性。情緒主義是「徹底主觀主義」的，他們認為，僅僅表達價值或道德判斷的句子什麼都沒有說，它們純粹是感情的表達，這種主觀的、相對的價值或道德判斷沒有普遍有效性，也是不能爭論的。赫爾則反對這種極端相對主義的觀點，認為價值或道德判斷雖然不同於描述或事實判斷，但在可普遍化這一點上，兩者具有一致性，其區別僅僅在於它們所依據的理由不同。第四，赫爾的規定主義肯定價值或道德判斷之間的邏輯聯繫，把價值或道德推理看作是一個理性的過程。早期情緒主義者認為不能用任何理性的方式使倫理判斷得到證明，後來史蒂文森雖然肯定了價值或道德推理的存在，但他運用的方法也主要是一種「非理性的心理學」方法，認為這種推理主要是一種非邏輯的心理過程❺。而赫

---

❺　雖然史蒂文森的方法理論中包括理性的或邏輯的方法，但它主要是影響人們的信念，而影響人們態度的方法則是「話語的陡然的、直接的衝擊……，修辭的語調，恰當的隱喻，洪亮的聲音，刺激的作用，或者懇求的聲調，戲劇性的姿勢，小心謹慎地建立與聽眾或觀眾之間的親密

爾則不僅肯定了價值或道德判斷之間存在著邏輯關係，而且對這種關係作了深入探討；他所提出的「實踐三段論」式，是對非認識主義的一個重大突破。

總之，赫爾的理論較之情緒主義無疑更溫和、更理性、也更接近道德的實質。不過，我們也應該看到，赫爾的規定主義在價值或道德語言的性質問題上，仍然堅持非認識主義立場，它並沒有從根本上超越情緒主義。實際上，赫爾與情緒主義共同的根本缺陷在於：一是他們沒有正確地處理科學與道德、事實與價值的關係，而徹底地把它們割裂開來了；二是他們沒有正確地處理好道德語言的描述意義與情緒意義、規定意義之間的關係，從非認識主義的立場，把價值或道德語言的意義看作是純粹主觀的、非描述性的；三是把價值或道德語言的某一方面的意義和功能──表達情緒、態度、規定或命令──片面地誇大，甚至不能區分評價性判斷和規範性判斷的差別。也正因為此，相比情緒主義，赫爾的規定主義儘管將後設倫理學發展到了一個新階段，但不可避免地要受到強烈地批評、駁難，甚至被新的倫理學理論所超越。

7.1.3　對自然主義的批判

在倫理思想史上，「自然主義」是最古老、最流行的長期占主導地位的觀點。赫爾在摩爾、情緒主義者等的基礎上，對之給予了一些新的剖析與批判。

早在古希臘時代自然主義就已經萌芽了，如伊壁鳩魯 (Epicurus, 約342-270 B.C.)就把「快樂」視為最為需要和最普遍的「善」；大約

關係，等等」(C. L. Stevenson, *Ethics and Language*, Yale University Press, 1944, pp. 139-140.)非理性方法。

在18世紀至19世紀中葉，自然主義開始達到其全盛時期，邊沁和穆勒的功利主義是其最典型的理論形態；而當代最著名的自然主義理論則可推培里所創立的「興趣理論」。自然主義是以語言「指示論」為前提的，即語言的意義在於指示或描述某種對象事物及其屬性。也就是說，道德之善惡（或價值）就是事物可經驗地加以觀察的性質或屬性，如快樂、幸福（功利主義）；較進化的行為（進化論倫理學）；興趣（培里）等等物理的或心理的經驗事實。或者說，所有的道德與價值概念都能借助事實概念來定義，所有的道德與價值性質都可以翻譯為事實的屬性，如「某人的行為是錯誤的」，就可翻譯為「某人的行為與其家庭及所處文化所奉行的行為理想相抵觸」這樣一個原則上可證實的事實判斷。

自然主義作為廣為流傳的、涵蓋眾多相關學說的一個概念，是與直覺主義者摩爾、特別是其「自然主義謬誤」思想密切相關的。摩爾認為，「善」之類基本概念是單純的、終極的、不可分析、不能定義的，自然主義把善混同於某種自然物或某些具有善性質的東西，從事實中求「應該」，使「實然」與「應然」混為一體，犯了「自然主義謬誤」。摩爾的「自然主義謬誤」等思想，給自然主義學說以沉重打擊，在此後相當長一段時間裡，西方哲學（包括倫理學）出現了「語言的轉向」，自然主義日趨式微。

在反對自然主義這一點上，赫爾是追隨摩爾與情緒主義者的。赫爾也接受了「自然主義謬誤」的思想，反對用自然屬性給倫理學範疇下定義。赫爾認為，自然主義者的錯誤在於他們把具有描述意義的道德規則看作是道德語言的全部意義，因而落入了一種「描述主義」的極端。而在他看來，道德語詞的「描述意義」並未窮盡它們的意義，在其意義中還有其他因素可以產生與這種推理中的這些

語詞之邏輯行為不同的東西，這就是我們關於是否可以從「是」中推出「應該」的爭論焦點所在。進一步說，自然主義混淆了道德表達與描述表達、價值與事實之間的界限。赫爾宣稱，他「過去一直是而且今天仍然是休謨學說的捍衛者」，這種學說的實質是告訴人們「不能從關於概念之間的邏輯關係或詞的用法中推出實體性的道德判斷」。不能以道德判斷的描述意義代替它所判斷的實體本身，因之也不能把道德判斷當作一種道德實體或純描述表達。

特別是，赫爾沿襲了自休謨以來的關於事實與價值的關係問題的二分法傳統，並將之發展到了這一時期的頂峰。赫爾認為，價值判斷也有一種三段論式的邏輯推導關係，在《道德語言》中，他具體地研究了所謂「混合的」或「實踐的」三段論的價值推理，例如，

任何故意殺人的行為都是錯誤的；（價值判斷）

墮胎是故意殺人；（事實判斷）

所以，墮胎是錯誤的。（價值判斷）

赫爾認為，價值判斷是規定性的，具有規範、約束和指導行為的功能，而事實判斷作為對事物的描述，則不具有規定性，它們之間存在著不可逾越的邏輯上的鴻溝，單純從事實判斷是推不出價值判斷的。在上述推論形式中，大前提是一個價值判斷，小前提是一個事實判斷，結論是一個價值判斷。在赫爾看來，價值判斷的推理形式中，儘管有事實判斷，但大前提必須是一個價值判斷，這樣才能推出價值判斷的結論。因為現代邏輯把演繹推理看作是分析的，結論蘊涵在前提之中，前提中沒有出現的東西不可能出現在結論中，如果前提裡沒有價值判斷，推出的價值判斷的結論就不是有效的。因此，價值判斷不是一個事實判斷，它不能夠邏輯地從事實判斷中推出來，「應該」不能從「是」中推導出來。

對上述事實與價值截然二分的思想，現當代自然主義者也進行
了反駁。20世紀上半葉自然主義的代表人物之一杜威把自然科學方
法引進道德評價領域，提出了所謂「實驗法」；　培里則通過把價值
定義為「興趣」的對象，來聯結事實與價值。（參見7.3.1〈事實與
價值的區分是絕對的嗎?〉）而赫爾則認為，這種努力並不成功，仍
舊犯了「自然主義謬誤」。　而且，他們主要側重探討什麼是善（或
價值）以及善（或價值）的根據、標準之類問題，而並不重視對價
值語言的性質、意義、功能及證明等問題的研究，甚至對「自然主
義謬誤」之類也並不特別關心，因而他們並沒有根本改變傳統自然
主義的研究方式，所以也就不可能真正理解休謨、摩爾等人提出的
問題，更不可能有效地回答休謨、摩爾等人的詰難與攻擊。

7.1.4　與描述主義的論戰

自赫爾創立規定主義以來，對之的討論、批評幾乎使我們目不
暇接。在這些討論、批評中，最持久、最全面、最集中、最有影響
的也許當屬描述主義(descriptivism)。而赫爾1963年發表在《英國科
學院學報》第49期的〈描述主義〉、1986年發表在《今日英國哲學》
上的〈描述主義之歸謬〉、以及1997年出版的《清理倫理學》之中，
也對描述主義的駁難進行了充分的辯解與反擊。

「大多數的道德哲學家都是某種描述主義者」 ❻。一般來說，
描述主義屬於20世紀50-60年代崛起的新自然主義 ❼之一種。針對

---

❻　R. M. Hare, "A Reductio ad Absurdum of Descriptivism", *Essays in
Ethical Theory*, Oxford, Clarendon Press, 1989, p.113.

❼　新自然主義的主要代表人物有弗蘭克納、塞森斯格、福特等人，他們
試圖改變以往的自然主義者不重視理論證明和邏輯分析的缺陷，同時

規定主義者等後設倫理學家否認道德語言的描述性的觀點，描述主義者重新拾起了自然主義的核心觀點，他們認為，道德語言的規定性並不大於其描述性，事實和價值也並不如赫爾等人所想像的那樣，存在著二歧鴻溝。他們仍然認為，描述意義是道德語言的唯一意義，並試圖根據語言的非道德表達來定義道德語言，或至少給予它一種解釋。當然，他們也明顯地有別於傳統的自然主義，例如，雖然描述主義的主要代表人物福特、麥金太爾等人仍認為價值與事實是緊密相聯的，但他們並不像傳統自然主義者一樣，主張價值實際上就是事實，而認為價值不能還原為事實，事實也不能還原為價值，承認事實與價值之間不能簡單等同。❽

描述主義出於建立某種關於道德判斷的「客觀性」(objectivity)描述的願望，從而與赫爾的規定主義有一個大致相同的方法論前提，即試圖理性地、邏輯地思考道德或價值。可是，「客觀性」一詞是一個十分模糊、有歧義的詞，描述主義者往往堅持，只有他們才能達到「客觀性」。在這一點上，他們之間誠然是有爭議的。具體來看，赫爾與描述主義的論戰主要集中在如下兩個方面：

首先，在事實與價值、道德語言的描述性和規定性問題上，赫爾和描述主義是針鋒相對的。

針對赫爾等人將價值與事實區分為規定性的和描述性的，認為

也改變分析哲學只重視邏輯與語言分析的形式化傾向。他們在分析道德語言和邏輯的基礎上，同時展開自己的觀點。他們的觀點和傳統的自然主義有著一定的聯繫，但又有著明顯的區別，例如他們一般都並不直接主張價值就是事實，或者可以直接還原為事實。

❽　不過，也有個別「強硬的」描述主義者堅持事實與價值之間沒有任何區別。

道德語言雖然具有一定意義上的描述性，但它主要是評價性或規定性的觀點，福特指出，概念的思考表明價值與事實在邏輯上是相聯的，將它們分成兩種具有不同功能的類型是毫無意義的，甚至如「他是一位自私自利者」、「那是危險的」之類判斷中的「自私自利者」、「危險的」之類概念，都具有所謂事實與價值相纏繞的特性，以致不能區分其中的事實、描述成分與價值、評價成分；而且，概念的行為指導特徵與事實特徵，並不是憑藉把它們分為價值與事實兩個組成部分之類方式來辨別的。特別是，事實判斷和價值判斷並不是沒有聯繫的，如弗蘭克納指出，只要在進行推理時重視其合理性與正當性，即使前提中沒有隱藏的應然命題，有時也是可以從事實判斷或實然命題，推出價值判斷或應然命題的❾。可見，福特已接受了自休謨以來，由摩爾、情緒主義者和赫爾所發展起來的關於事實與價值的必要區分，並從對一些特殊的概念進行分析出發，證明關於語言的絕然二分是不成立的，從而找到了事實與價值相聯繫的一個關鍵點：既具有事實意義又具有價值意義的概念。這對反駁赫爾等關於事實與價值的二分觀念，顯然是有啟發意義的。但福特從具有事實意義又具有價值意義的概念出發，從描述性方面來解釋道德語言，這又是赫爾所不能接受的。

　　赫爾對福特等描述主義者的觀點進行了辯解與反擊。赫爾認為，描述主義的上述看法，事實上事先假定了「文化或語言決定道德觀點」。例如，麥金太爾就認為，道德語言（概念、判斷）的意義是與一定的文化中共同的價值、信念以及傳統相聯繫的，是由這

---

❾　參見 R. L. Holmes, "Frankena on 'Ought' and 'is' in the Monist", *An International Journal of General Philosophical Inquiry*, Vol.64, 1981, Number 3, p.401.

種文化的共同參與者所共同分享的，不同的文化有不同的「真值標準」(standards of truth) 和判定標準，因而也就有不同的「概念模式」(conceptual schemes)。在不同文化的不同「真值標準」和「概念模式」之下，道德語言（概念、判斷）的意義是不同的，不可翻譯的；如果我們不是這種文化中的一員，我們就不能運用像「危險的」、「有害的」、「錯誤的」這類純粹描述性的、不能相互理解的概念進行思考和交流；甚至一種文化中的人們都不可能與其他文化中的人們討論語言的區別。

赫爾認為，對於解決文化和生活方式之衝突，道德哲學家所能作出的最大貢獻就在於，弄清一些主要概念、判斷的意義和邏輯性質，區分道德語言的描述意義與評價意義（包括規定意義）， 以看看人們爭論的分歧到底在哪兒。從這一觀點出發，赫爾實際上並不否認「文化或語言決定道德觀點」這一假定，他認為，像「危險的」、「有害的」、「錯誤的」這類詞，在一定的文化中，如這種文化認定人類的安全、健康、生存環境等是有價值的，那麼，它才既包含描述性，又包含規定性；或者說，它是從這種假定的相應文化價值大前提中推出來的，在不同的文化中，對人們的行為確實可能有不同的判斷，例如，對於一位伊斯蘭婦女和一位美國婦女來說，同樣的衣著（如比較暴露的）、 舉止，由於其文化傳統的差異，從而就有明顯不同的評價。但是，儘管如此，不同的文化之間事實上還是有一些共同的價值標準的，我們可以把概念中的這種「價值意義」和描述意義區分開來；只要不同的文化中對一些主要概念，如「危險的」、「有害的」、「錯誤的」這類詞，給予大致相同的價值意義，這些概念就並不是完全不可翻譯、不可交流的，不是不可以討論其差異的。甚至即使不同的文化中沒有什麼「共同的價值」， 一些主要

概念如「錯誤的」的意義也不相同，我們仍然可以相互交流。我們的很多實際經歷就可證明這一點。

赫爾堅持認為，道德語言的規定意義是可以和描述意義區分開來的，價值在邏輯上也是可以與事實區分開來的。例如，對於「他是一位自私自利者」這一判斷，在邏輯上，我們仍可區分其自私自利的表現，以及人們對之的評價、態度等。而且，赫爾認為，這種區分是非常重要的，「除非透徹地了解這個『是』—『應該』問題兩個方面的論點，否則在道德哲學方面是不可能做出多少有用的事的」❿。他指出，迄今為止，那些堅持說可以從事實陳述中導出價值陳述的人，沒有一個取得了成功，沒有一個人出示過什麼有說服力的證據。

其次，描述主義者福特等人批評赫爾的另一個問題是：「我們選擇什麼樣的標準來確定道德之善呢?」或者說，在選擇作為善性的標準問題上，我們是自由的嗎?

在福特看來，赫爾似乎認為是允許自由選擇的，似乎在赫爾那裡，任何東西都可以成為價值判斷（道德的或非道德的）的「充足理由」，如果我們選擇它們作為充足理由的話。福特指出：按照規定主義者的觀點，「一個人可以因與事物有關的某種事實而說這事物是善的，而另一個人完全可以否認那個作為證據的事實，因為沒有對善是與這類事實而不是與另一類事實相聯繫作出規定。結果，一個在道德上很古怪的人，能夠根據十分奇特的前提而論證道德結論。例如，他會說某個一會兒握緊雙手，一會兒鬆開雙手，並且在轉向西南方以後不再轉向東北方向的人是一個善人。他還會否定別

---

❿ 麥基編:《思想家 —— 當代哲學的創造者們》，三聯書店1987年版，第221頁。

人的證據而拒絕接受別人的評價」 ⓫。而福特認為，每件事物的善性標準都是被確定了的，我們不能為某物的善性選擇標準。在價值評價中，客體的作用和功能已經包含著某種善性的標準，例如，一把好的小刀之「好」的標準，就已經包含在其作用和功能之中了，它是不能自由選擇的。對道德之善的評價也是如此，一個表達式如「A 是善的」的正確用法，是根據某一特定的關於「善」的標準確定的，不能以隨意任何一套標準來確定「A是善的」。如果某人在進行評價時，不是以這些標準作為標準，我們就不能認為他是站在道德觀點上說話的。因此，對於以為任何標準都是邏輯上可能的，從而以個人的選擇來決定「A 是善的」的看法，她是堅決反對的。她認為，個人的選擇既不是他說「A 是善的」的充分條件，也不是他說「A 是善的」的必要條件⓬。牛津大學哲學家沃諾克在這一點上是贊同福特的觀點的。他在《當代道德哲學》中更是直接地說:「不是樣樣事物都能起道德評價標準的作用的……我完全明白有這樣的限制……。這些限制已固定在涉及人類福利的廣大領域內的某處……在道德爭論中的考慮對人類福利的有關性是不能否認的 。」⓭總之，福特等描述主義者認為，很多事物的好壞標準已經包含在事物本身的含義之內，如「好運動員」就是在比賽中能夠獲勝的選手；道德之善惡的標準也是如此，是早已經確定了的。

　　而赫爾則認為，福特等人混淆了語詞的意義和事物的真相。

⓫　P. Foot, "Moral Beliefs", *Aristotelian Society* 59, 1958.

⓬　關於這一觀點的論證請參考 P. Foot, "Goodness and Choice", *Proceedings of the Aristotelian Society*, Suppl., Vol. XXXV (1961).

⓭　G. J. Warnock, *Contemporary Moral Philosophy*, Macmillan, 1966, p.67.

1963年，赫爾在〈描述主義〉一文中反駁了福特等描述主義者的論證。他指出，對於一些事物的某些方面（例如酒的味道），因為從來沒有一些詞彙來準確地描述它們，所以我們贊許它們時，通常只說「好」，於是，習慣後，我們便認為只有這樣（例如，具有某比例的甜味與酒精味與香味等）才是好，如此也造成了描述與評價不可分的情形，赫爾認為，只要我們創一詞彙來描述事物的那種狀態，問題便可解決。這樣的話，我們仍可用該詞彙作純粹描述用途而另外加以自己的評價。赫爾更認為，把描述與評價分開，能協助我們發展文學藝術之類批評，因為只有這樣做，我們才可說出一件好的藝術品好在那裡，而不光是蒼白地說「它是好的」。

關於功能字詞，赫爾也承認，事物的功能很多時候給予我們有關其好壞準則的線索，因為把個別東西列為某類物品（例如，把一件東西視為刀子），我們已決定必須根據某些標準來評價該件東西，但決不能因此而認為「善（好）」的基本含義就是描述的。至於非功能字詞所指謂的事物的善惡好壞標準，則不能由其本身的含義而決定。因此，善（好）的基本含義就是贊賞，而非描述意義。善惡好壞的標準，是不可能由事實來決定的。

赫爾指出，當我們因事物具有某種性質而認為它是善的時，我們對性質的選擇也不會是胡亂進行的。至少我們中的大多數人是不會古怪地選擇「某個一會兒握緊雙手，一會兒鬆開雙手，並且在轉向西南方以後不再轉向東北方向」作為善的性質，我們也不認為這樣的人是一個善人。赫爾堅持，我們的道德選擇是被對我們的生存、成長和繁殖方面有利的選擇限定了的。我們稱某事物是「善（好）」的，是因為我們認為它們與滿足我們所設想的「人類基本需要」的目的有關。

一般地說，我們有我們所具有的贊成態度，所以我們把那些
確實應稱為善的事物稱之為善，因為它們和我們的特定目的
密切相關，這個特定目的就是我們有時稱為「人類基本需要」
的東西。⓮

　　但是，赫爾同時指出，並無某種必然地、固定地被稱為「人類
基本需要」的東西。在某些場合，對於某些人來說，幾乎任何東西
都可稱之為「需要」，因而相應滿足這些需要的東西就被稱之為「善」
的。

　　綜而觀之，在赫爾和描述主義的批評與反批評中，無論是赫爾
的思想，還是描述主義的觀點，都得到了進一步的明確和發展。描
述主義也正是在繼承後設倫理學成果的基礎上，克服了傳統自然主
義的一些缺陷和不足，而使白摩爾以來日趨式微的自然主義重獲新
生，達到了一個新的發展階段。

　　總之，在赫爾看來，他以前和同時代的各種倫理學理論都存在
一定合理之處，也存在種種需要克服的局限性。這是他自己創立其
理論的出發點。

　　在赫爾晚年總結性的著作——《清理倫理學》一書中，赫爾作
了一個概括性地歸納，他認為，一個適當的倫理學理論必須滿足六
個方面的要求：⑴除非一個倫理學理論（即關於道德詞的意義、關
於道德論證的邏輯等）能為爭論雙方所接受，否則它將無助於實
際的道德論證；⑵如果它僅僅導致諸如：「是的，那樣做可能是錯
的，可那又怎麼樣呢？(So what?)」之類的道德結論，即不能真正

⓮　R. M. Hare, "Descriptivism", *British Academy* 49, 1963.

讓對方信服，在實踐中也是沒有用的；⑶對於道德詞的意義的解釋一致，以使我們所發現的道德分歧確實是道德分歧；⑷道德陳述之間的邏輯關係的理論必須占有一席之地；⑸通過論證，一個倫理學理論應該在解決道德分歧方面有所作為；⑹對於一般道德論說和思想來說，一個適當的倫理學理論必須能使之在社會上實現其目的**⑮**。

　　赫爾認為，上述所考察的各種倫理學理論都不能完全滿足這六個要求。例如，直覺主義不能滿足⑴、⑵、⑶、⑸等要求；自然主義、描述主義也難以滿足⑴、⑵、⑶、⑸等要求；情緒主義不能滿足⑵、⑷、⑸、⑹等要求；因此都不是適當的倫理學理論。迄今為止，真正能夠滿足這些要求、並稱之為適當的倫理學理論的，只有他自己在批判這些理論的基礎上所創立的「理性主義的」、「非描述主義的」倫理學說——普遍規定主義。

7.2　赫爾思想的主要特色

　　真正的「思想家」是以其獨特、以其創造性來立世的，從來沒有人云亦云、缺乏特色的「思想家」。在西方倫理學史上，赫爾無疑是一位個性鮮明而富於創造性的學者。他的研究風格、他的學術旨趣、他所作出的重要貢獻、他在西方倫理學史上的地位，都充分體現了其不可替代的獨特性。

---

⑮　參見R. M. Hare, *Sorting out Ethics*, Oxford, Clarendon Press, 1997, pp. 118–125.

7.2.1　注重對道德語言的邏輯研究

　　作為20世紀的一位後設倫理學家，赫爾的倫理思想是現代倫理學之「語言學轉向」的產物。在摩爾以及後來維特根斯坦、情緒主義者（特別是艾耶爾）等影響下，赫爾認為語言哲學的成果對倫理學具有十分重要的作用，他把後設倫理學，特別是把對道德語言的邏輯研究作為了自己的主要任務。

　　赫爾指出，雖然道德問題主要是指人的行為問題，但提出和回答行為的道德性問題必然涉及到對於道德語言的理解和應用問題，「因為我們道德語言中的混亂不僅導致了理論上的混亂，而且導致了不必要的實踐上的困惑」 ❿。後來，在英國廣播公司的電視哲學節目中接受麥基的採訪時，赫爾也曾經表示，哲學家的專業工作就是概念分析和邏輯分析，道德語言的邏輯分析是解決一切實際問題的前提。他指出，除非你知道哪個論點是可以成立的、哪個是不可以成立的，否則你怎麼去解決實際問題呢？而且，如果你不理解你問的問題的確切含義是什麼，你又怎麼知道回答正確與否呢？後來，他還指出：「應用於道德語言的語言哲學，應該能為我們的道德思維提供一個邏輯結構。既然我們的道德思維經常發現缺乏這樣一個結構，因而那將不會無所收獲。」⓱因此，分析道德語言的性質和功能，就成了倫理學研究的當務之急。

　　總之，道德的作用在於指導、規範和調節人們的行為，而關於行為問題的倫理學研究是通過語言及其邏輯屬性的分析而構成的；

❿　R. M. Hare, *The Language of Morals*, Oxford, Clarendon Press, 1952, pp.1–2.

⓱　R. M. Hare, *Sorting out Ethics*, Oxford, Clarendon Press, 1997, p.1.

不澄清道德語言的混亂，實際的規範倫理學研究也就成了問題。因此，後設倫理學意義上的道德語言的邏輯分析，就不僅是解決倫理學疑難的理論關鍵，也是赫爾首先著手研究的問題。

從赫爾的全部工作來看，他確實特別重視對道德語言的意義與功能的分析。在1952年出版的最早、最重要的一本著作——也是赫爾的成名之作、代表之作——《道德語言》的序言中，赫爾宣稱，他所理解的倫理學就是對於道德語言的邏輯研究。在他的著作與論文中，他一再重申，其倫理學的主要任務就在於分析諸如「善」、「正當」、「應該」等道德語言的意義，描述能夠證明或論證道德判斷的一般方法。例如，《道德語言》就是一部典型的關於道德語言分析的著作，全書分為三個部分，第一部分論述道德語言是一種規定性語言，第二部分主要是對「善」這個詞進行分析，而第三部分則主要是分析「應該」、「正當」等道德概念。在《自由與理性》、《道德思維》中，在赫爾發表的大量後設倫理學論文中，這種分析、論證也比比皆是。其普遍規定主義倫理學，主要也就是在批判前人思想的同時，通過對道德語言的邏輯性質的分析而得出來的。——當然，如前所述，與情緒主義者們不同的是，赫爾更注重從道德語言的實際用法出發，並以更加理性的方式，來加以闡釋與分析。

赫爾認為，對於具體倫理道德問題的分析與解決來說，這種關於道德語言的邏輯分析也具有重要的作用。他在涉及具體道德問題時，其基本方法就是先從分析道德語言、道德概念入手。他把這視為哲學家可能作出的最主要的貢獻。例如，對於「墮胎是殺人嗎？」這一問題，赫爾指出，首先要做的就是分析、明確這其中的幾個關鍵性概念，如「人」、「謀殺」、「墮胎」等是什麼意思，以及搞清楚「胎兒是人嗎？」這樣一些問題。如果連這樣一些基本概念、判斷

的意義都沒有搞清楚，連問題也沒有弄明白就試圖作答，那麼，如此的討論將是毫無意義的。對於那些忽視道德語言的邏輯分析，在弄清需要解決的問題之前就直接去回答現實問題的哲學家，赫爾毫不留情地批評說：

> 那些自以為能夠由概念解釋轉為直接插手現實生活的實際道德問題的哲學家，就像是些衝出去做工作，卻忘了帶工具、忘了鋪設水管知識的管道工。在這種情況下，要他去修管堵漏，還不如讓房東自己動手。⑱

他指出，儘管這些人的「話特別多」，書也寫得「比別人長」，但這就好比吹出的各種形狀、色彩絢麗的氣球，如果你用針一戳，除了污染空氣之外，裡面什麼也沒有。這些人實際上對解決實際問題毫無補益。雖然這些人常常在現實中不無影響，但卻「越影響越壞」。

總之，我們確實應該指出的是，在後設倫理學層次上，赫爾對價值或道德語言的分析與闡釋是細緻、深入而精闢的。賓克萊指出：「赫爾關於道德語言的分析是迄今關於這個問題所進行的最細膩、最卓有成效的研究。對祈使句和倫理學語句的分析，他正確地闡釋了兩種語言用法之間的相同或相似之處。除此之外，在道德與非道德問題的討論中，他還證明了『善』一詞具有相同的功能；並且說明在解釋這個事實的過程中，根本無須假設一種自然的或非自然的屬性。」⑲瑪麗・沃諾克在評價赫爾的《自由與理性》時也指出：赫

---

⑱　同上，第211頁。

⑲　賓克萊：《二十世紀倫理學》，河北人民出版社1988年版，第180頁。

爾對道德語言的分析，「是對命令這種特殊的語言行動的分析，而這至今仍被認為對於認清整個道德問題的本質有所啟發」❷。雖然赫爾的具體觀點不無缺陷與過激之處，但把邏輯與語言分析的方法引入規範倫理學和應用倫理學研究，這對於澄清其中的混亂、誤解與矛盾，使之走向精確、明晰與科學，在方法論上是有革命性意義的。在今天，無論是倫理學與價值論的「元」理論研究，還是自20世紀60–70年代始重新抬頭的規範倫理學和應用倫理學研究，語言與邏輯分析方法都是占主導地位的不可或缺的方法，這與赫爾等後設倫理學家的貢獻是分不開的。而且，赫爾在後來的大量規範倫理學和應用倫理學著述中，也清楚地向我們展示了這種分析的影響與作用。

7.2.2　尋求道德判斷的理由和根據

自摩爾以來，後設倫理學曾獲得了巨大發展，但發展到情緒主義階段，它也在很多基本問題上陷入了無法克服的矛盾之中。例如，情緒主義的一些極端觀點:關於價值或道德問題沒有什麼好爭論的，它們是偽問題；價值或道德語言不過是人們的情緒或態度的表達，價值或道德概念是假概念、價值或道德判斷是偽判斷，它們是沒有意義的；價值或道德學說與科學是不同的，是不能運用科學方法予以證明的；等等，使得價值論或倫理學面臨著喪失作為一門科學而存在的危險，也和人們的日常價值或道德思考有著相當大的差距。因此，實際上自史蒂文森始，後設倫理學就已經在重新審視自己，重新尋求新的出路。

---

❷　瑪麗・沃諾克:《一九○○年以來的倫理學》，商務印書館1987年版，第85頁。

按照赫爾的規定主義，道德判斷類似於命令，這常常讓人認為，赫爾也和情緒主義者一樣，以為道德判斷是既不真、也不假的、沒有意義的、無須爭論的偽判斷，因此也是不為理性和邏輯所支持的。但實際上，儘管赫爾是一位後設倫理學家，但他的思想已與艾耶爾等情緒主義者有較大區別。作為語言分析倫理學派的代表人物，他在繼續研究道德語言的邏輯性質的同時，更加注意描述道德判斷與命令句之間的重要區別。他把尋找道德判斷的合理理由和根據，克服後設倫理學與現實道德意識相脫離的困境當作根本任務，並想從邏輯上使後設倫理學與規範倫理學結合起來。甚至可以說，關於道德判斷的理性探討，基於可普遍化性的道德判斷之理由與根據的尋求，是赫爾倫理學思想的一個鮮明特色。

首先，赫爾認為，道德判斷或命令句也有其自身的邏輯。適用於陳述句和事實判斷的邏輯規律和邏輯關係，一般也適用於道德判斷或命令句。在一個有效的爭論中，道德判斷或命令句可以作為前提或結論而出現。例如，從「一切謀殺都是錯誤的」和「墮胎是謀殺」，可以得出「墮胎是錯誤的」的結論。在這個三段論式推理中，大前提和結論都是道德判斷，但整個推理卻是正確的。

其次，即使道德判斷在作為規定、要求這一方面類似於命令，而且命令是既不真也不假的，但赫爾從未斷言道德判斷也是既不真也不假的，他後來在《清理倫理學》中還堅持倫理陳述是有真假、有真值情況的。這也就避免了道德判斷不能作為推理之組成部分的缺陷。當然，赫爾堅持，從事實判斷中是導不出道德判斷的，從事實前提的真也是不能簡單地說明道德判斷的真的。

再次，既然道德判斷的理由或根據不能訴諸事實判斷，那麼，我們如何來解決這一問題呢？這裡，赫爾提出了道德判斷的可普遍

化性原則。所謂可普遍化，就是指當一個人作出一個道德判斷時，如果另一個人處於相同或相似的境遇，就必須對他的狀況作出同樣的道德判斷。如果說道德判斷的規定性要求，當一個人說「我應該……」時，假如這一判斷適用於他，並且他能夠如此行動，他就應該如此行動；那麼，可普遍化則意味著，當說「我應該……」時，他就有義務贊同在類似情形下任何人都應該這樣做。道德判斷的可普遍化性根據（或對其給出的理由）不只是描述意義的規則，而是一個行動的原則。赫爾認為，道德判斷的可普遍化性得出的結論只能是，「我應該對某人做某事，我便承認這樣的觀點：假如我完全處於與他相同的境遇，包括相同的個人特徵，尤其是相同的動機狀態，那麼同樣的行動也應該對我作出」❹。因此，倫理學的真正作用是道德論證，通過邏輯的力量澄清倫理混亂，迫使人們改變不同的道德觀點。

　　應該看到，自休謨、摩爾把價值（道德之善惡）與事實相區分、並使之對立起來後，情緒主義則更是使倫理學陷入了一場危機，事實和價值（道德之善惡）之間便有了一條深深的二歧鴻溝。而赫爾通過對道德語言的邏輯分析，用關於道德判斷的可普遍化理論，使科學與價值的重新結合、使倫理學之作為一門「科學」，在另一種意義上有了可能。當然，眾所周知，赫爾更多關心的是價值（道德）判斷和事實判斷的本質區別，並給予了詳細充分的討論，因此，他最終沒有解決事實和價值（道德之善惡）的關係這一倫理學的重大理論問題，也沒有真正說明道德判斷的理由和根據。

---

❹　R. M. Hare, *Moral Thinking: Its Levels, Methods and Point*, Oxford, Clarendon Press, and New York, Oxford University Press, 1981, p.108.

7.2.3　從後設倫理學向規範倫理學復歸

從在哲學界、倫理學界的地位和影響來看，赫爾無疑主要是一位後設倫理學家。在赫爾開始從事倫理學研究的時候，後設倫理學已經獲得了比較充分的研究，其弊端與不足之處也日益得以充分暴露。例如，當時占統治地位的情緒主義由於堅持非理性主義、非認識主義的研究路線，認為道德語言不過是主觀的情緒、態度的宣洩與表達，倫理學是非理性、非「科學」的，因而使之陷入了一種危機之中。同時，對於與人們的生活密切相關的規範倫理學來說，後設倫理學之邏輯與語言分析的作用永遠都是間接的，並不能給予人們的行為以實際的指導；而無論如何，道德是調節人與人之間的關係的，在現實生活中，任何人都不可能「中立」於一定的道德規範。事實也證明，正如沒有完全脫離內容的形式一樣，任何撇開歷史、現實的邏輯分析，任何遠離道德現實的理論建構，都常常不可能獲得真正的科學結論。特別是人類目前正處於一個非常重要的轉折點上，一系列極為重要的道德問題正在拷問著人類的良知與良心，如戰爭與和平問題、生態與環境問題、高新科學技術（核武器、克隆技術、試管嬰兒等）的倫理問題等等，這都不容人們迴避，而必須立即作出正確地抉擇與行動。因此，當赫爾走上學術殿堂的時候，後設倫理學（主要是情緒主義）正受到越來越多的批評，而規範倫理學、特別是英國的功利主義已經在悄然復興。

在這種情況下，深受英國功利主義傳統影響的赫爾對道德語言的邏輯研究，就有了一些時代特色：他不再把語言或邏輯分析看作是倫理學研究的一般方法或唯一方法，而是把它視為後設倫理學之特殊的研究方法；他不僅在後設倫理學之語言分析與道德思維研究

方面著力，而且，也將規範倫理學、應用倫理學課題視為自己所要
解決的現實課題。赫爾在《自由與理性》中所提出的「可普遍化原
則」，使其在一定意義上具有規則功利主義的意味；而且，在《道
德思維》中，他也公開承認，他自己提出的道德思維的批判層次，
所運用的是功利主義原則，其中得出的結論也是功利主義結論。而
且，他還認為，行為功利主義和規則功利主義是統一的，在道德思
維之批判層次上，康德主義和功利主義也是一致的。特別是，他所
主張的功利主義，是以普遍規定主義為基礎的，是把邏輯分析與現
實世界的實質內容結合起來的、既非規範倫理學也非後設倫理學的
一種理論，是它們兩個方面的聯姻。

　　從赫爾倫理學的內容來看，儘管赫爾作為一位分析倫理學家更
為引人注目，但赫爾總是懷有幫助解決實踐倫理學問題的願望。他
不僅對後設倫理學理論感興趣，也對應用倫理學問題難以忘懷。因
此，赫爾一生的學術活動既包括理論探討，也經常對實踐問題發表
意見。在理論研究方面，他的涉及面很廣，主要從事倫理學或道德
哲學的邏輯研究，研究價值詞和道德判斷的意義、作用和標準，以
及道德思維和方法等。在實踐方面，他涉及的領域遍及政治倫理學、
教育倫理學、宗教倫理學、環境倫理學、醫學倫理學、乃至城市規
劃與交通問題，致力於把倫理學與現實的具體生活相結合，試圖用
道德判斷的邏輯去處理和解釋現實問題。

　　可見，赫爾已經深深感受、意識到了後設倫理學的深刻局限和
困難，從而有意識地試圖突破後設倫理學的限制，走出後設倫理學
與規範倫理學的對峙，在兩者之間架設起橋梁。儘管他表面上強調
要建立一種既非純後設倫理學又非純規範倫理學的道德體系，但這
顯然偏離了純粹的後設倫理學的理論路線，恰恰反證了他力圖調合

兩者之矛盾的心願。

7.2.4 熔後設倫理學、規範倫理學與應用倫理學於一爐

後設倫理學是赫爾的主要理論旨趣、風格、以及重要成就之所在。但是，也許是受到多方面因素的影響，赫爾並不是如同史蒂文森那樣「純粹的」後設倫理學家，他並不拒絕討論規範倫理學、應用倫理學問題。如同摩爾、羅素等英國著名分析哲學家一樣，赫爾也常常不由自主地跨出學院式的分析倫理學的欄柵，去感受學院外活生生的「現實世界」，去對現實的道德問題發表自己的見解，從而使自己成為一位全面涉及倫理學各個領域的倫理學家。從赫爾一生的學術活動來看，我們可以明顯地為其劃分為如下幾個階段：赫爾早期(40-60年代) 的研究主要集中在後設倫理學方面；而60-80年代則常常涉足一些規範倫理學問題，特別是功利主義；而自70年代後期始，特別是80-90年代，則主要研究一些實際的應用倫理學問題。當然這種時間上的劃分只具有某種相對的意義，例如，即使是在其後設倫理學的代表作《道德語言》中，我們也可以找到一些功利主義思想。

特別值得注意的是，赫爾畢竟主要是一位後設倫理學家，他對規範倫理學、應用倫理學問題的探討，主要是在其普遍規定主義後設倫理學的指導下來進行的。也就是說，他把後設倫理學、規範倫理學和應用倫理學熔為一爐，主要是通過後設倫理學、以普遍規定主義為基礎來實現的。他以普遍規定主義為理論基礎，尤其是通過道德判斷的「可普遍化」，得出了一種功利主義結論；通過對道德思維的兩個層次，即批判層次和直覺層次的考察，他主張行為功利

主義和規則功利主義是一致的；並在此基礎上，提出了一種新的功
利主義規範倫理學理論，即他自稱的「康德主義的功利主義」。可見，
他把功利主義視為其後設倫理學的必然產物。

　　對應用倫理學問題的廣泛探討，是赫爾後期的一項主要工作。
他自稱總是懷有幫助解決實踐倫理學問題的願望，甚至正是對於「戰
爭與和平」之類問題的倫理思考，他才走上了倫理學研究之路。那
麼，他是如何實現這一願望的呢？從前面的考察我們應該已經看到，
赫爾絕不是盲從英國流行的應用倫理學研究方式，而是對之進行了
毫不留情地聲討。他認為，討論這些應用的或實踐的倫理學問題之
前，我們必須對其中涉及的關鍵性概念、判斷的意義進行分析，只
有對問題進行了明確之後，這種討論才可能是有價值、有意義的，
否則無異於胡說八道，「污染空氣」。也正是基於這種認識，他對於
應用的或實踐的倫理學問題的討論，總是先對其中的關鍵概念、判
斷進行後設倫理學層面上的分析，如對於「墮胎是否殺人」這一問
題，先從明晰什麼是「人」、什麼是「謀殺」等核心概念入手，從
理解基本問題入手，然後再進行深入探討。實踐也證明，這種研究
思路應該說是比較有成效的，今天也越來越為人們所接受。更進一
步地，在對具體道德問題發表意見時，赫爾又總是從其以普遍規定
主義為基礎的「康德主義的功利主義」思想出發，從其關於道德思
維的兩個層次著手，來加以研究和立論。在後期的許多應用問題研
究中，我們可以看到赫爾總是不厭其煩地重述其關於道德語言分析、
關於道德思維的兩個層次、關於「康德主義的功利主義」等思想，
並在此基礎上進行分析。甚至我們可以這麼說，這些應用層次的分
析，是赫爾後設倫理學理論的一個必要組成部分。

　　可見，赫爾對倫理學各個領域的問題的研究，實質上是統一的，

也即以其後設倫理學普遍規定主義為基礎，對規範倫理學理論與應用倫理學問題進行全面探討。赫爾認為，後設倫理學、規範倫理學和應用倫理學之間是密切聯繫的，熔其於一爐的這種探討有助於它們之互相促進。

> 倫理學理論和實際道德問題的討論之間存在著，或者至少應該存在著密切的關係。它們是互利互惠的。如果缺乏倫理學理論（即告訴我們如何把關於倫理問題的好的論證和壞的論證區分開來的理論）上的認識，我們的論證就會在一種不可靠的意見到另一種之間左右搖擺，勝利將倒向能博得最多喝采者的一邊。另一方面，忽視在重要的道德爭端上試驗其建議的倫理學理論工作者，如果受到這種檢驗，常常會放棄其所持有的不再有吸引力的觀點。㉒

也正因為赫爾倫理學的這種特點，使赫爾在後設倫理學、規範倫理學和應用倫理學方面都有所建樹，有所創新。這正如權威的《倫理學百科全書》對赫爾所作的總結：「赫爾也許是唯一一位對後設倫理學、規範倫理學和應用倫理學都作出了引人注目的貢獻的道德哲學家。」㉓

㉒　R. M. Hare, "Little Human Guinea-Pigs?", *Essays on Bioethics*, Oxford, Clarendon Press, 1993, p.131.

㉓　L. C. Becker and C. B. Becker, *Encyclopedia of Ethics*, New York, Carland Publishing, Inc., 1992.

7.3　赫爾倫理學的內在缺陷

赫爾是一位獨創性極強、新意迭出的倫理學家；而其研究又幾乎涉及後設倫理學、規範倫理學及應用倫理學各個領域；因此，赫爾的倫理學思想在學術界產生了極大反響，在今天的道德哲學家中，受到了無與倫比的大量關注，吸引了無與倫比的眾多評價，並從而對倫理學研究產生了深遠的影響。

不過，應該實事求是地說，這些關注與評價大部分是批評性的，幾乎赫爾的每一個觀點都受到了廣泛地批判、質疑、駁斥與責難。這些批評、質疑、駁斥與責難有些是來自後設倫理學陣營的，也有一些是來自倫理學其他領域的。限於篇幅，這些批評意見我們不能逐一例舉，加以剖析，而只能就一些比較重要的方面展開討論。當然，那些在前面已經討論過的，這裡大都就只好從略了。

7.3.1　事實與價值的區分是絕對的嗎？

自休謨區分「是」與「應該」、科學與道德以來，情緒主義者（邏輯實證主義者）從其「可檢驗性原則」、「意義標準」出發，認為事實並不承擔價值與態度，從事實知識是不可能推導出價值結論來的，從而徹底地把科學與道德割裂開來了。赫爾繼承了自休謨、摩爾以來情緒主義區分事實與價值的傳統，他宣稱，「事實與價值是相脫離的」㉔，並將之作為其規定主義後設倫理學的基石之一。赫爾還進一步提出了價值推理的兩條著名規則，認為價值判斷不能

㉔　麥基編：《思想家——當代哲學的創造者們》，三聯書店1987年版，第222頁。

邏輯地從事實判斷中推導出來，「應當」不能從「是」中推導出來，它們之間存在著不可逾越的邏輯上的鴻溝。於是，事實與價值的區分在赫爾這裡邏輯地明確化了。

然而，事實與價值的二分對立是否能夠成立？這種二分對立是絕對的嗎？

從20世紀60–70年代始，事實與價值二分對立的觀念開始全面發生變化。到今天，關於事實與價值尖銳對立的狀況，在很多領域都受到了批評，甚至在西方也已經有人試圖在事實與價值之間開始尋求溝通它們的橋梁。這裡我們就來看一看近年來的一些新嘗試。

㈠自然主義和新自然主義的嘗試

「事實與價值的區分」主要是針對自然主義的，因此現當代自然主義的歷史，幾乎就是不斷設法溝通事實與價值的歷史。20世紀上半葉自然主義的代表人物之一杜威把自然科學方法引進道德評價領域，認為應當把倫理學說、價值判斷建立在經驗的基礎上；他把他為自然科學總結的「實驗探索方法」運用到倫理領域，這包括如下幾個步驟：首先是根據道德問題情境提出要加以解決的道德問題；其次是針對問題提出一個假設性的價值判斷，即關於要達到什麼目的的判斷；再次是聯繫道德問題情境對假設性的價值判斷進行觀念的、符號的分析，並以之指導具體行為，改造所面臨的道德困境；如果行為結果與預期目的相符，那麼價值判斷便被接受，否則便被拒絕。這樣，杜威就通過所謂「實驗法」，把事實和價值聯結起來了。只不過，杜威的努力正如摩爾的追隨者所說的，仍舊犯了「自然主義謬誤」。

新自然主義（描述主義）的代表人物福特針對赫爾把道德語言的描述意義與規定意義的區分、或者「中性術語」(neutral terms)和

評價術語(evaluative terms)的區分視為基本前提的觀點，從對一些特殊的概念——既具有事實意義又具有價值意義（評價意義）的概念——進行分析出發，證明關於語言的絕然二分是不成立的，福特指出，像「危險的」之類概念都具有所謂事實與價值相纏繞的特性，以致不能區分其中的事實成分與價值成分；而且，概念的行為指導特徵與事實特徵不是憑藉把它們分為價值與事實兩個組成部分之類方式來辨別的。麥金太爾、圖麥蒂等人也從自然法理論的角度，提出了所謂「功能性概念」。圖麥蒂指出：「對一種功能性事物的概念的任何恰當的定義都必須部分地依據那個事物的功能或目的而被建構起來。這就意味著，一個具有X型功能的事物的概念不能脫離一個好X的概念而獨立地被界定。」❷❺也就是說，一個功能性概念是不能不包含某種價值因素的。例如，「鋼琴」等樂器，「眼睛」等生物器官的定義是不能脫離其功能建立起來的，並且不能脫離「完好的鋼琴」、「健全的眼睛」而被界定；甚至「鋼琴」、「眼睛」等原初的、核心的含義就是由「好鋼琴」、「好眼睛」來賦予的。特別是一些社會角色概念，如「母親」、「船長」、「警察」等，更同樣地意味著義務、責任、權力等倫理、價值因素。涉及到這些概念時，關於語言用法的「事實與價值」、「描述性與評價性」的鴻溝經常被逾越。弗蘭克納則更是明確地指出，即使前提中沒有隱藏的應然命題，有些從實然推論至應然是正當、合理的❷❻。這對反駁二分對立者的詰難顯然是有啟發意義的。

---

❷❺　培里等：《價值與評價》，中國人民大學出版社1989年版，第205頁。

❷❻　參見 R. L. Holmes, "Frankena on 'Ought' and 'is' in the Monist", *An International Journal of General Philosophical Inquiry*, Vol. 64, 1981, Number 3, p.401.

(二)塞爾的技術性嘗試

1964年，塞爾(J. R. Searle, 1932–)在《哲學評論》第73期上，發表了〈如何從「是」導出「應該」〉❷一文。在此文中，塞爾聯繫一個後來變得著名的反例，通過訴諸「慣例性事實」，比較精緻地作了從「是」導出「應該」的嘗試。

塞爾的例子由以下五個判斷構成：⑴瓊斯說：「史密斯，我允諾付給你5元錢」；⑵瓊斯允諾付給史密斯5元錢；⑶瓊斯將自己置於付給史密斯5元錢這一義務之下；⑷瓊斯有義務付給史密斯5元錢；⑸瓊斯應該付給史密斯5元錢。塞爾仔細地證明了，以上每一判斷及其後繼判斷之間的關係並不是一種偶然關係；從前一判斷推出後一判斷可能要涉及到一些其他判斷，但不必涉及任何價值判斷、倫理判斷等。例如，從⑴導出⑵是比較顯明的，在一切正常情況下均成立；而從⑵到⑸，所根據的主要是「允諾」、「義務」、「應該」之間在定義（內涵）上的聯繫，如根據「允諾」的定義，任何允諾都將人置於實施這一允諾的義務之下，所以從⑵也就能導出⑶；在其他情況相同即沒有推卸義務的理由時，由⑶導出⑷、由⑷導出⑸就是順理成章的。可見，這一推導過程中的每一步，有時即便要涉及一些其他判斷，但都沒有依據價值判斷。

當然，這裡的關鍵在於，「允諾」、「義務」、「應該」的定義之間，為什麼會具有內在聯繫呢？這種聯繫是否涉及其他的價值原則呢？例如，當一個人「允諾」了什麼後，他就應該遵守他的諾言，這是否就是一個道德原則呢？塞爾則認為，無論「一個人應該遵守他的諾言」是不是一個道德原則，但它卻是從兩個重言式推導出來

❷ J. R. Searle, "How to Derive 'Ought' from 'Is'", *The Philosophical Review* 73, 1964.

的，即從「所有允諾都是義務」和「一個人應該完成他的義務」推導出來的，可見問題仍然在「允諾」、「義務」與「應該」是否具有內在聯繫上。

塞爾指出，傳統的「是」與「應該」、「描述性」與「評價性」（規範性）的二分圖景，諸如評價性判斷不過是說話者情緒、態度、命令等的表達，是主觀的、無真假可言的；描述性判斷則是對客觀存在的描述，是客觀的有真假意義的；等等，這些都是不能成立的。它不能解釋如約定、允諾、責任、義務等概念表達的不同類型的描述性事實。例如，「瓊斯結婚了」這類判斷與「瓊斯身高6英尺」之類判斷儘管都是客觀事實，但它們是有區別的。因為包含「結婚」之類術語的判斷預設了一定的慣例，如結婚意味著某種義務的慣例。塞爾把這類事實稱之為「慣例性事實」，以與那些非慣例的或原始的事實相對照。經驗主義的二分圖景顯然不能解釋這兩類事實之間的區別。

為了說明「慣例」一詞，塞爾區分了兩類規則或協定：有一些規則是對先前存在的行為加以約束的，如飯桌上的禮儀規則就是這樣，因為飲食行為在這些規則出現之前就獨立存在；另一些規則則不僅僅規範約束行為，而且還創造或規定行為的新形式，如下棋的規則與棋的存在就是密不可分的。前一類規則可稱之為調節性規則，後一類規則則可稱之為構成性或要素性規則。所謂慣例即是指由構成性規則組成的系統，而慣例性事實即是指含有這些慣例的事實。

塞爾發現，有些構成性規則系統涉及到義務、承諾、權力、責任等的多種形式，它們亦可構成慣例性事實。例如，「允諾」在人類的言語行為的形式中是一種慣例，它必須服從一定的規則。當一個人允諾另一個人什麼時，根據慣例，他就必須承擔一定的義務，

履行允諾；可見，一個人允諾什麼，這是一個可以實證的事實，但卻是一個慣例性事實，它與「義務」、「責任」、「應該」等相關。表達這些慣例性事實的語言，顯然是有規定性意義或價值內蘊的。在這些系統中，我們就可由「是」導出「應該」。 在前面的反例中，正是通過援引義務、允諾的慣例形式，才由「是」導出了「應該」。這一推導過程從瓊斯說了一句話這一原始事實開始，然後援引關於「允諾」、「義務」的慣例而構成慣例性事實，從而得出瓊斯應該付給史密斯 5 元錢的結論。整個推導過程是建立在對「作出一個允諾就要承擔一定義務」這一構成性規則的訴求之上的，正是這一規則賦予了「允諾」以意義；當一個人「允諾」了什麼之後，而又沒有其他特殊情況，他就應該去做它。當然，這樣一來，有人會說「允諾」是一個評價性術語；但它又確實也可以是純粹描述性的；因而塞爾認為，描述性與評價性之間的區分必須重新加以考察，有些術語可能既不是純描述性的，也不是純評價性的，傳統的區分並不能成立。

塞爾煞費苦心、充滿機智的解決方案，以及對關於描述性與評價性絕然二分的傳統觀念的責難，特別是他對涉及允諾、義務、責任、權力等所謂慣例性事實的研究，給二分對立觀念確實打開了一個缺口。不過，塞爾的論證理由也顯得不充分，例如對規則、慣例的來源、根據、哲學基礎等都缺乏合理性說明，也就是說，這關鍵的一環還尚成疑問。

在塞爾的這篇論文發表後，赫爾馬上作出反應。他在同年發表了〈承諾遊戲〉(The Promising Game)一文，著重對塞爾文中的「承諾」一詞進行了分析與質疑❷。赫爾指出，除非有足夠數量的人使

---

❷　參見R. M. Hare, "The Promising Game", *The Is-Ought Question*, ed. by

用某個詞，否則它就是沒有用的，「承諾」就是這樣一個詞：如果沒有人認為應該守諾，「承諾」便只不過是一種聲音，沒有意義。他認為，「承諾」這一語詞的含義只有放在承諾制度下理解，即只有足夠多的人同意這一承諾制度，才能由(1)推出(5)。也就是說，在使用「承諾」進行推導時，我們已認可了承諾制度的構成規則，才能得到結論(5)。而規則乃是指導我們行為的綜合的道德規則，規則的接受與認可，即是作出評價。可見，塞爾的嘗試仍是從道德原則出發的，因而仍是不成功的。

(三)普賴爾的證明

關於是否可以從事實判斷導出價值或道德判斷的問題，普賴爾(A. Prior)在〈倫理自然主義〉一文中也論證說，這是完全可以做到的。他認為，像「他要麼是一個傻瓜，要麼是一個流氓」之類的命題，要麼是一個倫理或價值命題，要麼不是。如果它是一個非倫理或價值命題，那麼，它就會與「他不是一個傻瓜」這一非倫理或價值命題一起，必須推出「他是一個流氓」這一倫理或價值命題。如果它是一個倫理或價值命題，那麼，按照邏輯規則和邏輯推理形式，它就必然是由「他是一個傻瓜」這個非倫理或非價值的命題所產生的。

然而，普賴爾把所有命題要麼看作是倫理或價值命題，要麼不是，這種二分法顯然是成問題的。普賴爾上述論證中的前提：「他要麼是一個傻瓜，要麼是一個流氓」之類的命題，實際上既不是純粹的倫理或價值命題，也不是純粹的事實命題。而赫爾所說的是「從事實前提推出毫不含糊的評價結論」[29]，因而赫爾根本不認為上述

W. D. Hudson, Macmillan,1979.

[29]　麥基編：《思想家——當代哲學的創造者們》，三聯書店1987年版，第

推導是真正對他的反駁。

不過，普賴爾的論證至少說明了，事實命題和倫理或價值命題、事實與價值的劃分，也不是那麼純粹、那麼毫不含糊的。

㈣科學人本主義的新思路

馬斯洛(A. H. Maslow)的科學人本主義思路是從對現代心理學的批判性反思開始的。馬斯洛指出，科學本應是人性與認知的統一、真善美的統一，現代心理學乃至整個科學崇尚「價值中立」、「道德中立」，都「已經走入了一條死胡同」。通過在科學中發現人的因素，揭示科學的人學化、主體化，以及在人與價值的本質中找到實證的經驗基礎，馬斯洛將科學與人（價值）融合起來，並建立了一個科學人本主義的整體構架。以之為基礎，馬斯洛就在西方哲學中一直斷裂的事實與價值之間架設起了橋梁。

首先，從「是」過渡到「應該」的前提，是先認識自己，弄清自己的本性、能力、需要、願望等。「一個人要弄清他應該做什麼，最好的辦法是先找出他是誰，他是什麼樣的人，因為達到倫理的和價值的決定、達到聰明選擇、達到應該的途徑是經過『是』，經過事實、真理、現實而發現的，是經過特定的人的本性而發現的。他越了解他的本性，他的深蘊願望，他的氣質，他的體質，他尋求和渴望什麼，以及什麼能真正使他滿足，他的價值選擇也變得越不費力，越自動，越成為一種副現象」❸⓿。

其次，要對事實有深刻的理解與認識，從而傾聽事實的聲音。這是因為，「『應該性』是深刻認識的事實性的一個『內在固有』的方面」❸⓵。事實是有權威的，有要求的品格。事實會以其現實狀況

224頁。

❸⓿　馬斯洛：《人性能達的境界》，雲南人民出版社1987年版，第112頁。

和客觀必然性，引導我們，向我們提出建議，表明下一步應該做什麼。

再次，「事實創造應該！」一個事物被認識或理解得越清楚、確定、真實時，它就會在自身內部提出它自己的需求，它自己的需要品格，它自己的適應性，從而就會具有更多的應該性質，它要求某些行動而不要求其他行動，從而變為行動的更佳嚮導。例如，一名醫生在診斷時如果不能確診，他就會猶豫不決，下不了決心。但一旦他反覆觀察研究核實而確診後，他就知道該做什麼了。他會不顧任何反對意見，而採取行動。可見，「肯定的知識意味著肯定的倫理決斷」❸。「真理命令必須的行動，『是』命令『應該』。」❸

總之，應該性是由事實性創造的，應該是事實性認識的一個內在固有的方面。事實之「是」與價值之「應該」本來就是融合在一起的，對它們的割裂只能使人性受到扭曲。馬斯洛通過對人性規定和生存現實的整合，既肯定了人之「應該」的超越取向，又肯定了人之現實存在作為達到應該的基礎環節的意義，從而使科學人本主義成為一種現實的、超越科學與人性、「是」與「應該」二歧鴻溝的理論。馬斯洛這種從人與人性出發，通過揭示科學或事實的人學意義、以及人性或價值的實證基礎來實現事實與價值的統一的方法，確實是一種新的視角，新的思路。

無論怎樣，在人們的日常生活中，科學與道德、事實與價值、認知與評價是相聯繫的❸。儘管赫爾認為上述觀點幾乎都是「糊裡

---

❸　同上，第124頁。

❸　同上，第122頁。

❸　同上，第123頁。

❸　參見拙著：《史蒂文森》，東大圖書公司1998年版，第193–199頁。

糊塗」的，而且沒有一種嘗試是成功的，——嚴格地說，確實如此
——但無論如何，關於科學與道德、事實與價值的二分對立，根本
就是不能成立的。可以在什麼程度、什麼意義上以這種區分作為理
論基礎，也是值得商榷的。赫爾在其著作中，更多關心的是事實與
價值、事實判斷和價值判斷的本質區別，並給予了詳細充分的討論；
其錯誤在於，他雖然籠統地指出了它們之間存在某種關係，但這種
關係卻不是邏輯推導關係，從而沒有令人信服地討論、解決事實和
價值這一倫理學的重大理論問題。

7.3.2　道德判斷的功能僅僅在於「命令」嗎？

　　把價值語言視為規定性語言的一個子類，是赫爾規定主義最重
要的一個命題。根據價值語言或道德語言的通常用法，赫爾確信道
德語言、道德判斷不過是主體的規定、命令、要求等的表徵，道德
語言的功能都在於指導選擇，也即是說，告訴人們選擇這一個事物
而不是選擇另一個事物，做這件事情而不是做另一件事情。例如，
我們可以把「這是一個好蘋果」改寫為：「選擇具有這些特性的蘋
果吧」；一個人把「我應該做X」用作一種價值判斷，他在邏輯上必
然同意「讓我做 X」這樣的命令。如果一個人同意一個道德判斷，
但又不同意蘊涵於其中的命令，那麼他就在邏輯上錯誤地理解了道
德判斷。

　　然而，赫爾的上述觀點引起了廣泛的討論，受到了許多思想家
的批評。不少思想家指出，這些觀點能否成立，是需要論證的，或
者說是值得懷疑的、值得商榷的。

　　首先，英國哲學家布雷思韋特批評說，赫爾把道德判斷等同於
命令句，這太簡單化了，它忽視了道德語言的豐富性和多樣性。道

德語言的日常用法遠比單純的命令更豐富，如道德陳述有時是作勸誠性的命令用，但有時是一種對自己信念的表白，更像陳述、宣言、聲明，而不具有祈使或命令作用。例如，當一個人被問及其人生格言是什麼時，他回答說：「決不說謊！」這是他自己的信念，即自己的生活態度以及對自己的愛憎的表白，而不是對別人發出的命令。道德語言較為基本的用法總是暗含著我自己贊同某個道德方針(policy)，而不是命令。道德語言無疑可以用於評價過去和現在的事物，而這很難說是一個「命令」，例如對過去而言，命令某人做某事在邏輯上是不可能的。諸如「說謊是不好的。」只適用於未來的行動，不適用於過去和現在，因為在過去和現在，說謊可能已經實施了。

另一位英國哲學家諾維爾—史密斯也指出，如果我們真按道德語言的使用情況來看道德語言，就會發現價值詞起著多種不同的作用：「它們（指價值詞——引者注）用來表示趣味和喜好，表示決斷和選擇，用來評論、分級和評價，用來建議、訓誡、警告、勸說和勸阻，用來稱贊、鼓勵和譴責，用來頒布規則並令人注意規則；毫無疑問也用於其他目的。」❸❺ 例如，有時我們說「他是個說謊的好手」，講這話就不是對說謊表示贊成態度，而無非是說其說謊說得很成功。當然，成功似乎和贊成還有某種關聯，有時「善（好）」甚至還有一些其他用法。

按照賓克萊的看法，儘管「圖爾敏、厄姆森、赫爾和布雷思韋特等人最可取的優點之一，在於他們利用道德判斷和道德爭論的某些事例來說明，當我們在有關道德問題的討論中使用道德判斷的時

---

❸❺　轉引自 L. J. Binkley, *Conflict of Ideals—Changing Values in Western Society*, Van Nostrand Peinhold Company, New York, 1969, p.297.

候，這些判斷實際上是怎樣發揮作用的。這種分析結論清楚地表明，道德判斷的功能在某些方面類似於關於經驗事實的客觀陳述，而在另一些方面卻類似於個人興趣上的主觀偏愛」**㊱**。但似乎赫爾在道德語言的用法及功能上，並沒有真正貫徹維特根斯坦「語言的意義就在於它的用法」的觀點。否則，赫爾就不會在此問題上那麼武斷，而注意不到道德語言的其他豐富用法和功能了。

其次，赫爾似乎忽視了價值語言的評價性用法和規定性用法之間的某些重要區別。以其在《道德語言》中作了大量分析的「善」為例。雖然行為之「善」與行為之「應該」在道德價值上具有一定意義上的聯繫，——當然這種聯繫很難說是前者必然地蘊涵後者——但是，關於事物之「善」的非道德的價值陳述，通常就並不涉及到人們行為的合理性與恰當性問題，也就是說，關於事物之「善」的非道德的價值陳述，並無所謂「應該」與否的問題。這就如同一些批評家們所指出的一樣，幾乎很難想像，從「這是一塊好巧克力」，就能推出「吃掉它」、或者「應該吃掉它」之類的指令或規定。

再次，另一類批評赫爾的人進一步認為，赫爾對於其重要思想：誠實地贊同一個道德判斷等於贊同蘊涵於其中的命令，即贊同這一道德判斷的人必然會按照這一道德判斷去行動，並沒有具體說明在何種意義上這個推論是有效的。也就是說，一般評價性語詞或判斷何以必然毫無例外地或者直接導致一項命令，或者至少在邏輯上與一項命令有關，這一推導過程在邏輯上尚需說明。

赫爾當然就價值判斷與命令句之間的類似性進行了大量論述，並聲稱：「我不是、從來不是一個命令主義者，因為我認為道德陳述與命令句只具有一個共同特徵，即規定性，但還有命令句所沒有

㊱　賓克萊：《二十世紀倫理學》，河北人民出版社1988年版，第221頁。

的其他特徵，即它們更類似於陳述。」**❸**但是，他的論證正如一些學者所指出的一樣，似乎仍是不充分的。而且，認為在評價的意義上使用「應該」一詞，便可推出我將按照它而行動，這是一種過分武斷的、並不符合實際的觀點。例如，麥金太爾就曾指出，一個人可能委身於某種道德評價，但不把它當作行動的指導。一個人可能持有某種道德原則，即使在身體和心理條件下也能實施它的條件下，他也可能不付諸實踐。尤因也認為，日常生活中常出現這樣的事例，一個人能夠意識到自己應該做什麼，但實際上他卻並不這麼做；或者他意識到自己應該做什麼，但應該和「能夠」是有區別的，在現實中人們確實常常無力去做它。也就是說，稱贊某個行動推不出他在行動上必然接受這種指導。說人們只在理性上贊同一個道德判斷便會按照它而行動，這在實際生活中是不可能的。因為行動問題涉及到意志的概念，正確的理性認識只是行動的一個必要條件。人們在理性上接受一個道德原則，並不意味著他必然這麼去做。行動不僅需要理性認識，而且也需要意志和感情。正確的理性認識必須轉化為感情，轉化為按照它而行動的意志，在感情和意志中凝固和強化，才能付諸於行動。因此，價值判斷推出命令句不是必然的。

後來，賓克萊把這些相關的批評概括為如下幾點：「⑴他過於絕對地劃分了責令某人去做某事與設法使某人去做某事之間的區別；⑵他過分嚴格地把道德原則等同於戒條律令；⑶這種『嚴格等同』觀點的基礎是基於對我們交流語言的句型過於簡單的分析；⑷各種『應當』的陳述句不具有祈使句含義。」**❸**應該說，這些批評確實是比較中肯的，赫爾也確實將道德語言理解得過於「單純」了些，

---

❸ R. M. Hare, *Sorting out Ethics*, Oxford, Clarendon Press, 1997, p.116.

❸ 賓克萊：《二十世紀倫理學》，河北人民出版社1988年版，第173頁。

其主要結論也太武斷了些。

此外，還應該提到的是，傅偉勳教授在〈赫爾的規定主義〉一文中指出，在善（好）等價值詞的性質和意義問題上，赫爾用以說明自然主義謬誤的論證，恰好可以用來批評他自己的規定主義。

自然主義以「具有C性質」來定義「善（好）的A」，因此，我們可以說，「如果任何東西是善（好）的A，它就是具有C的A（反之亦然）」。然而赫爾駁斥說，這種說法將「具有C的A是善（好）的」變成了「具有C的A具有C」。我們並不能藉著「具有C的A具有C」來贊賞，而實際上是以「具有C的A是善（好）的」來表達贊賞的，二者並不等同，因此不能以「具有C」來定義「好的A」。傅偉勳教授認為，同樣，若將「『善（好）』是用來贊賞的」視為「善（好）」的定義，那麼，說「『善（好）』是用來表達贊賞的」，就等同於說「『贊賞』是用作贊賞的」，這顯然是同語反覆。而且，在日常語言的使用中，我們可以找到許多「善（好）」不是用作贊賞的反例。傅偉勳教授說，赫爾固然可以辯稱，善（好）的「基本含義」在於贊賞，但有時則可作次等評價的語詞來使用，變得只有描述含義而無贊賞含義。但是，赫爾如何論證他的學說是從後設倫理分析來建立的呢？「如果我們真的依照他（赫爾——引者注）的建議，不斷地敏感地留心『我們使用它們的方式』，這是否必然得出關於上述學說的自己的結論呢？」❸⁹傅偉勳教授繼續質疑：當赫爾憑著他對評價的定義，使得「評價是一自律的行為」成為一邏輯的要求時，他似乎忘記了，如果他自己嚴格地限制在對日常道德語言作「邏輯的研究」，他是一定不能找到這樣的「定義」的，這些日常的道德語言必然指涉某些習俗或組織。這樣，赫爾就面臨二難困境：一方面，他

❸⁹　傅偉勳, "Hare Prescriptivism", *Philosophical Review* 7 (1971), p.51.

不能堅持「『善（好）』字基本地用作贊賞」是關於日常道德語言的
經驗判斷，因為一些反例的存在，使它不能成為經驗上的真理；另
一方面，由於並無足夠的證據去建立「使用『善（好）』這一語詞
基本上就是去贊賞」這一語句，赫爾必須承認，那只是一個定義，
但是如果他承認他的學說乃建立於他個人的語言設計的話，他整個
學說的力量就會減弱，而且，這樣做的話，他不能再聲稱，他是在
對於日常道德語言作純粹的邏輯語言上的分析，他的學說卻成為了
一種規範倫理學說。❹

7.3.3　關於可普遍化性問題上的爭論

赫爾認為，道德判斷不僅具有規定性，而且具有可普遍化性。
根據可普遍化原則，對於某一個人來說是正當或錯誤的東西，在類
似的情況下、對於任何其他類似的人來說，也是正當或錯誤的。赫
爾所提出的這一原則雖然在邏輯上是清晰的，但其在道德上的應用
卻產生了不少爭論。

首先，是否履行某一行為的所有行為者都得承諾某種普遍的原
則？人們有時會提出反對意見說，每一個道德情形都是獨特的，因
此，當某個人在其所處的特殊場合中所作出的道德判斷，在邏輯上
並不意味著「為所有其他人立法」。例如，有時，人們的行為不具
有或不給予任何理由；有時，人們只給予其行為以不充分的理由；
有時，人們可能非常詳細地說明他自己行為的理由，以至於這些理
由僅僅適合於其自身或某些特定集團，而不適用於其他人或集團。
以上這些對可普遍化原則提出的反對意見，其特點在於把人的行為

---

❹　參見黃慧英：《後設倫理學之基本問題》，東大圖書公司1988年版，第
　　99–100頁。

的理由加以個體化或特殊化，這一點當然也確實是一個問題。

其次，可普遍化原則在道德上的應用的一個重要前提，是關於類似的人或類似的境況問題。那麼，何種類似是恰當的呢？或者說，何種理由能夠作為人們行為的恰當理由而提出來呢？不同的道德哲學家從不同的立場出發，完全可能提出形形色色的類似答案。綜合來看，道德哲學家們至少提出了如下關於類似的標準：(1)取決於人們行為的具體意圖或慣例；(2)取決於行為結果與普遍福利的關係；(3)取決於那些有助於達到人人平等的東西；(4)取決於道德判斷者是否願意某種性質成為可普遍化原則；(5)取決於任意專斷；(6)取決於歷史或先例；(7)取決於那些與行為的類型具有必然的、非仟意的關聯的東西；等等。在這些標準中，有些顯然是基於道德哲學家個人的道德規範原則提出的，而有些則是基於後設倫理學上的考慮而提出的，其中包括對道德情形中可能達到的合理性的考慮。對這一問題的進一步討論涉及到的內容就太多了，我們就不深究，但無論如何，赫爾在這一問題上尚有許多東西沒有說明。

再次，可普遍化原則在倫理學中究竟處於一種什麼地位呢？或者說，它在何種意義上是一道德原則呢？可普遍化原則直接要求一種一致性，但是，這種一致性對於道德上的正當性來說，是充分條件還是必要條件呢？抑或兩者都不是？有些道德哲學家認為，這種一致性對於道德上的正當性來說，既不是充分條件，也不是必要條件。一致性的要求決不是道德意義上的要求，並且，它絕不能與公正無私這一要求相混淆。還有人認為，一個人能夠在與可普遍化原則相符合的情況下，依然在與自己或自己所屬的集團的問題上存在偏私。顯然，這些問題與意見都還需要進一步探討。

最後，有人指出，按照赫爾的觀點，似乎正確的或錯誤的行為、

判斷都可以被普遍化，這一點當然也是需要明確地闡釋清楚的。而赫爾卻似乎沒有將之闡述得很清楚，或者說對之根本就重視不夠。

此外，雖然赫爾的可普遍化性原則確實能給人的自由和道德推論加上某種限制，但他始終堅持可普遍化性原則是一種純形式和邏輯的方法，而且很大程度上依賴於角色轉換，即任何人都會培養同情的想像力，設身處地把自己想像為其他人，可又認為這種角色轉換只是一種邏輯的可能性，在經驗中卻不可能，因為任何人實際上都不可能真正成為他人。如納粹分子仍然可以在現實中邏輯一致地信守自己的道德觀。因此，他的可普遍化性原則在現實中的作用也有某種局限性。

7.3.4　規定主義的形式主義傾向

作為後設倫理學的一個主要學派，赫爾的規定主義也把道德語言的分析，或說「道德語言的邏輯研究」視為其任務。在他的著作與論文中，他一再重申，其倫理學的主要任務就在於分析諸如「善」、「正當」、「應該」等道德語言的性質和意義，尋找能夠證明或論證道德判斷的一般方法。應該說，這種後設倫理學研究無疑是必要的，其作用很多著名思想家都是予以首肯的。如史蒂文森認為，後設倫理學的方法「使人們在解決其問題時具有清晰的頭腦，減少在調查研究中的習慣性浪費」 ❹。賓克萊指出：「對後設倫理學的研究，使我們更深入地認識了價值判斷的性質；以及事實和論證在道德議論中所起的作用。掌握了這些工具，我們便更有條件發現道德爭論中似是而非的推理。至少在這方面，我們關於後設倫理學的研究對於

❹　C. L. Stevenson, *Ethics and Language*, Yale University Press, 1944, p.1.

尋求一種生活方式是有幫助的。」❷

　　但是，赫爾的規定主義雖然強調道德問題與人類行為選擇的實踐領域相聯繫，但否認道德語言所表達的道德原則、道德規範等，是客觀的社會道德關係在人們頭腦中的反映。與此相聯繫，是這種學說的形式主義傾向。它並不主張從認識論、社會學意義上探討道德原則、道德規範等的現實起源和客觀根據，而往往拋開道德語言所表達的思想內容，來從語言和邏輯的角度進行分析，把道德判斷的合理性看作是一個主要是滿足「可普遍化」標準的問題。他似乎認為，只要一個人真誠地相信它並準備將之普遍化，任何一條原則都可以當作道德原則。例如瘋子和罪犯從其利益和意向出發，也可把他們的道德原則視為可普遍化的。這當然是很奇怪的。瑪麗・沃諾克指出：「這種帶點形式主義的道德研究方法所帶來的奇怪結果是，如果爭論者準備把他的原則普遍化，那麼赫爾就不得不猝然結束道德論證。因為，其時它是他自由選擇的一條真正的道德原則，所以此外再沒有什麼可說的了。」❸

　　這種具有形式主義傾向的例子還有很多。例如，赫爾的一個重要思想是，誠實地贊同一個道德判斷等於贊同蘊涵於其中的命令，從而必然會按照這一道德判斷去行動。可在實際道德生活中並不盡然。很多人都真誠地贊同見義勇為，可「路見不平」，仍然難以一無反顧地「拔刀相助」。

　　再如，赫爾的道德推理理論除了依賴於價值詞的邏輯屬性之

---

❷　L. J. Binkley, *Conflict of Ideals－Changing Values in Western Society*, Van Nostrand Peinhold Company, New York, 1969, p.321.

❸　瑪麗・沃諾克：《一九〇〇年以來的倫理學》，商務印書館1987年版，第85頁。

外，在很大程度上還依賴於他的一個信念：人的基本意向是相同的。他認為，極少有人盼望餓死、被汽車軋死、被剝奪自由或被殺，即使在利益相互衝突的情況下，人要求生存的願望也是相同的。債權人由於不願被關進監獄，所以贊同不把借債人關進監獄，納粹分子的基本願望是生存，所以不贊同把猶太人送進集中營。實際上，赫爾的這一假定已經超越了後設倫理學的範圍，必然涉及「人性是什麼」之類規範倫理學問題，但赫爾卻沒有對這個問題作出說明。因此他的這一假定沒有堅實的理論和現實基礎。如果這一假定站不住腳，那麼單憑道德語詞的邏輯還有多大的有效性呢？

赫爾甚至認為，只要弄清了道德語言的性質、意義和功能等，就把握住了道德問題的實質。這種學說也許在形式上使得倫理學更加精緻、更加系統了，但卻並沒有涉及倫理學的實際內容，並不能給予人們的行為以實際的指導。而無論如何，道德是調節人與人之間的關係的，在現實生活中，任何人都是不可能「中立」於道德的，任何人都是不可能不依一定的道德規範行事的。正如弗蘭克納等人所指出的，儘管後設倫理學有助於概念清晰，明瞭事實，更好地研究規範倫理學，但倫理學主要是提供道德規範，以幫助我們解答什麼是正當的或應該做的理論，因此不涉及規範倫理學問題、不探討具體道德行為的「倫理學家」，總是令人十分遺憾的。

事實也證明，正如沒有完全脫離內容的形式一樣，任何撇開道德歷史、現實的邏輯分析，任何遠離道德現實的理論建構，都常常不可能獲得真正的科學結論。特別是人類目前正處於一個非常重要的轉折點上，一系列極為重要的道德問題都不容人們迴避，而必須立即作出正確地抉擇與行動。

而且，正如瑪麗‧沃諾克所指出的：「把倫理學作為倫理語言

的分析對待，其後果之一是導致這個學科愈趨瑣碎。」❹倫理學家們都拒絕對任何道德意見表態，而專注於對道德語言作越來越細緻的分析，使倫理學成了一門越來越專業化、越來越脫離現實道德問題的「技術學問」。很多倫理學家批評道，倫理學的主要任務並不是分析道德語言的意義、用法和功能，而是要確立什麼是正當的行為，什麼是不正當的行為，尋求行為正當與否的理由。例如，圖爾敏就認為，研究倫理學一開始就必須清楚，任何社會都必須有一些品行規範。道德哲學的基本任務應當是尋求充分的理由來支持道德判斷。

　　總之，倫理與價值問題是實踐性的，對倫理與價值語言、問題的分析並不能代替對問題的解決，單純的邏輯與語言分析，其作用是有限的。特別是，對於重大社會道德問題的解決，僅僅或主要憑藉邏輯與語言分析方法也常常是不夠的；分析哲學誠然有助於發現與明確哲學問題，但其功能卻主要在「看病」而不在「開藥方」。這種分析方法雖然不無必要，但在根本上究竟難以幫助人們解決現實的道德問題。對此史蒂文森就曾有過虔誠的表白，他說：「語言學分析可望使我們消除種種混亂，但卻不能希望它使我們消除那些在社會上被視為沒有責任感的人。」❺這種形式主義的弊端是整個現代西方後設倫理學的一種通病，雖然赫爾試圖通過道德判斷的可普遍化性來彌補這一缺陷，但他仍然堅持事實與價值、或事實與道德之間的嚴格二分，因而也難以幸免。這正如黃慧英先生在《後設倫理學之基本問題》中指出的，赫爾「沒有察覺，在關於語言之邏輯與關於行為之道德之間，存在著一鴻溝，正如關於事實的描述與關於行為之道德之間，存在著鴻溝一樣。邏輯與道德間的鴻溝不能跨越

---

❹　同上，第136頁。

❺　C. L. Stevenson, *Facts and Values*, Yale University Press, 1963, p.225.

的話，赫爾想將道德學說建立於語言分析之上的苦心孤詣，便是白
費了」❹。

　　綜上所述，儘管規定主義以其對道德語言、道德思維的分析，
為倫理學研究提供了可供借鑒的有益啟示，但它的缺陷以及所面臨
的困難，也並不比其他倫理學學說更少。近年來盛行了半個多世紀
的規定主義已經呈現出日漸衰落之勢，就充分說明了這一點。

7.4　赫爾在倫理學史上的地位

　　在20世紀的倫理學舞臺上，赫爾是一位不可或缺的人物。當後
人寫作這一段倫理學史時，我想，對於這位在後設倫理學、規範倫
理學以及應用倫理學都作出了重要貢獻的學者，無論如何是不能避
而不談的。

　　在 20 世紀之後的倫理學研究中，赫爾也是一位不可忽視的人
物。赫爾所提出的一些基本觀點，特別是赫爾所創立、使用的一些
後設倫理學方法，我想，無論如何是不能不加以尊重、加以運用的。

7.4.1　最重要的後設倫理學家之一

　　無論如何對赫爾加以評價，我們都不能不承認，赫爾確實是
20世紀最著名的後設倫理學家之一。人們常常將赫爾與摩爾、史蒂
文森並稱為20世紀三位最著名的後設倫理學家。赫爾所創立的倫理
學規定主義，也被公認為是與倫理學情緒主義相並列的、最重要的

---

❹　黃慧英：《後設倫理學之基本問題》，東大圖書公司 1988 年版，第
　　130–131頁。

後設倫理學流派。

作為一位重要的後設倫理學家，赫爾的工作主要從如下幾方面表現出來：

首先，赫爾對規範倫理學與後設倫理學的關係，在摩爾和情緒主義者的基礎上，作了進一步的釐清和說明。赫爾指出，道德哲學的任務，就在於「找到一種關於道德問題的更好——也就是說，更理性的——思維方式」**❹**。更具體地說，後設倫理學的任務包括兩個方面：一方面，就在於通過對於道德語言、概念的邏輯分析，搞清楚諸如「我應該」之類道德語言是什麼意思，搞清楚你所問的道德問題的意義是什麼。也就是說，懂得相關道德語言的邏輯性質，即人們所說的話意涵著什麼，它責成我們做什麼。只有當人們對於同一個問題，即對表達這一問題的語言的意義和邏輯性質具有共同的理解，人們才可能對之發表有價值的意見，進行實質性的討論。這是倫理學研究的出發點。另一方面，就在於尋求道德判斷的理由和根據，探討倫理學研究或道德思維的基本方法，使倫理學的研究建立在「科學」、理性和邏輯的基礎之上。這兩個方面是規範倫理學研究的理論前提。

其次，通過對道德語言所進行的細緻、認真的分析，以及對於倫理學研究方法的探討，赫爾創立了後設倫理學的一個重要流派——普遍規定主義倫理學理論。這一點我們稍後加以闡述。

再次，赫爾提出了四重式道德論證法。依據規定性和可普遍化性這兩個邏輯原則，訴諸於事實、人們的意向和利益，以及人們的想像，我們就能對道德判斷加以證明。

---

❹ R. M. Hare, "The Structure of Ethics and Morals", *Essays in Ethical Theory*, Oxford, Clarendon Press, 1989, p.175.

　　第四，赫爾考察了道德思維的兩個層次，即直覺層次和批判層次，認為道德思維的兩個層次之間並不是相互對立的，它們各自有其特殊的作用。一方面，批判的思維在各種「自明的原則」的選擇中，對於各種不同的「自明的原則」所導致的道德衝突的解決，起著重要作用。另一方面，直覺思維也有助於批判思維的進行，因為直覺思維獲得的「自明的原則」有些是合理的，在一般情況下，它們可直接為批判思維所利用。總之，道德思維的批判層次是更高的思維形式，它高於道德思維的直覺層次，但又並不排斥它，它們相互依賴、相互補充。我們應在適當的道德情境中合理地運用它們，以使道德思維合乎理性與邏輯。

　　第五，赫爾對後設倫理學的作用給予了明確地闡釋和辯護。有人認為，後設倫理學不過是在玩一種高級的語言遊戲，它並沒有什麼現實意義。針對這種誤解，赫爾辯解說，雖然道德問題本身是人的行為問題，但提出和回答行為的道德性問題必然會涉及到對於道德語言的理解和應用，道德語言的混亂所導致的，不僅僅是理論上的疑難，還有不必要的實踐中的困惑。因此，對於道德語言的意義和邏輯問題的研究，就成了解決實際道德問題的當務之急。相反，不澄清道德語言的混亂，不探討道德論證方法的合理性，道德問題的研究將可能是毫無價值的，甚至可能不過是「胡說八道」。赫爾同意史蒂文森的觀點，認為後設倫理學的邏輯與語言學的方法，可以「使人們在解決其問題時具有清晰的頭腦，減少在調查研究中的習慣性浪費」❹。因此，道德語言的意義及其邏輯分析，是解決倫理學疑難的理論關鍵，也是赫爾首先著手研究的問題。

---

　　❹　C. L. Stevenson, *Ethics and Language*, Yale University Press, 1944, p.1.

最後，特別值得指出的是，赫爾的規定主義倫理學是當代後設倫理學中最重要的理論之一，被公認為是與摩爾的直覺主義、艾耶爾和史蒂文森等人的情緒主義齊名的學說。正是因為赫爾的貢獻，特別是其賴以成名的三部著作:《道德語言》、《自由與理性》、《道德思維》，使後設倫理學的研究主旨、研究旨趣和研究風格得到淋漓盡致的體現，從而使之發展到了一個新的高度、新的歷史階段。

7.4.2　規定主義倫理學的創立者

在一定意義上，關於倫理學的思想流派大致可以區分為以下五種，即自然主義、直覺主義、情緒主義、規定主義和描述主義。而其中，20世紀50年代興起的規定主義是與赫爾的名字緊密相聯的。

首先，赫爾通過對日常道德語言的分析，鮮明地提出道德語言是一類特殊的規定性語言。規定性語言大致可以分為兩類，一類是明顯的命令，包含有「應該」、「正當」、「應當」等價值詞；一類是評價性語詞或語句，包含有「善的」、「正確的」、「好的」、「可欲的」等價值詞。為什麼評價性語詞或語句也是規定性語言呢? 這是因為，說某事物是「善的」、「好的」、「正確的」等，是試圖通過褒獎或譴責來進行勸導，指導選擇和行為，因而實質上是在規定或約束。當然，規定性語言的命令類從某種意義上來說是基本的。赫爾認為，規定性是價值語言的基本意義，但並不否認它具有描述意義。

其次，赫爾提出了道德判斷的兩種邏輯屬性，即規定性和可普遍化性，描繪了一幅「普遍規定主義」的藍圖。赫爾認為，價值判斷的基本意義既不是描述客觀事實，也不是表達情緒態度，而是規定和約束，以影響人們的選擇、指導人們的行為。但規定性的價值判斷又與一般的命令不同，它必須基於一種能夠為人們所接受的合

理性根據或理由，赫爾稱之為「可普遍化性」。所謂「可普遍化性」，即在理性（邏輯規則）的基礎上，可以使價值判斷達到普遍化的實現，它是事實判斷與價值判斷共有的一種特性。在赫爾看來，道德或價值判斷既具有規定性，又是可普遍化的，是規定性與可普遍化性的統一：道德判斷是可普遍化性和規定性的統一，它既區別於純粹的事實描述，又兼有一定的描述意義。道德或價值判斷的規定性決定了它必須是可普遍化的，而其普遍化又只有通過規定性才能發揮其調節和指導行為的普遍作用；可普遍化是其得以實施的內在邏輯根據，而規定性又是其功能之邏輯特徵；兩者相互聯繫，不可分割，在具體的社會現實中表現為一個統一的過程。

再次，我們應該看到，規定主義和情緒主義等非認知主義者一樣，注意到了道德評價的「主觀性」特徵，注意到了評價與認知、道德判斷與事實判斷的實質性區別；人們根本不可能像認識摩擦生熱一樣去客觀地「情緒中立」地評定道德，道德評價必然地與人的情緒、情感、態度、命令、規定等相聯繫，或與人的行為規範、行為選擇相關聯，因此任何評價都是「主觀的」，即受評價主體的情感、情緒、態度、命令、規定等制約的，具有「規定意義」，這應該是比較合乎實際的。而且，赫爾的規定主義克服了情緒主義的非理性的局限性，指出了價值語言的規定意義，注重解決價值或道德陳述的合理性根據問題，提出了所謂「可普遍化」的標準，論述了價值或道德推理的邏輯框架，從而比情緒主義更具合理性。

最後，特別值得指出的是，赫爾的規定主義倫理學是當代倫理學發展的一個新階段。這正如赫德遜在1980年出版的《一個世紀的道德哲學》中所指出的：「赫爾的規定主義在當代道德哲學中占有中心地位。從最近10年或20年以來的討論往往都是以它為中心的。在我

看來，它是當代倫理學中闡述得最清楚、論證得最透徹的理論。」⑲

7.4.3　「康德主義的功利主義者」

赫爾是一位現代英國倫理學家，他的倫理學思想也受到了功利主義的重鎮——近代英國之道德文化的深刻影響。但是，赫爾並不簡單地贊同傳統功利主義。甚至傳統功利主義在20世紀初以來的衰落，除了一些客觀歷史原因之外，由摩爾發起、赫爾的規定主義倫理學參與其中的後設倫理學對之的責難、批評，也是一個重要的原因。摩爾所提出的「自然主義謬誤」，情緒主義者之道德語言不過是情緒或態度的表達，它們沒有意義、也用不著爭論的觀點，以及赫爾關於道德語言主要是規定或命令的表達，在科學與道德、事實與價值之間掘了一道鴻溝，使如下一些問題：功利主義何以能夠成立？其客觀基礎是什麼？如何解決不同功利主義者之間的爭端？等等，都需要一個新的回答。

特別是，赫爾等後設倫理學家們認為，倫理學首先應該研究道德語言，使其概念、判斷的意義得以明晰，使人們知道自己在問什麼問題、在討論什麼事情以後，才試圖作答。而赫爾等人批評傳統的功利主義者說，儘管他們話說得比別人多，書寫得也比別人長，但常常他們自己都不知道自己使用的概念是何含義，自己都不知道自己在談論什麼問題；他們的話與書往往除了污染空氣，常常一無所有，甚至可能是「胡說八道」。應該說，這些批評有時確實是切中功利主義要害的。在後設倫理學的攻擊之下，傳統功利主義逐漸受到空前冷落、甚至有些「聲譽掃地」（斯馬特語），以致後來有一段

---

⑲　W. D. Hudson, *A Century of Moral Philosophy*, New York, St. Martin's Press, 1980, p.126.

時間，很少有倫理學家願意對傳統功利主義問題發表看法。

　　後來，自20世紀50–60年代以來的功利主義理論，無論是行為功利主義，還是規則功利主義的復興，都在一定程度上接受、吸取了很多後設倫理學的成果。例如，他們都程度不同地注意了道德概念、術語的邏輯分析，注意了道德推理、道德思維的理性與邏輯。如現代行為功利主義的代表人物斯馬特在其《一種功利主義倫理學體系概述》中，就曾經明確地表示，他的研究要以後設倫理學之非認識主義的研究成果為基礎。「為了研究的目的，我將接受某些這類『非認識主義』後設倫理學分析的真理，例如赫爾的《道德語言》和D. H.門羅在他的《經驗主義與倫理學》中表述的真理。」 ❺⓪ 我們甚至可以這樣說：正是由於赫爾等後設倫理學家的基礎性工作，功利主義才能以一種新的面貌復蘇，才能發展到一個前所未有的高度。

　　對於赫爾為功利主義理論的復興和發展所作出的重要貢獻，主要可從如下幾方面加以歸納：

　　首先，以普遍規定主義之後設倫理學為基礎，赫爾對功利主義重新進行了邏輯論證。根據普遍規定主義，如果我說「我應該幫助他」，或者「我不應該對他說謊」，我就有義務按說的去做；但是，反過來，根據角色互換方法，如果他說「他應該幫助我」，或者「他不應該對我說謊」，那麼，他也應該同樣地對待我。這也實際上就是所謂「道德黃金律」（「己所欲，施於人；己所不欲，勿施於人」）所要求的。赫爾曾經明確地表示：「確切地說，我關於道德推理的全部觀點可以概括為這樣一項黃金律：『己所欲，施於人。』」 ❺❶ 可見，

❺⓪　斯馬特和威廉斯：《功利主義：贊成與反對》，中國社會科學出版社1992年版，第4頁。

❺❶　麥基編：《思想家——當代哲學的創造者們》，三聯書店1987年版，第

以普遍規定主義為理論基礎，就能對功利主義倫理學進行新的邏輯論證。

其次，調和在人們心目中相互對立的康德主義和功利主義的關係。在倫理學史上，傳統的觀點認為，康德主義與傳統功利主義(以邊沁、穆勒為代表)是兩種對立的倫理學說。赫爾聲稱，從普遍規定主義出發，康德主義和功利主義並不是水火不相容的。康德只說明了「這個體系的形式」，而功利論者只「指明了這個體系的內容」，這兩種理論是完全可以、也應該結合起來的。他自稱自己的理論就是康德主義和功利主義的結合，他自己就是一位「非描述主義的康德主義的功利主義者」。他甚至一再宣稱，這種康德主義和功利主義相結合的倫理學理論，是「最好的」、最合理的倫理學理論，他後來對於許多應用倫理學問題的討論，都是在這種理論指導下來加以研究的。

再次，調和規則功利主義和行為功利主義的關係。赫爾認為，按照道德判斷的可普遍化原則，在任何情況下，行為功利主義和規則功利主義都是相一致，而非不相容的；反之亦然。現行的行為功利主義與規則功利主義之爭，就在於它們忽視了「道德思維的批判層次與直覺層次之間的差別」，也看不到這兩層次之間的聯繫：規則功利主義囿於直覺層次，強調「自明的原則」的實在意義；行為功利主義卻又止於道德思維的批判層次，忽略了道德思維的直覺層次的部分合理性。一旦他們能在兩種思維之間作出正確區分，規則功利主義和行為功利主義會是一致的。

總之，功利主義思想是赫爾倫理學理論的重要組成部分。但我們應該看到的是，赫爾的功利主義理論既非純粹規範倫理學的，也

236頁。

非純粹後設倫理學的，而是一種普遍規定主義所要求的實質形式和
現實世界的具體內容相結合的新功利主義。

7.4.4　獨特的應用倫理學家

赫爾不僅是一位傑出的後設倫理學家、新功利主義者，而且還
是一位在普遍規定主義和康德主義的功利主義基礎上，對應用倫理
學問題滿懷興趣、並進行了獨到研究的應用倫理學家。

首先，赫爾對後設倫理學的基本缺陷是有足夠清醒的認識的。
從摩爾到艾耶爾、史蒂文森，再到赫爾，後設倫理學已經發展得相
當充分了，它的一些基本缺陷也開始暴露出來。這種「冷冰冰的」、
「只看病，不開藥方」的倫理學研究方式，畢竟不能真正解決人們
所面臨的道德困境，不能消除人們之間的道德衝突。批判的武器畢
竟不能代替武器的批判，要解決實際的道德問題，還必須深入現實
道德生活，拿出切實可行的措施來。

其次，赫爾指出了傳統的應用倫理學研究方式的根本缺陷，提
供了應用倫理學研究的極有價值的新方法、新思路。赫爾認為，傳
統的應用倫理學在面臨道德問題時，由於其中所使用的概念未加明
確，判斷往往也充滿歧義，他們往往還沒有搞清楚問題就試圖作答。
而且，他們也不注意探討道德判斷、道德原則的合理根據，因而有
時幾乎無異於胡說八道。也正因為此，赫爾在研究應用倫理學問題
時，總是先對道德概念、判斷進行邏輯分析，試圖搞清楚問題以後，
再進行探討；在提出具體結論時，也總是注意考察得出結論的理論
前提，尋求其合理依據。這種基於後設倫理學基礎之上的應用倫理
學研究方法與思路，顯然是必要的、也極有價值的。

再次，比較具體的，赫爾對一系列實際道德問題，如「權利、

義務與正義」問題、「戰爭與和平」問題、「安樂死」問題、「墮胎」之是否人道問題、「如何教育我們的孩子」的問題、「健康保險政策」問題、「環境保護」問題等進行了探討，發表了不少有價值的見解。

最後，也應該指出的是，與後設倫理學之規定主義相比較，赫爾的規範倫理學和應用倫理學研究的影響要小得多；但赫爾規範倫理學和應用倫理學研究最重要的意義，也許並不在於它的一些基本結論，而在於赫爾的這種研究方式給我們的啟示：20 世紀初以來，曾經輝煌至極、獨領風騷的後設倫理學，發展至赫爾已經達到了它的頂峰，因此，赫爾自覺地向規範倫理學、應用倫理學回歸，無疑昭示著倫理學發展的趨勢與方向。但是，這卻不是簡單的、直線式的回歸，而是在後設倫理學成果的基礎上，特別是在道德語言分析、道德研究方法的反思基礎上的回歸。這是更高層次上的回歸。今後，也許任何無視後設倫理學成果的應用研究都將為人們所無法忍受、也無法接受，就如同赫爾斥之為毫無意義的「空氣污染」、「胡說」、「廢話」一樣。

應該說，赫爾的倫理學思想是全面而精深的。對於赫爾在倫理學史上的地位，甚至我們今天還很難給了一個準確的定位和評價，我們寧願等待後人去加以進一步評說。或許今天我們僅僅能說的是，無論是對於後設倫理學，還是規範倫理學、應用倫理學的研究，都不能忽視赫爾的存在，都不能迴避赫爾的思考，都不能不在「批評」赫爾中進步。

赫爾年表

1919年3月21日

　　出生於英格蘭布萊克威爾的一個商人家庭。

1935年

　　進入英國著名的拉格比私立中學接受教育。

1937年

　　進入牛津大學著名的巴利奧爾學院學習。

1939年

　　第二次世界大戰爆發，赫爾輟學，作為英國皇家陸軍炮兵部隊
的一員參戰。

1940年

　　在英國皇家陸軍炮兵部隊中取得了軍官資格。

1941年

　　調到印度山地炮兵部隊任陸軍中尉，在亞洲戰場上征戰。曾參
加過著名的馬來亞戰役。

1942年

　　遠東英軍在新加坡戰敗投降，成為日軍戰俘，被關押了3年6個
月之久。其中有8個月是作為苦力修築緬甸至泰國的鐵路。

1945年

日本戰敗投降、第二次世界大戰結束後，赫爾獲釋。

回到牛津大學巴利奧爾學院，繼續攻讀哲學學位。成為賴爾、奧斯汀的學生。

1947年

從牛津大學巴利奧爾學院畢業，並先後獲得了牛津大學文學學士和文學碩士學位。

被聘為牛津大學巴利奧爾學院的評議員和指導教師。他擔任這一職位一直到1966年。

1947年

與弗麗(Catherine Verney)結婚。婚後生有4個孩子。

1949年

在《心靈》雜誌上發表處女作〈祈使句〉一文。

1950年

開始寫作《道德語言》。

1951年

發表〈意志的自由〉一文。

任牛津大學巴利奧爾學院哲學講師。

1952年

《道德語言》由牛津大學出版社出版。這是赫爾最重要的一部著作。該書於1968年、1972年和1975年先後被翻譯為義大利文、德文和西班牙文。

1955年

在《亞里士多德會刊》上發表〈可普遍化性〉一文。

1957年

秋天，獲得美國新澤西州普林斯頓大學人文科學聯合會的研究

員職位。

完成第二部後設倫理學代表作《自由與理性》。 發表〈宗教和道德〉一文。

1961年

對《道德語言》進行修訂，出版了修訂版。

1962年

擔任英國社會責任委員會委員。

1963年

《自由與理性》由牛津大學出版社出版。

發表〈描述主義〉一文。

任牛津大學巴利奧爾學院自然與比較宗教講師。

1904年

當選為英國科學院院士和英國學術委員會委員。

擔任英國醫學問題工作組委員。

1966年

被聘為牛津大學「懷特道德哲學教授」。 擔任這一著名而重要的職務長達17年之久，一直到1983年為了獲得美國佛羅里達大學教授的職務，而辭去這一職位。

赫爾被任命為科普斯‧克利斯梯學院的研究員，牛津基督聖體學院學術委員。

任英國國家道路安全顧問委員會成員。

被聘為澳大利亞國家大學的訪問教授。

1968年

被聘為美國密執安大學的訪問教授。

1970年

邀請斯馬特參加在牛津大學為研究生開設的關於功利主義的課程。

1971年

出版《實踐推理》、《哲學方法論文集》。

1972年

出版《道德概念論文集》、《道德哲學的應用》。

1972–1973年

擔任亞里士多德學會會長。

1974年

被聘為牛津大學名譽研究員。

被聘為美國特拉華州大學的訪問教授。

1975年

發表〈墮胎和黃金律〉一文。

當選為美國藝術和科學學會國外名譽會員。

1976年

發表〈倫理學理論與功利主義〉一文。

1977年

發表〈正義和平等〉一文。

1978年初

參加英國廣播公司(BBC)製作的、由麥基主持的一個十五集的特別電視系列節目，談道德哲學的一系列問題，引起了極大的反響。談話錄收入由英國廣播公司出版的《思想家——當代哲學的創造者們》一書。

被授予Tanner獎。

1979年

發表〈奴隸制錯在什麼地方〉一文。

1980年

被聘為美國加利福尼亞州史丹佛大學行為科學高級研究中心的訪問學者。

寫作《道德思維──及其層次、方法和出發點》和《柏拉圖》。

1981年

《道德思維──及其層次、方法和出發點》由牛津大學出版社出版。該書於1982年、1984年、1987年多次重印。

1982年

《柏拉圖》由牛津大學出版社出版。這本小冊子後來在1984年、1986年、1987年幾次重印，並被譯為西班牙文和中文。

1983年

出席了在奧地利薩爾茨堡(Salzburg)舉行的第十屆國際「邏輯、方法論和科學哲學」大會，提交了〈關於兒童臨床試驗的倫理思考〉的論文。

提前退休來到美國，獲得美國佛羅里達大學研究教授的職務。這期間，他還曾到澳大利亞蒙拉希大學的「人類生命倫理學中心」作過短暫的研究工作。

1985年

訪問南非、荷蘭。

1986年

到義大利和墨西哥旅遊。

發表〈描述主義的歸謬〉和〈一種康德式的功利主義研究〉。

1987年

到莫納什大學人類生命倫理學中心工作。

到澳大利亞、香港、中國旅遊。

1988年

牛津大學出版社出版《赫爾及其批評者：關於道德思維的論文集》一書。

到日本、德國、波蘭、西班牙旅遊。

1989年

出版《倫理學理論論文集》、《政治道德論文集》。

1991年

《柏拉圖》收入《思想的奠基者》一書，由牛津大學出版社出版。

1992年

出版《宗教和教育論文集》。

1993年

出版《生命倫理學論文集》。

1994年

75歲高齡的赫爾辭去了美國佛羅里達大學研究教授的職務，不再擔任大學的正式研究或教學職務。

1997年

78歲的赫爾還出版了一部重要的倫理學著作：《清理倫理學》。

參考文獻

一、赫爾的著作

(一)論　著

1. *The Language of Morals*, Oxford, Clarendon Press, 1952.

2. *Freedom and Reason*, Oxford, Clarendon Press, 1963.

3. *Practical Inferences*, London, Macmillan, 1971; Berkeley, University of California Press, 1972.

4. *Essays on Philosophy Method*, London, Macmillan, 1971; Berkeley, University of California Press, 1972.

5. *Essays on the Morals Concepts*, London, Macmillan, 1971; Berkeley, University of California Press, 1972.

6. *Applications of Moral Philosophy*, London, Macmillan, 1972.

7. *Moral Thinking: Its Levels, Methods and Point*, Oxford, Clarendon Press, and New York, Oxford University Press, 1981.

8. *Plato*, Oxford University Press, 1982.

9.*Essays in Ethical Theory*, Oxford, Clarendon Press, 1989.

10.*Essays on Political Morality*, Oxford, Clarendon Press, 1989.

11.*Essays on Religion and Education*, Oxford, Clarendon Press, 1992.

12.*Essays on Bioethics*, Oxford, Clarendon Press, 1993.

13.*Sorting out Ethics,* Oxford, Clarendon Press, 1997.

仁主要論文

14.“Imperative Sentences”, *Mind* 58, 1949.

15.“Universalizability”, *Aristotelian Society* 55, 1955.

16.“Geach: Good and Evil”, *Analysis* 17, 1957.

17.“Descriptivism”, *British Academy* 49, 1963.

18. “Some Alleged Differences between Imperatives and Indicatives”, *Mind* 76, 1967.

19.“Abortion and the Golden Rule”, *Ph.And Pub. Aff.* 4, 1975.

20.“Ethical Theory and Utilitarianism”, *Contemporary British Philosophy* 4, 1976.

21.“Utilitarianism and the Vicarious Affects”, *the Philosophy of Nicholas Rescher*, ed. E. Sosa (Reidel), 1979.

22.“Liberty and Equality: How Politics Masquerades as Philosophy”, *Social Philosophy and Policy* 2, 1984.

23.“Philosophy and Practice: Some Issues about War and Peace”, *Philosophy and Practice*, ed. A. P. Griffiths (*R. Inst. of Ph. Lectures* 19, *supp. to Philosophy* 59, Cambridge University Press), 1985.

24. "Why Do Applied Ethics", *New Directions in Ethics*, ed. R. M. Fox and J. P. Marco (Routledge), 1986.

25. "Punishment and Retributive Justice", *Philosophical Topics* 14, 1986.

26. "A Reductio ad Absurdum of Descriptivism", *Philosophy in Britain Today*, ed. S. Shanker (Croom Helm), 1986.

27. "An Ambiguity in Warnock", *Bioethics* 1, 1987.

28. "Moral Reasoning about the Environment", *J. App. Ph.* 4, 1987.

29. "Why Moral Language?", *Metaphysics and Morality*: *Essays in Honor of J. J. C. Smart*, ed. P. Pettit et al. (Blackwell), 1987.

30. "Comments", *Hare and Critics*, ed. Douglas Seanor and N. Fotion, Oxford, Clarendon Press, 1988.

31. "Philosophy of Language in Ethics", *Sprachphilosophie*, ed. M. Dascal et al. (de Gruyter), 1989.

32. "Utilitarianism and Deontological Principles", *Principles of Health Care Ethics*, ed. R. Gillon (Wiley), 1993.

二、研究赫爾思想的相關著作

㈠論　著

33. Hume, D., *A Treatise of Human Nature*, 1739. 休謨：《人性論》（上下冊），鄭文運譯，商務印書館1980年版。

34. Moore, G. E., *Principa Ethica*, Cambridge University Press, 1903. 摩爾：《倫理學原理》，商務印書館1983年版。

35. Ogden, C. K., and Richards, I. A., *The Meaning of Meaning*, 2d ed., London, Kegan Paul, Trench, Trubner, 1923.

36. Perry, R. B., *General Theory of Value*, New York, Longmans, Green, 1926.

37. Ross, W. D., *The Right and the Good*, Oxford University Press, 1930.

38. Ayer, S. A., *Language, Truth and Logic*, Gollancz, 1936. 艾耶爾：《語言、真理與邏輯》，上海譯文出版社1981年版。

39. Stevenson, C. L., *Ethics and Language*, New Haven, Connecticut, Yale University Press, 1944.

40. Toulmin, S. E., *An Examination of the Place of Reason in Ethics*, Cambridge University Press, 1950.

41. Austin, J. L., *How to Do Things With Words*, Oxford University Press, 1962.

42. Stevenson, C. L., *Facts and Values*, New Haven, Connecticut, Yale University Press, 1963.

43. Goldman, A. I. and Kim, J., *Values and Morals: Essays in Honor of William Frankena*, Charles Lesie Stevenson and Richard Brandt, Dordrecht, Reidel, 1978.

44. Hudson, W. D., *Modern Moral Philosophy*, Doubleday & Company, Inc., Garden City, New York, 1970.

45. Hudson, W. D., *A Century of Moral Philosophy*, New York, St. Martin's Press, 1980.

46. Warnock, G. J., *Contemporary Moral Philosophy*, Macmillan, 1966.

47. Warnock, G. J., *The Object of Morality*, Methuen, 1971.

48. Urmson, J. O., *The Emotive Theory of Ethics*, Oxford: Oxford University Press, 1969.

49. W. D. Hudson ed., *The Is-Ought Question*, Macmillan, 1979.

50. MacIntyre, A., *After Virtue*, Notre Dame, Ind.: University of Notre Dame Press, 1981. 麥金太爾:《德性之後》,龔群、戴揚毅等譯,中國社會科學出版社1995年版。

51. Gerald Runkle, *Ethics—An Examination of Contemporary Moral Problems*, CBS College Publishing, 1982.

52. Wittgenstein, L., *Tractatus Logico-Philosophicus*, London, 1922. 維特根斯坦:《邏輯哲學論》,郭英譯,商務印書館1985年版。

53. Wittgenstein, L., *Philosophical Investigations*, Translated G. E. M. Anscombe, Blackwell Oxford, 1953. 維特根斯坦:《哲學研究》,湯潮、范光棣譯,三聯書店1992年版。

54. White, M., *The Age of Analysis—20th Century Philosophers*, New American Library, 1955. 懷特:《分析的時代——二十世紀的哲學家》,杜任之主譯,商務印書館1981年版。

55. Rawls, J., *A Theory of Justice*, Oxford University Press, 1972.

56. Smart, J. J. C., and Williams, B., *Utilitarianism: For and Against*, Cambridge University Press, 1973. 斯馬特和威廉斯:《功利主義:贊成與反對》,中國社會科學出版社1992年版。

57. 瓦托夫斯基:《科學思想的概念基礎——科學哲學導論》,范岱年譯,求實出版社 1982年版。

58. Ezra Talmor, *Language and Ethics*, Pergamon Press, 1984.

59. Doeser, M. C. and Kraay, J. N., *Facts and Values: Philosophical*

Reflections from Western and Non-western Perspectives, 1986.

60.Douglas Seanor and N. Fotion, *Hare and Critics*: *Essays on Moral Thinking*, Oxford, Clarendon Press, 1988.

61.Mary Warnock, *Ethics Since 1900*, Oxford University Press, Third edition, 1978. 瑪麗・沃諾克：《一九〇〇年以來的倫理學》，陸曉禾譯，商務印書館1987年版。

62.湯姆・L・彼徹姆：《哲學的倫理學》，雷克勤等譯，中國社會科學出版社1990年版。

63. Binkley, L. J., *Conflict of Ideals—Changing Values in Western Society*, Van Nostrand Peinhold Company, New York, 1969. 賓克萊：《理想的衝突——西方社會變化著的價值觀念》，馬元德等譯，商務印書館1983年版。

64. Binkley, L. J., *Contemporary Ethical Theory*, 1961, Philosophical Library, Inc., New York, 1961. 賓克萊：《二十世紀倫理學》，孫彤、孫南樺譯，河北人民出版社 1988年版。

65. Magee, B., *Men of Ideas—Some Creators of Contemporary Philosophy*, British Broadcasting Corporation, 1978. 麥基編：《思想家——當代哲學的創造者們》，周穗明、翁寒松譯，三聯書店1987年版。

66. Sidgewick, H., *Methods of Ethics*, Macmillan, 1907. 亨利・西季威克：《倫理學方法》，廖申白譯，中國社會科學出版社1993年版。

67.Frankena, W. K., *Ethics*, Prentice Hall, Inc., 1973. 弗蘭克納：《倫理學》，關鍵譯，三聯書店1987年版。

68.施太格繆勒：《當代哲學主流》（上下卷），王炳文等譯，商務印書館1986、1992年版。

69.保羅・利科主編:《哲學主要趨向》,李幼蒸、徐奕春譯,商務印書館1988年版。

70.洪謙主編:《西方現代資產階級哲學論著選輯》,商務印書館1982年版。

71.周輔成編:《西方倫理學名著選讀》(上下卷),商務印書館1954、1987年版。

72.石毓彬、楊遠:《二十世紀西方倫理學》,湖北人民出版社1986年版。

73.周輔成主編:《西方著名倫理學家評傳》,上海人民出版社1987年版。

74.黃慧英:《後設倫理學之基本問題》,東大圖書公司1988年版。

75.萬俊人:《現代西方倫理學史》(上下卷),北京大學出版社1990、1992年版。

76.江暢:《現代西方價值理論研究》,陝西師範大學出版社1992年版。

77.徐友漁:《哥白尼式的革命》,三聯書店上海分店1994年版。

78.李德順、孫偉平、李萍:《道德讀本》,吉林文史出版社1996年版。

79.石毓彬、程立顯、余涌編:《當代西方著名哲學家評傳・道德哲學》,山東人民出版社1996年版。

(二)論 文

80.Stevenson, C. L., "The Emotive Meaning of Ethical Terms", *Mind* 46, (1937) pp.14–31.

81. Stevenson, C. L., "Persuasive Definitions", *Mind* 47, (1938) pp.331–350.

82.Stevenson, C. L., "Meaning: Descriptive and Emotive", *Philo-*

sophical Review 57, (1948) pp.127−144.

83. Max Black, "Some Questions about Emotive Meaning", *Philosophical Review* 57, (1948) pp.111−126.

84. "Richards, I. A., Emotive Meaning Again", *Philosophical Review* 57, (1948) pp.145−157.

85. Stevenson, C. L., "The Nature of Ethical Disagreement", *Readings in Philosophical Analysis*, H. Feigl and W. Sellars (eds.) Appleton Century, 1949, pp.587−593.

86. Stevenson, C. L., "The Emotive Conception of Ethics and its Cognitive Implications", *Philosophical Review* 59, (1950) pp. 291−304.

87. Brandt, Richard B., "The Emotive Theory of Ethics", *Philosophical Review* 59, (1950) pp.305−318.

88. Braithwaite, R. B., "Critical Notice of Hare's the Language of Morals", *Mind* 4, 1950.

89. Brandt, Richard B., "Stevenson's Defense of the Emotive Theory", *Philosophical Review* 59, (1950) pp.535−540.

90. Braithwaite, R. B., "The Language of Morals", *Mind* 63, 1954.

91. Foot, P., "Moral Beliefs", *Aristotelian Society* 59, 1958.

92. MacIntyre, A. C., "Hume On 'is' and 'Ought'", *Philosophical Review* 68, 1959.

93. Stevenson, C. L., "Relativism and Nonrelativism in the Theory of Value ", *Proceedings of the American Philosophical Association*, 1961−1962.

94. Black, M., "The Gap Between 'Is' and 'Ought'", *Philosophical*

Review 73, 1964.

95. Searle, J. R., "How to Derive 'Ought' from 'is'", *Philosophical Review* 73, 1964.

96. Wingh, P., "The Universalizability of Moral Judgements", *Monist* 49, 1965.

97. Stevenson, C. L., "Ethical Fallibility", in *Ethics and Society*, edited by Richard T. DeGeorge, Anchor Books, 1966, pp. 197–217. Delivered previously as Whitehead lecture at Harvard.

98. 傅偉勳：〈赫爾的規定主義〉(Hare's Prescriptivism)，《哲學論評》，1971 (7)。

99. 萬俊人：〈當代西方倫理學的主題嬗變與傳統回歸〉，《學術月刊》，1993 (9)。

100. 孫偉平：〈求解事實與價值關係問題的諸方案述評〉，《人文雜誌》，1996 (5)。

101. 孫偉平：〈事實認知與價值評價的相互關聯〉，《社會科學戰線》，1997 (1)。

102. 孫偉平：〈休謨問題及其意義〉，《哲學研究》，1997 (8)。

英中人名、術語對照

A

act-utilitarianism　行為功利主義

analysis　分析

analytic　分析的

analytic ethics　分析倫理學

analytic philosophy　分析哲學

applied ethics　應用倫理學

archangel　大天使

Aristoteles　亞里士多德

attitude　態度

Austin, J. L.　奧斯汀

Ayer, A. J.　艾耶爾

B

Barnes, J.　巴勒斯

Bentham, J.　邊沁

Berlin, I.　伯林

Binkley, L. J.　賓克萊

bioethics　生命倫理學

Bohnert, H. G.　波賴特

Bradley, A. C.　布拉德雷

Braithwaite, R. B.　布雷思韋特

Brandt, R. B.　布蘭特

C

canons　規則

Carnap, R.　卡爾納普

Chadwick, H.　切德威克

Chomsky, A. N.　喬姆斯基

clairvoyance　超人的洞見

cognitive meaning　認識意義

cognitivism　認識主義

Collingwood, R. G.　柯林伍德

commending　贊揚

conflicts　衝突

critical level of moral thinking　道德思維的批判層次

critical principle　批判性原則

D

Dancy, R. M.　丹西

decision of principle　原則的決定

demand　命令

descriptive　描述的

descriptive ethics　描述倫理學

descriptive language　描述性語言

descriptive meaning　描述意義

descriptivism　描述主義

descriptivist　描述主義者

Dewey, J.　杜威

Dummet, M. A. E.　達梅特

Duncad-Jones, A. E.　鄧肯—瓊斯

Dworkin, R.　德沃爾金

dynamic　動態的

E

education　教育

emotion　情緒

emotive meaning　情緒意義

emotivism　情緒主義

environment　環境

Epicurus　伊壁鳩魯

equality　平等

ethical determinism　倫理決定論

ethical judgment　倫理判斷

ethical terms　倫理術語

ethics　倫理學

Ewing, A. C.　尤因

F

facts　事實

facts and values　事實與價值

factual judgment　事實判斷

feeling　感覺

Foot, P. R.　福特

formal　形式的

Frankena, W.　弗蘭克納

freedom　自由

functional word　功能詞

G

general　一般的

generality　一般性

Goldman, A. I.　戈德曼

good　好、善

Green, T. H.　格林

H

Hart, H. L. A.　哈特

Hobbes, T.　霍布斯

Hudson, W. D.　赫德遜

Hume, D.　休謨

hypothetical-deductive method　假說演繹法

hypothetical imperative　假設命令

I

ideal　理想

ideal inspector　理想觀察者

illocutionary act　以言行事的行為

illocutionary force　以言行事的力量

imagination　想像

imperative　命令

imperative mood　祈使語氣、命令語氣

imperative sentence　祈使句、命令句

inclination　意向、傾向

information　信息

instrumental use　工具性用法

intended effects　被意向的結果

interest　利益

intrinsic use　內在用法

intuition　直覺

intuitionism　直覺主義

intuitionism ethics　直覺主義倫理學

intuitive level of moral thinking　道德思維的直覺層次

irrationlism　非理性主義

J

justice　公正、正義

K

Kant, I.　康德
knowledge　知識

L

language　語言
level of moral thinking　道德思維的層次
liberty　自由
linguistic turn　語言的轉向
locutionary act　以言表意的行為
logic　邏輯
logical method　邏輯方法

M

MacIntyre, A.　麥金太爾
Mackie, J. L.　麥凱
Marcuse, H.　馬爾庫塞
Maslow, A. H.　馬斯洛
medical ethics　醫學倫理學
meta-ethics　後設倫理學
Mill, J. S.　穆勒
Mitchell, D.　米切爾
Moore, G. E.　摩爾
moral　道德

moral education　道德教育

moral judgment　道德判斷

moral language　道德語言

moral philosophy　道德哲學

moral principle　道德原則

moral thinking　道德思維

moral-words　道德詞

N

naturalism　自然主義

naturalistic fallacy　自然主義謬誤

neustic　說明語

Nielsen, K.　尼爾森

Nietzsche, F. W.　尼采

non-cognitivism　非認識主義

non-descriptivism　非描述主義

non-descriptivist Kantian utilitarian　非描述主義的康德主義的功
　利主義者

normative ethics　規範倫理學

Nowell-Smith, P. H.　諾維爾一史密斯

O

obligation　義務

Ogden, C. K.　奧格登

ought　應該

ought-judgment　應該判斷

override　超越

P

Paton, H. J.　帕頓

peace　和平

perlocutionary act　以言取效的行為

perlocutionary force　以言取效的力量

Perry, R.　培里

philosophy of ordinary language　日常語言哲學

phrastic　主要短語

Plato　柏拉圖

point　出發點

Popper, K. R.　波普爾

prescriptive language　規定性語言

prescriptive meaning　規定性意義

prescriptivism　規定主義

prima facie principle　自明的原則

principle　原則

Prior, A.　普賴爾

Putram, H.　普特蘭

Q

Quine, W. V. O.　蒯因

Strawson, P. F.　斯特勞森

substantial　實質的

T

Taylor, C. C. W.　泰勒

thinking　思維

Toulmin, S. E.　圖爾敏

U

universal　普遍的

universality　普遍性

universalizability　可普遍化性

universal prescriptivism　普遍規定主義

Urmson, J. O.　厄姆森

utilitarian　功利主義者

utilitarianism　功利主義

V

values　價值

value terms　價值詞

vegetarian　素食主義者

W

war　戰爭

Warnock, G. J.　沃諾克

Warnock, M.　瑪麗・沃諾克

Wartofsky, M. W.　瓦托夫斯基

Williams, B.　威廉斯

Wittgenstein, L.　維特根斯坦

索　引

六　劃

九　劃

十 劃

十一劃

十三劃

十四劃

十五劃

十六劃

十七劃

十八劃

世界哲學家叢書（一）

書　　　　　名	作　　者	出　版　狀　況
孔　　　　　子	韋　政　通	已　　出　　版
孟　　　　　子	黃　俊　傑	已　　出　　版
荀　　　　　子	趙　士　林	排　　印　　中
老　　　　　子	劉　笑　敢	已　　出　　版
莊　　　　　子	吳　光　明	已　　出　　版
墨　　　　　子	王　讚　源	已　　出　　版
韓　　　　非	李　甦　平	已　　出　　版
淮　　南　　子	李　　　增	已　　出　　版
董　　仲　　舒	韋　政　通	已　　出　　版
揚　　　　　雄	陳　福　濱	已　　出　　版
王　　　　　充	林　麗　雪	已　　出　　版
王　　　　　弼	林　麗　真	已　　出　　版
郭　　　　　象	湯　一　介	已　　出　　版
阮　　　　　籍	辛　　　旗	已　　出　　版
劉　　　　　勰	劉　綱　紀	已　　出　　版
周　　敦　　頤	陳　郁　夫	已　　出　　版
張　　　　　載	黃　秀　璣	已　　出　　版
李　　　　　覯	謝　善　元	已　　出　　版
楊　　　　　簡	鄭曉江 李承貴	已　　出　　版
王　　安　　石	王　明　蓀	已　　出　　版
程顥、程頤	李　日　章	已　　出　　版
胡　　　　　宏	王　立　新	已　　出　　版
朱　　　　　熹	陳　榮　捷	已　　出　　版
陸　　象　　山	曾　春　海	已　　出　　版
王　　廷　　相	葛　榮　晉	已　　出　　版

世界哲學家叢書（二）

書　　　　名	作　　者	出　版　狀　況
王　陽　明	秦　家　懿	已　　出　　版
方　以　智	劉　君　燦	已　　出　　版
朱　舜　水	李　甦　平	已　　出　　版
戴　　震	張　立　文	已　　出　　版
竺　道　生	陳　沛　然	已　　出　　版
慧　　遠	區　結　成	已　　出　　版
僧　　肇	李　潤　生	已　　出　　版
吉　　藏	楊　惠　南	已　　出　　版
法　　藏	方　立　天	已　　出　　版
惠　　能	楊　惠　南	已　　出　　版
宗　　密	冉　雲　華	已　　出　　版
永　明　延　壽	冉　雲　華	排　　印　　中
湛　　然	賴　永　海	已　　出　　版
知　　禮	釋　慧　岳	已　　出　　版
嚴　　復	王　中　江	已　　出　　版
康　有　為	汪　榮　祖	已　　出　　版
章　太　炎	姜　義　華	已　　出　　版
熊　十　力	景　海　峰	已　　出　　版
梁　漱　溟	王　宗　昱	已　　出　　版
殷　海　光	章　　清	已　　出　　版
金　岳　霖	胡　　軍	已　　出　　版
張　東　蓀	張　耀　南	已　　出　　版
馮　友　蘭	殷　　鼎	已　　出　　版
湯　用　彤	孫　尚　揚	已　　出　　版
賀　　麟	張　學　智	已　　出　　版

世界哲學家叢書（三）

書　　　　　名	作　　者	出　版　狀　況
商　　羯　　羅	江　亦　麗	已　　出　　版
辨　　　　　喜	馬　小　鶴	已　　出　　版
泰　　戈　　爾	宮　　　靜	已　　出　　版
奧羅賓多・高士	朱　明　忠	已　　出　　版
甘　　　　　地	馬　小　鶴	已　　出　　版
尼　　赫　　魯	朱　明　忠	已　　出　　版
拉達克里希南	宮　　　靜	已　　出　　版
李　　栗　　谷	宋　錫　球	已　　出　　版
道　　　　　元	傅　偉　勳	已　　出　　版
山　鹿　素　行	劉　梅　琴	已　　出　　版
山　崎　闇　齋	岡　田　武　彥	已　　出　　版
三　宅　尚　齋	海老田輝巳	已　　出　　版
貝　原　益　軒	岡　田　武　彥	已　　出　　版
石　田　梅　岩	李　甦　平	已　　出　　版
楠　本　端　山	岡　田　武　彥	已　　出　　版
吉　田　松　陰	山　口　宗　之	已　　出　　版
中　江　兆　民	畢　小　輝	排　　印　　中
柏　　拉　　圖	傅　佩　榮	已　　出　　版
亞里斯多德	曾　仰　如	已　　出　　版
伊　壁　鳩　魯	楊　　　適	已　　出　　版
柏　　羅　　丁	趙　敦　華	已　　出　　版
伊本・赫勒敦	馬　小　鶴	已　　出　　版
尼古拉・庫薩	李　秋　零	已　　出　　版
笛　　卡　　兒	孫　振　青	已　　出　　版
斯　賓　諾　莎	洪　漢　鼎	已　　出　　版

世界哲學家叢書（四）

書　　　　　名	作　　者	出　版　狀　況
萊　布　尼　茨	陳　修　齋	已　　出　　版
托馬斯・霍布斯	余　麗　嫦	已　　出　　版
洛　　　　　克	謝　啓　武	已　　出　　版
巴　　克　　萊	蔡　信　安	已　　出　　版
休　　　　　謨	李　瑞　全	已　　出　　版
托馬斯・銳德	倪　培　民	已　　出　　版
伏　　爾　　泰	李　鳳　鳴	已　　出　　版
孟　德　斯　鳩	侯　鴻　勳	已　　出　　版
施　萊　爾　馬　赫	鄧　安　慶	排　　印　　中
費　　希　　特	洪　漢　鼎	已　　出　　版
謝　　　　　林	鄧　安　慶	已　　出　　版
叔　　本　　華	鄧　安　慶	已　　出　　版
祁　　克　　果	陳　俊　輝	已　　出　　版
彭　　加　　勒	李　醒　民	已　　出　　版
馬　　　　　赫	李　醒　民	已　　出　　版
迪　　　　　昂	李　醒　民	已　　出　　版
恩　　格　　斯	李　步　樓	已　　出　　版
馬　　克　　思	洪　鐮　德	已　　出　　版
約　翰　彌　爾	張　明　貴	已　　出　　版
狄　　爾　　泰	張　旺　山	已　　出　　版
弗　洛　伊　德	陳　小　文	已　　出　　版
史　賓　格　勒	商　戈　令	已　　出　　版
韋　　　　　伯	韓　水　法	已　　出　　版
雅　斯　培	黃　　藿	已　　出　　版
胡　塞　爾	蔡　美　麗	已　　出　　版

世界哲學家叢書（五）

書　　　　　名	作　　者	出　版　狀　況
馬克斯・謝勒	江日新	已　　出　　版
海　德　格	項退結	已　　出　　版
高　達　美	嚴　平	已　　出　　版
哈伯馬斯	李英明	已　　出　　版
榮　　格	劉耀中	已　　出　　版
皮　亞　傑	杜麗燕	已　　出　　版
索洛維約夫	徐鳳林	已　　出　　版
費奧多洛夫	徐鳳林	已　　出　　版
別爾嘉耶夫	雷永生	已　　出　　版
馬　賽　爾	陸達誠	已　　出　　版
布拉德雷	張家龍	已　　出　　版
懷　特　海	陳奎德	已　　出　　版
愛因斯坦	李醒民	已　　出　　版
皮　爾　遜	李醒民	已　　出　　版
玻　　爾	戈革	已　　出　　版
弗雷格	王路	已　　出　　版
石　里　克	韓林合	已　　出　　版
維根斯坦	范光棣	已　　出　　版
艾耶爾	張家龍	已　　出　　版
奧斯丁	劉福增	已　　出　　版
史陶生	謝仲明	排　　印　　中
馮・賴特	陳波	已　　出　　版
赫　爾	孫偉平	已　　出　　版
愛默生	陳波	排　　印　　中
魯一士	黃秀璣	已　　出　　版

世界哲學家叢書（六）

書　　　　名	作　　者	出　版　狀　況
詹　姆　　士	朱　建　民	已　出　版
蒯　　　　因	陳　　波	已　出　版
庫　　　　恩	吳　以　義	已　出　版
史　蒂　文　森	孫　偉　平	已　出　版
洛　爾　　斯	石　元　康	已　出　版
喬　姆　斯　基	韓　林　合	已　出　版
馬　克　弗　森	許　國　賢	已　出　版
尼　布　　爾	卓　新　平	已　出　版